U0751013

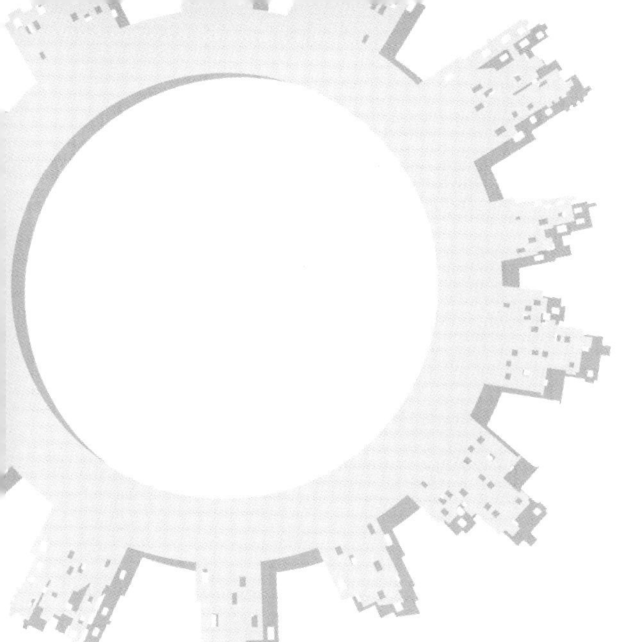

CHANGSUO HANGYE GUIFANHUA GUANLI

场所行业规范化管理

张旭红　编著

厦门大学出版社　XIAMEN UNIVERSITY PRESS
国家一级出版社
全国百佳图书出版单位

图书在版编目(CIP)数据

场所行业规范化管理/张旭红编著. —厦门:厦门大学出版社,2013.8
ISBN 978-7-5615-4674-1

Ⅰ.①场… Ⅱ.①张… Ⅲ.①行业管理-中国-规范化-教材
Ⅳ.①D631.4-65

中国版本图书馆 CIP 数据核字(2013)第 129671 号

厦门大学出版社出版发行
(地址:厦门市软件园二期望海路 39 号 邮编:361008)
http://www.xmupress.com
xmup @ xmupress.com
厦门集大印刷厂印刷
2013 年 8 月第 1 版 2013 年 8 月第 1 次印刷
开本:880×1230 1/32 印张:13.5 插页:2
字数:363 千字 印数:1～3 000 册
定价:29.00 元

前　言

“场所行业”是指公共场所和特种行业，是治安管理业务中的专业术语，有时也称作“行业场所”，公安机关在长期的治安管理工作中，已约定俗成地将公共场所和特种行业合并称为场所行业。场所行业管理是公安机关在治安管理方面的一项重要业务内容，是公安高等院校治安专业重要的主干课程之一。20 世纪 80 年代中期中国人民公安大学治安管理本科专业设立的“治安秩序管理”课程，是“场所行业管理”课程的前身。公安机关治安管理部门及其业务设置自上而下均无“治安秩序管理”一说，之所以长期以来公安院校的教材定名为《治安秩序管理》，是因为公安教育起步之初，为了将一些不成熟无法单独设为一门课却又不能舍弃的重要治安管理业务内容呈献给学生，才与场所行业组合在一起开设了这门内涵更广泛的“治安秩序管理”口袋课程。随着公安教育的发展和进步，一系列治安管理业务课程的成熟和独立，而《治安秩序管理》课程目前只包含公共场所和特种行业以及在公共场所举办的大型群众性活动和集会游行示威活动等内容。为了更加贴近公安实践，与治安管理工作无缝对接，将“治安秩序”改为“场所行业”，将“治安秩序管理”改为“场所行业管理”更为合适，也正是时候，且能解决“治安秩序管理”学科长期以来研究对象、研究范围和研究体系无法明确，理论基础无法达成共识的问题。

本教材共六章，第一章是场所行业管理导论，包括场所行业管理范围，场所行业管理任务，场所行业管理原则，场所行业管理基本方法等。第二章是场所行业管理勤务，包括备案勤务，审批勤务，治安检查勤务，巡逻勤务，盘查勤务，守望勤务，堵截勤务等。第三章是公共场所管理，包括公共场所管理概述，娱乐场所，按摩场所，互联网上网服务营业场所，其他公共场所等。第四章是特种行业管理，包括特种行业管理概述，废旧金属收购业，旅馆业，典当业，印章业，其他特种行业等。第五章是大型群众性活动安全管理，包括大型群众性活动管理概述，大型群众性活动安全责任，大型群众性活动安全管理，大型群众性活动中的法律责任等。第六章是集会游行示威管理，包括集会游行示威概述，集会游行示威主管机关及职权，集会游行示威管理的申请与审批，集会游行示威管理的基本方法，集会游行示威中的法律责任等。

教材作者自 1989 年以来一直从事《治安管理学》和《治安秩序管理》的教学和研究，对治安管理业务既能全面了解，又能深入掌握。课余经常到公安机关调研，与福建省公安厅治安总队、福州市公安局等保持密切联系，参与和主持福建省、福建省政法委和福建省公安厅多项课题研究，现被聘为福建省公安厅治安总队教官，任福建省法学会犯罪学研究会理事，主讲的《治安秩序管理》课程被评为省级精品课程。作者在长期的教学与研究过程中，积累了丰富的经验，本教材是根据新时期治安形势的发展和现实场所行业管理工作的需要，并针对未来公安应用型专门人才的培养特点，坚持理论与实践相结合、历史与现实相结合的原则，在阐明基本理论的基础上，重点研究新时期场所行业管理所面临的新形势、新情况、新问题，力求对新时期场所行业管理工作的实践经验加以总结。本教材是场所行业治安管理实践经验的理论总结和最新反映，与当代中国的社会治安形势、状况以及治安工作紧密相关。本教材不仅适用于公安高等院校和各地公安机关培训学校的学生培养和训练，还是新入伍民警和轮岗后新来民警熟练掌握场所行业治安管理业务知识的自学教材。

同以往的教材相比，本教材有三个方面的创新：

第一，教材体系有所创新。本教材根据公安工作实际，紧紧围绕“场所行业”展开，一是放弃了与场所行业无关，或在实际工作中已纳入其他领域，或与其他业务交叉的内容。例如，严重妨害治安秩序行为的查禁，精神病患者和流浪乞讨人员的管理和救助等。前者可以在介绍场所行业治安问题时一并涉及，侧重于介绍如何防范和发现此类行为，而不是办理治安案件；后者已由公安机关人口管理部门主管，场所行业管理主要是介绍在公共场所发现精神病患者和流浪乞讨人员后如何处置。二是增加了场所行业管理中现实存在而以往教材没有的内容，如第二章中的“备案勤务”和“审批勤务”。

第二，教材实践性增强。教材紧密结合当前场所行业管理改革，重点突出，应用性强。在编写过程中，不仅论述了场所、行业、活动的内涵、范围、历史演变和管理的基本原理，还重点介绍了场所、行业、活动的治安与消防安全要求，场所行业管理的基本方法、措施和具体内容，特别增加了“管理法律依据”、“法律责任”和“管理文书”这三部分内容，解决了“学”与“用”两张皮的问题。

第三，教材的使用价值提高。根据《中共公安部委员会关于加强和改进公安教育训练工作的意见》，各公安院校和各地公安机关培训学校积极转变教育教学理念，强调公安人才培养模式应突出教、学、练、战一体化。理念的转变必须以教材的跟进为支撑，本教材正是适应这一模式而面世的。本教材不仅突出实践性内容，而且还编入了《场所行业管理》警务实训教学科目大纲，包括《废旧金属收购业备案》、《旅馆业办证》、《娱乐场所治安检查》、《大型群众性活动安全工作方案》和《大型群众性活动应急处置预案》制作与推演、《巡逻盘查》等警务实训演练科目教案。

教材在编写过程中，得到福建省公安厅治安总队、福州市公安局的关心和支持，特别是得到福州长乐市公安局长赵峰、福州台江区公安分局副局长王育和厦门市公安局治安支队一大队教导员林瑜同志的大力支持和指导。另外，我们还借鉴、引用了许多著作、教材、论文的成果和资料。在此，一并表示诚挚的谢意。由于时间紧促，水平有限，书中难免有疏漏之处，敬请读者批评指正，意见请发至 648068436@qq.com。

张旭红

2013 年 4 月 26 日于榕城

目　录

第一章 场所行业管理导论

- 第一节 场所行业与治安秩序
  - 一、公共秩序
  - 二、治安秩序
  - 三、场所行业与治安秩序
  - 四、场所行业管理内涵
  - 五、场所行业管理特点
- 第二节 场所行业管理范围
  - 一、公共场所管理
  - 二、特种行业管理
  - 三、大型群众性活动管理
  - 四、集会游行示威管理
  - 五、与场所行业关系密切的其他社会管理
  - 六、严重妨害场所行业秩序行为的查禁
- 第三节 场所行业管理任务
  - 一、预防、发现和控制违法犯罪活动
  - 二、预防和查处治安灾害事故
  - 三、调查处理治安案件
  - 四、侦破管辖的刑事案件
  - 五、协助管理社会问题
  - 六、为群众解决纠纷和困难
- 第四节 场所行业管理原则
  - 一、依法管理
  - 二、预防为主
  - 三、专群结合
  - 四、谁主管谁负责
  - 五、严格管理与文明管理相结合
- 第五节 场所行业管理基本方法
  - 一、严格发证与备案制度
  - 二、强化场所行业自律
  - 三、督促建立并落实安全规章制度
  - 四、强化治安监督检查
  - 五、推进场所行业治安管理信息化建设
  - 六、教育培训场所行业从业人员
  - 七、建立考核评比制度
  - 八、打击行业内的违法犯罪活动

【**学习目标**】通过教学，使学生明确场所行业的特定内涵，了解场所行业的特点和管理原则，掌握场所行业管理的范围、任务和基本方法。

【**专业术语**】场所行业　治安秩序

第一节　场所行业与治安秩序

一、公共秩序

(一)公共秩序概念

“秩序”是指人或事物所在的位置和顺序，其延伸意被用来泛指社会状况。人乃社会人，共同性活动如影随形，人们在共同的工作、学习、生活和社交等活动中都必须遵守一定的规则，这就是公共秩序。公共秩序维护的是公众的利益，包括人身安全、财产安全和其他切身利益等，身处其中的每个人都必须遵守，其切身利益才能受到妥善保护。我们常说的自由是有条件的自由，而不是随意放纵，否则在享受无限自由的同时，就会损害他人的利益。

(二)公共秩序分类

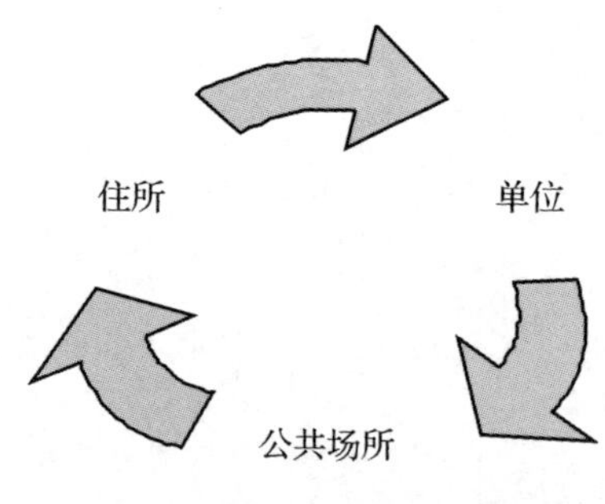

图 1-1　人类活动主要场所

1. 按公共秩序涉及的领域(或内容)划分(如图 1-1 所示)

(1)生活场所公共秩序，泛指人们在共同生活领域应遵循的规范。一片生活小区、一幢楼都有其共同生活守则，如业主守则等，居住在此的人们都应遵循。

(2)单位场所公共秩序，是指机关、团体、企事业单位内部的规章制度和纪律。如：准时上、下班；做好交接班；遵守课堂秩序等。

(3)公共场所公共秩序，是指一切公共场所，如影剧院、集贸市场、公园等，身处其中的人们应当遵守的规定。如不得携带危险物品进入公共场所，不得在影剧院内大声喧哗等。

2. 按维护公共秩序的要素划分

(1)一般公共秩序。一般公共秩序是为各种规章制度、纪律、原则以及人们长期以来约定俗成的道德规范所确定并维护的，不触及法律。如不得在公共场所乱扔瓜果皮壳等。

(2)特殊公共秩序。特殊公共秩序是一种由国家法律确定并受到国家法律保护的公共秩序。如在公共场所内禁止进行各种社会丑恶活动(卖淫、嫖娼、赌博、吸毒等)，严禁携带危险物品进入公共场所。这是有法可依，违法必究的。

二、治安秩序

治安秩序是公共秩序中的特殊部分，涉及公民的基本权利、生命财产安全，社会生产、生活的正常运转和国家政权稳定等重大问题，是公共秩序的核心，也是国家政权和广大人民特别关注的一个极为重要的问题。其有三个构成要件：第一，治安秩序是由国家法律确定并受到国家法律保护的一种公共秩序；第二，治安秩序是公安机关治安管理部门依法管理的一种公共秩序；第三，治安秩序是专指公共场所和部分行业(特种行业)的秩序，它区别于单位内部秩序、户政秩序、消防秩序、交通秩序和出入境秩序等。据此，从狭义的角度讲，治安秩序是国家警察机关依法维护的公共场所和特种行业的秩序。

将公共秩序划分为一般公共秩序和特殊公共秩序，有利于警醒人们维护公共秩序的意识。维护公共秩序需要社会的综合治理，需要各单位、各基层群众组织的积极参与，公安机关重点是维护特殊公共秩序，不能也不可能包揽所有的公共秩序，即使特殊公共秩序的维护也需要所涉及的场所行业给予大力支持和公众的广泛参与。

三、场所行业与治安秩序

场所行业是指公共场所和特种行业，公安机关在长期的治安管理工作中，已约定俗成地将公共场所和特种行业合称为场所行业。“场所行业”是治安管理业务中的专业术语，有时也称作“行业场所”。场所行业管理一直以来是公安机关治安管理工作的核心内容之一，是实施阵地控制的主要途径。

治安秩序实际上就是指场所行业的秩序。公安机关治安管理部门及其业务设置自上而下均无“治安秩序管理”一说，之所以长期以来公安院校的教材定名为《治安秩序管理》，是因为公安教育起步之初，为了将一些不成熟无法单独设为一门课却又不能舍弃的重要治安管理业务内容呈献给学生，才与场所行业组合在一起开设了这门内涵更广泛的“治安秩序管理”口袋课程。随着公安教育的发展和进步，一系列治安管理业务课程已成熟和独立，而《治安秩序管理》课程目前只包含公共场所和特种行业以及在公共场所举办的大型群众性活动和集会游行示威活动等内容。为了更加贴近公安实践，与治安管理工作无缝对接，将“治安秩序”改为“场所行业”，将“治安秩序管理”改为“场所行业管理”更为合适，也正是时候，且能解决“治安秩序管理”学科长期以来研究对象、研究范围和研究体系无法明确，理论基础无法达成共识的问题。

四、场所行业管理内涵

场所行业管理是我国公安机关治安管理部门为维护公共场所和特种行业的秩序与公共安全而依法组织的指导、协调、监督、检查等一系列行政管理活动。场所行业管理属于上层建筑领域，由一定的经济基础决定，并反作用于经济基础。因此，场所行业管理是为一定的政治经济服务的。

（一）场所行业管理是治安管理工作的一个重要组成部分和一项经常性业务

我国公安机关是具有武装性质的治安行政管理机关，公安工作主要包括两个方面：一是预防和打击犯罪，维护国家安全和社会稳定；二是依法行政，管理社会治安，维护社会治安秩序。公安工作的经常性任务包括刑事侦查和治安管理工作，治安管理可以分为场所行业管理、危险物品管理、单位内部管理、人口管理、消防管理和出入境管理等方面。场所行业管理是通过对公共场所、特种行业以及在公共场所中举办的大型群众性活动、集会游行示威等实施监督、控制、检查、教育、处罚等手段和措施进行社会治安管理，从而预防和发现各种违法犯罪活动并依法打击处理，维护良好的社会治安环境，这是治安管理工作的一个重要组成部分和一项经常性业务。

（二）场所行业管理是治安部门依法从事的行政管理活动

马克思指出："行政是国家的组织活动。"国家的组织管理活动是多方面的，包括军事行政管理、外交行政管理、工商行政管理、文化教育卫生行政管理、治安行政管理等，国家通过各方面的行政管理活动实施国家的组织管理，实现政权巩固、社会和谐安宁和长治久安。任何国家要稳定发展，安定的社会环境和良好的社会秩序是基本保障，因而治安行政管理与其他行政管理相比更具有基础性，在创造良好的社会环境和条件，保障其他国家行政管理活动顺利进行等方面意义重大。场所行业管理属于治安行政管理，是国家行政管理的重要组成部分。场所行业管理由公安机关治安部门以国家强制力为后盾依法实施，关系到社会稳定、人民群众安居乐业和社会的有序发展。

（三）场所行业管理主要是以公开的方式进行

公开是行政管理的基本特征之一，场所行业管理也不例外，场所行业管理主要是以公开的方式进行。国家意志和国家管理的目标要求通过制定法律法规以及规章制度的形式向社会公开，使全体公民知道自己应当遵守什么、维护什么、反对什么，自觉调整和约束自己

的行为以符合社会的行为规范，接受国家管理。同时，行政管理机关或部门必须依据法律法规以及规章制度进行管理，管理方式、手段和管理过程应当公开透明，接受社会监督，才能保证行政管理工作规范、高效，维护社会的公平正义、和谐发展，有效防止滥用权力侵犯公民的合法权益。场所行业管理往往涉及公民的人身自由等重要权利，强调依法公开尤为重要。但是，场所行业管理中公开的管理手段不能完全满足特殊情形下打击违法犯罪或预防和处置重大治安问题的实际需要，可以使用必要的秘密手段和方法。在实际工作中，只要能以公开的方式解决的问题，应当坚决不使用秘密手段，最大限度体现场所行业管理的公开性；确实需要使用秘密手段的，要严格履行批准手续、严格限定使用范围，坚决杜绝滥用权力，避免侵犯公民合法权益。

五、场所行业管理特点

（一）执法授权的特定性

场所行业管理的权力是由国家机关通过法律、法规的形式授予公安机关的，只有公安机关及其人民警察在进行场所行业管理时才能行使这些权力，其他任何机关和个人不享有这些权力，不得行使这些权力。根据公安机关内部各部门的管辖权限划分，治安部门及其人民警察直接负责场所行业管理，集中统一行使行政许可、禁止取缔、监督检查、盘问检查、行政处罚等治安行政管理权，执行治安管理法律法规以及有关治安管理的规章制度和政策。在权力的强度和使用范围上，场所行业管理中限制或剥夺公民的人身自由权和财产权的情形十分常见，治安行政管理权远大于其他行政权力，必须严格监督，确保依法行使管理权至关重要。执法授权特定化，有利于公安机关治安部门加强场所行业管理队伍的专业化建设，提高执法水平，在场所行业管理过程中维护法制的统一性，保证执法的权威性；同时，有利于国家权力机关、行政监察机关、法律监督机关和人民群众监督场所行业管理工作，保证依法管理，执法公正，保护公民的合法权益，有效防范徇私枉法、滥用权力。

（二）管理行为的强制性

法律规范是由国家制定或认可，以国家强制力保证实施的行为规范，公安机关治安部门依法进行的场所行业管理也是以国家强制力为后盾的，而公安机关是国家的专政机关，具有武装性质，所实施的行为是以国家的强制力为最终保障的，场所行业管理具有强制性毋庸讳言。场所行业管理涉及社会生活的方方面面，同人民群众的生产生活和生命财产安全有着密切的关系，对社会稳定和社会发展也具有重要影响，没有强制力为保障，管理将软弱无力，社会秩序将遭到破坏，违法犯罪活动就会猖獗，场所行业管理效应将无法实现。我国正处于社会主义初级阶段，人们的思想觉悟、法制观念、自律意识等还存在明显的差异，如果不采取强制管理，部分社会成员的不法行为不足以防范和制止，将严重威胁场所行业秩序。当然，场所行业管理的强制性从终极意义上讲，并非事事强制、时时强制，强制手段只是最后的选择和保障，宣传教育、积极引导应当贯彻于场所行业管理的始终，非强制措施如指导、督促等能够达到管理目标的，不得使用强制措施。

（三）管理范围的广泛性

场所行业管理的范围十分广泛，涉及社会生活的方方面面，包括人们生产、生活、交往等活动的所有地区、场所和行业，以及对可能发生治安问题的社会活动进行安全管理，预防和处置治安紧急事态等。随着社会的发展，人们的价值观念和行为方式日趋多元化，场所行业面临的新情况、新问题层出不穷，场所行业管理范围的广泛性决定了场所行业管理工作的复杂性。

第二节　场所行业管理范围

一、公共场所管理

公共场所是社会成员可以自由到达、停留或往来驻足，进行社会活动的场所。公共场所种类多、数量大、分布广。一方面，人员构成复杂，不法分子容易寻找作案机会，给公共场所的治安秩序和公共安全带来负面影响；另一方面，公共场所的人员彼此缺乏约束，易做出过激行为，引发群体性治安事件。某些公共场所经营者片面追求经济效益可能为违法犯罪提供条件或者导致公共场所存在各种安全隐患，容易发生治安灾害事故。公安机关依照有关治安管理法律、法规，对公共场所实施治安行政管理，包括监督、检查公共场所，健全、落实各项治安管理制度，打击并处理发生在公共场所的各种违反治安管理的行为和犯罪行为，处置发生在公共场所的各类治安事件，调查处理治安灾害事故等。

二、特种行业管理

特种行业简称“特业”或“特行”，是指容易被违法犯罪分子利用，国家通过法律、法规规定由公安机关对其实行特殊管理的行业的总称。公安机关特种行业管理的范围，根据国家的政治经济状况以及各个时期社会治安形势的发展变化情况由法律法规明确规定。当前，纳入公安机关治安管理的特种行业包括：旅馆业、典当业、印章刻字业、旧货业、印刷业、废旧金属收购业、机动车修理业和报废机动车回收业等。公安机关特种行业管理的基本任务是保障合法经营，限制、取缔、打击非法经营，及时发现违法犯罪活动，加强安全防范，预防治安灾害事故的发生，维护公共安全，掌握社会治安动态。

三、大型群众性活动管理

大型群众性活动一般是由单位举办或政府组织的有益的社会活动，不包括聚众闹事、非法集会、游行、示威等非法群体性活动。大型群众性活动的性质各不相同，既有政治性的，也有娱乐性的；既有商业性或营业性的，也有传统习俗性的。活动内容丰富，活动场所多样，参加人员众多，活动规模大，影响范围广，易发生闹事事件，造成挤压伤亡事故等治安问题。按照我国法律法规的规定和人民政府各部门的职责划分，安全生产、公安消防、公安交通、技术监督、商务、文化、体育、教育、旅游、园林等政府有关部门在各自的职责范围内，对大型群众性活动实施监督管理。公安机关对大型群众性活动的安全管理工作，可以概括为安全许可和安全保卫两个方面。

四、集会游行示威管理

集会游行示威是宪法赋予公民的一项重要的民主权利。保障公民依法行使集会、游行、示威的权利，可以体现国家的民主形象，反映民意；沟通政府与社会的联系，使政府及时调整相关政策；在一定程度上可以释放社会压力，缓和社会矛盾。非法集会游行示威可能影响国家的政治稳定，给敌对势力制造可乘之机；影响正常的社会秩序，损害经济的发展，甚至造成社会动乱；助长无政府主义和极端势力，为社会治安制造隐患等。加强集会、游行、示威管理有利于保护公民的合法权益，维护正常的社会秩序。

五、与场所行业关系密切的其他社会管理

当前，与场所行业关系密切的其他社会管理主要包括：流浪、乞讨人员的救助管理，精神病患者的管理，养犬管理等。许多国家并没有严格禁止流浪、乞讨，但对如何管理流浪、乞讨人员有许多具体规定，如不能扰乱公共秩序，不能欺骗社会，不得侵犯他人权利等。我国加强流浪、乞讨人员的管理，主要是完善对流浪、乞讨人员的救助制度，对乞讨行为进行规范，体现了社会对流浪、乞讨者的宽容与维护公共秩序之间的平衡。精神病患者不能或不能完全辨认和控制自己的意志和行为，如果无人看管或者看管不好，常常流落街头，蓬头垢面、赤身裸体、抢吃要喝、随地大小便，有伤风化，甚至无故伤害他人、污辱妇女、拦截车辆等，成为影响社会治安的一个不可忽视的方面。养犬问题日益成为社会热点问题，如不严加管理，犬类会传播疾病、污染环境卫生、干扰他人正常生活，甚至伤害他人，带来诸多社会问题。

六、严重妨害场所行业秩序行为的查禁

卖淫、嫖娼行为，制作、传播淫秽物品行为，吸食或注射毒品行为，赌博行为以及封建迷信活动，违背现实社会的道德风尚和善良风俗，严重妨害社会治安秩序，属社会丑恶现象。这些严重妨害场所行业秩序的行为涉及的物品，即淫秽物品、毒品、赌具和封建迷信品，统称为违禁物品。与其他违法犯罪活动相比，其危害具有广泛性、多重性和蔓延性的特点，除败坏社会主义道德风尚外，还危害民众身心健康，诱发其他违法犯罪，甚至影响经济建设和社会安定。我国法律法规明确规定坚决予以查禁、取缔，以维护社会治安秩序，挽救失足者和受害人，保障社会主义精神文明建设顺利进行。查禁这些严重妨害场所行业秩序的行为，是治安管理工作的一项经常性业务，也是关系到社会安定、人民生命财产安全，关系到社会主义精神文明建设和国家政治声誉的一件大事。

第三节　场所行业管理任务

公安机关对公共场所和特种行业实行治安管理，主要是依据国家法律、法规和规章对场所行业进行治安监督检查和业务指导，其基本任务是：依据国家的法律规范，依靠场所行业从业人员，严格场所行业治安秩序管理，保障公共安全，为社会主义经济建设服务。具体任务有以下几个方面：

一、预防、发现和控制违法犯罪活动

场所行业的业务特性决定了其易被不法分子利用进行违法犯罪活动，场所行业管理的首要任务就是预防、发现和控制违法犯罪活动。对场所行业的治安管理应充分发动和依靠场所行业从业人员和服务对象，通过贯彻执行各项安全管理制度，加强安全防范措施，减少可资违法犯罪人员利用的条件；并通过日常服务和经营管理，发现

利用场所行业进行违法犯罪活动的不法分子和可疑人员。为此，要增强从业人员的法律意识和安全意识，提高同违法犯罪分子作斗争的能力，以落实各项安全防范措施，预防、控制和打击各种违法犯罪活动，维护场所行业的正常秩序。

二、预防和查处治安灾害事故

治安灾害事故造成的经济损失和人员伤亡往往较为严重。由于场所行业服务对象的构成复杂、流动频繁，加之其本身可能存在房屋危险、通道阻塞、电器设备陈旧、消防器材短缺、明火管理不严或带入易燃易爆危险品等问题，在一定条件下就会引起火灾、爆炸和中毒等治安灾害事故。因此，对场所行业进行治安管理必须从场所和行业服务对象的安全出发，建立健全各项规章制度，落实安全措施，严密安全防范工作，防止治安灾害事故的发生。对发生的重大治安灾害事故，要认真查明原因，严肃查处，直至追究场所行业有关领导人和当事人的刑事责任。对违反安全规定屡教不改者，要按照《治安管理处罚法》的有关规定进行处罚，对蓄意制造事故的犯罪分子，要会同有关部门查明原因，取得证据，严厉打击。

三、调查处理治安案件

对违反治安管理行为依法立案调查处理，实施治安管理处罚，是场所行业管理的重要任务之一。对场所行业管理中发现的各种违反治安管理行为，治安部门要依法立案调查处理。实施治安管理处罚必须以事实为依据，与违反治安管理行为的性质、情节以及社会危害程度相当。实施治安管理处罚，应当公开、公正，尊重和保障人权，保护公民的人格尊严。

四、侦破管辖的刑事案件

侦破刑事案件、依法打击犯罪是公安机关的法定职责。按照公安机关内部刑事案件管辖分工，部分涉及场所行业的刑事案件由治安部门管辖。治安管理部门在场所行业管理工作中应当积极发现、控制和打击各种违法犯罪活动，并积极侦破管辖范围内的刑事案件。同时，治安管理部门应充分发挥自己的业务优势，通过加强场所行业管理及时为侦查部门提供破案线索，并逐步完善打防结合的工作机制。

五、协助管理社会问题

某些社会问题，如流浪、乞讨人员的救助管理问题，精神病患者以及痴呆傻人员的管理问题，流落街头的失学儿童的救助和特殊照顾问题，养犬管理问题等，虽然不属于社会治安问题，由民政、卫生等部门主管，但是，这些社会问题与社会治安密切相关，管理难度大，解决不好会危害社会，给社会秩序造成严重影响，需要公安机关大力协助。

六、为群众解决纠纷和困难

场所行业管理直接关系群众的安危和切身利益，与群众生产生活密切相关。公安机关以全心全意为人民服务为工作宗旨，在日常工作中应充分发挥社会服务职能，积极为群众排忧解难，为群众提供各种安全服务，帮助解决矛盾与纠纷；发现群众有困难，特别是孤、老、病、残等生活困难需要帮助的，应当积极设法帮助解决实际困难；遇有交通事故、火灾与爆炸、化学品或其他危险品泄漏等各种突发情况发生时，要积极采取措施，实施紧急救助。

第四节　场所行业管理原则

一、依法管理

场所行业管理属于国家行政管理，依法行政的原则要求场所行业管理必须依法进行。场所行业管理业务范围广、涉及领域多、社会影响面大，与广大人民群众的生产生活关联性强，管理不当极易侵害公民、法人或其他社会组织的合法权益，而场所行业管理领域新情况、新问题不断出现，有关立法相对滞后，各项管理业务可能出现法律依据不充分的情况，往往为不依法办事留有机会或可能，强调依法管理的原则尤为重要。贯彻依法管理的原则，要求场所行业管理的各项业务以及各项管理措施和方法必须有法可依，实施的条件和程序都要符合有关法律法规的规定；当出现某些可能危害或威胁场所行业的行为，而管理又缺乏具体法律依据时，应当根据宪法原则和法治精神适当介入、妥善干预，谨防侵犯公民、法人和其他社会组织的合法权益；忠实于法律，坚持法律至上，不滥用治安管理的权力和手段，不得从事非警务活动，更不得非法行政。

二、预防为主

预防为主，是指场所行业管理的基本措施和方法应当具有前瞻性、预见性和先导性，针对场所行业的现状和发展趋势，围绕防范违法犯罪和治安灾害事故展开，保障良好的社会秩序和社会稳定。贯彻预防为主的原则，要牢固树立以预防为主导的理念，通过日常管理工作和各种途径收集、分析治安信息，时刻掌握社会治安动态及其发展趋势，把握场所行业管理的主动权；加强治安监督检查，见微知著，随时发现安全防范工作的漏洞，及时采取有效措施消除安全隐患；抓早、抓小，防止治安问题从个别向普遍化发展，或者由局部问题向全局问题演变；在预防工作的基础上，积极查处治安案件、刑事案件、治安灾害事故，通过查处工作带动和促进安全防范措施和各项管理制度的贯彻落实。

三、专群结合

专门机关工作与群众工作相结合的原则，是公安工作走群众路线的直接体现。场所行业管理贯彻专门机关工作与群众工作相结合的原则，就是公安机关治安管理部门的专门管理与依靠群众实现社会自治相结合，要求治安管理部门准确进行职能定位，切实履行场所行业管理的法定职责，不得擅自委托、转移或不作为，同时将不必要由治安管理部门承担的人、物或工作交给相应的管理机构或社会组织，真正发挥社会和人民群众参与场所行业管理的积极性、主动性和创造性，构建多元化场所行业管理主体，共同维护良好的场所行业秩序和社会稳定。

四、谁主管谁负责

场所行业管理必须在党委和政府的统一领导下，把社会各方面的力量组织调动起来，实行综合治理。贯彻“谁主管，谁负责”的原则实质上是综合治理措施的具体落实，是场所行业管理相信群众、依靠群众的体现，是治安管理部门与公共场所、特种行业等单位的职工群众及其主管机关分工合作，从而形成防范体系。贯彻“谁主管，谁负责”的原则，就是要分清场所行业管理工作的层次，明确主管部门和公安机关各自的职责范围，依靠主管部门进行治安管理，治安管理部门则负责监督、指导和检查工作，有利于职责分明，防止治安部门包揽一切或管得太死，有利于调动社会力量管理治安以适应日益繁重复杂的场所行业管理工作需要，在保证管理效果的前提下减轻治安部门不必要的负担。在“谁主管，谁负责”的原则下，治安部门的职责包括：监督、指导有关单位的安全防范工作；及时发现问题，提出整改建议和意见，整治突出的治安问题；对违规单位和违法犯罪行为及时查处，依法追究有关人员和单位的法律责任；保护合法、打击非法，将有关单位及其主管部门的管理与治安管理有机结合起来，促进社会治安的综合治理。

五、严格管理与文明管理相结合

严格管理与文明管理相结合，是在依法管理原则下实施场所行业有效管理的指导原则。严格管理，是指场所行业管理要严格按照治安管理法律法规进行，严密落实各项管理制度和措施，严肃处理各种治安问题，做到执法必严、违法必究。文明管理，是指在场所行业管理工作中，要树立全心全意为人民服务的宗旨意识和以人为本、执法为民的理念，尊重群众的意见和要求，坚持理性平和文明规范执法，防止和杜绝执法态度生硬、执法方法简单、执法方式粗暴。严格管理同文明管理是辩证的统一而不是矛盾的对立，严格管理是场所行业管理基本要求，文明管理强调的是执法态度和执法方式，只有相互结合才能和谐警民关系，管理好场所行业。人民群众衡量公安机关执法活动的一个重要标准就是首先要合法，必须以法律标准衡量是非，处理问题；其次，还要合情、合理，让人们在情理上能够接受。重视严格管理与文明管理的有机统一，是实现执法效果最大化的重要途径。

第五节　场所行业管理基本方法

场所行业管理的基本方法，是指场所行业管理普遍适用的一般工作方法，由于不同场所行业的性质、特点不同，公安机关管理的具体方法也有所差异。

一、严格发证与备案制度

目前场所行业的设立有部分需要公安机关审核发证，如旅馆业、公章刻制业、典当业、营业性射击场所和网吧等，对公安机关不再审批的场所行业则实行备案制度。公安机关应严格依法履职，对需要发证的场所行业应认真审核，对需备案的场所行业应做好相关协调沟通和备案告知工作。

公安机关应在政府的协调下，主动与工商行政部门沟通协商，希望工商行政部门在企业设立的最后一道环节，明确告之场所行业的经营者在领取工商营业执照后，需在规定的时间内将场所行业所在位置、经营者的基本情况、经营范围、安全状态等主要情况向当地公安机关备案。

二、强化场所行业自律

场所行业的从业人员，特别是企业法人和经营管理者，对场所行业管理负有主要责任，场所行业管理必须依靠场所行业的从业人员，只有普遍调动起从业人员的治安保卫工作积极性，强化从业人员的治安责任意识和技能本领，才能做好场所行业的管理工作。公安机关应当通过法律规范明确场所行业法人代表、经理的责任，明确场所行业经营业主为第一责任人，明确他们在治安管理过程中的职责、权限和工作失职时应承担的相应责任。另外，可将治安管理的部分管理职能向场所行业协会转移，让场所行业协会承担起维护场所行业利益、实行场所行业自律的责任，公安机关定期或不定期召开协会例会，了解场所行业情况。同时，要建立安全评比制度，对经营守法好的单位进行表彰，对存在治安隐患和漏洞的单位，要责令其限期整改。

三、督促建立并落实安全规章制度

场所行业治安管理制度，是场所行业管理法律、法规具体的表现形式，是规范场所行业经营行为，维护良好秩序的依据。公安机关一方面要按照法规和场所行业实际，帮助场所行业建立健全切实可行的各项规章制度，另一方面要采取灵活方式，通过各种工作渠道，监督、检查场所行业贯彻执行规章制度的情况，指导场所行业把治安保卫工作落到实处。

四、强化治安监督检查

对场所行业依法进行治安监督检查是公安机关的职责，也是公安机关实施治安管理的重要手段。要明确公安机关场所行业日常检查的责任，制定检查工作的标准及规范，细化检查内容，对检查中发现场所行业设施存在不符合法定条件的问题或违法犯罪活动，要认真督促整改，坚决依法查处。要采取公开检查和暗访相结合的方式，通过多层面、经常性的检查，实现对场所行业治安状况的动态、有效管理。

五、推进场所行业治安管理信息化建设

场所行业治安管理信息化建设是场所行业管理基础性工作，在场所行业治安管理中进行信息化建设，是建立公安机关“打、防、控”一体化建设的重要内容，是场所行业防控体系有效运转的前提和基础。目前，场所行业治安管理中已建立、推广了娱乐场所、旅馆业、印章业、机动车修理业等治安管理信息系统，实现了对场所行业的实时监控、动态管理，增强了工作针对性和实效性，提高了工作效率。因此，我们应继续加大场所行业治安管理信息系统建设，提高系统覆盖率，强化数据采集，规范系统运行，实现系统升级。

六、教育培训场所行业从业人员

要实现有效的管理，人是关键。场所行业的从业人员常与犯罪分子直接接触。各类嫌疑人在逃亡过程中要找地方住宿，就会与旅馆业从业人员打交道；在典当行、旧货市场内与从业人员交易的对象有可能就是抢劫、盗窃的犯罪嫌疑人。因此对场所行业中从业人员开展教育和培训是强化安全管理的重要组成部分。公安机关要采取多渠道、多形式和各种方法对场所行业中从业人员开展教育与培训，提高从业人员的法制观念和业务素质，强化他们的大局意识、责任意识和防范意识，增强行业的整体安全防范能力。

七、建立考核评比制度

对场所行业的管理可以采取记分考核、星级评审、挂牌警示等方式实施监督管理。通过实行等级评定制度，可以提高业主抓治安的责任心和积极性，实现执法公开化和日常检查的规范化；改变民警检查随意性大的局面，使检查工作有章可循、有据可依。与此同时，将考核制度与工商年检诚信制度挂钩，对为牟取利益而进行违法活动

情节较重的场所行业，通报工商部门，给予降低信用等级，暂缓年检、注册或吊销营业执照等处理。

八、打击行业内的违法犯罪活动

打击和防范始终是公安机关的两个"拳头"，公安机关既要运用日常检查等日常防范的"拳头"，也要运用国家赋予公安机关依法打击的"拳头"，加大对场所行业违法犯罪活动的查处力度。要广辟信息来源，及时收集掌握违法犯罪信息；严厉打击行业内的违法犯罪活动的组织者、策划者、为首者和保护伞；对违法经营业主应追究刑事责任的要坚决予以追究；适时开展专项斗争和专项整治行动，保障场所行业健康有序地发展。同时引入激励机制，根据从业人员提供嫌疑对象及嫌疑物品等线索的价值，以及场所行业在协助侦查破案中起到的作用，给予奖励，充分调动场所行业从业人员参与预防打击犯罪的积极性。

第二章　场所行业管理勤务

第一节 备案勤务
- 一、备案勤务含义
- 二、备案勤务法律效力
- 三、备案勤务内容
- 四、备案勤务程序

第二节 审批勤务
- 一、审批勤务含义
- 二、审批勤务原则
- 三、审批勤务种类
- 四、审批勤务程序

第三节 检查勤务
- 一、检查概述
- 二、检查内容
- 三、检查实施
- 四、安全隐患的处理
- 五、检查勤务应注意的问题

第四节 巡逻勤务
- 一、巡逻概念、种类和作用
- 二、巡逻任务、职责和权限
- 三、巡逻勤务制度
- 四、巡逻中常见情况处置
- 五、巡逻中应注意的问题

第五节 盘查勤务
- 一、盘查概念和任务
- 二、盘查对象
- 三、盘查方法与技巧
- 四、盘查勤务中应注意的事项
- 五、对被盘查人员的处理

第六节 守望勤务
- 一、守望概念和任务
- 二、守望形式
- 三、守望勤务实施

第七节 堵截勤务
- 一、堵截概念和任务
- 二、堵截方法
- 三、堵截勤务规范要求

【学习目标】通过教学,使学生了解场所行业管理中的七种主要勤务方式及其内涵,掌握备案、审批、检查、巡逻、盘查、守望和堵截这七种勤务方式的内容、形式、方法、技巧和规范要求。

【专业术语】备案　审批　检查　巡逻　盘查　守望　堵截

备案、审批、治安检查、巡逻、盘查、守望、堵截等警察勤务是场所行业管理中必不可少的措施和手段。各类勤务方式的性质、特征、方式不同,在维护场所行业秩序中发挥着不同的作用,同时,对勤务的实施也有不同的要求。因此,在场所行业管理工作中,要根据实际需要,选用不同的勤务方式,并分类组织实施,以保证各类勤务作用的发挥。

第一节　备案勤务

一、备案勤务含义

(一)备案勤务含义

备案是治安管理部门依法对场所行业的法律事实所作的登记。备案勤务可以掌握与治安管理直接相关的法律事实的基本情况,为治安管理工作和保障场所行业的合法权益提供基础资料,为分析和研究治安管理规律,制定治安管理政策提供依据。备案勤务是治安管理的重要勤务活动,认真做好备案勤务工作,合理地使用备案勤务措施,是做好治安管理工作的重要条件。场所行业备案登记是治安警务人员依照法律法规的规定,对治安管理活动中需要以备查考的有关情况和事务办理的登记和记载,是一种由当事人申请而提起的申请性登记。对于场所行业来说,场所行业经营业主向公安机关申请登记不仅仅是其权利,同时也是必须履行的义务。

(二)备案勤务特征

1. 备案勤务的内容是已经发生的法律事实。备案勤务是对已经发生的法律事实的确认和记载。备案勤务是已经存在或者发生的法律事实，而不是将要发生或准备进行的活动，这是备案勤务的显著特征。某种法律事实是否发生或存在，与备案勤务的行为本身无关，备案勤务只能审查其是否发生或存在，而不能对登记的内容进行自由裁量，只能按照法律事实的实际情况予以登记，不得加入主观的想象或者个人的推断，只能是对客观事实的一种记录。虚构的事实不能作为备案勤务的内容，否则，所登记的内容就无法作为法律依据为治安管理提供服务，也无法为保障场所行业的合法权益提供法律证明。因此，一旦登记的内容确定以后，备案勤务机关及其警务人员也不能自由更改或随意撤销。实施备案勤务，必须审查所登记的法律事实是否客观存在，是否符合法律规定，以防止有人弄虚作假骗取备案登记。

2. 备案勤务的范围具有普遍性。备案勤务是为了获取与治安管理有关的场所行业信息，为治安管理的实施提供基础资料。备案勤务往往是对场所行业的信息实行全面的登记，其范围具有普遍性。在众多的场所行业中，除了旅馆业、公章刻制业、典当业和互联网上网服务营业场所需要公安机关审查批准外，其他场所行业都只需要在取得工商营业执照后到公安机关备案即可。

3. 备案勤务是一种行使行政职权的执法行为。备案勤务不是治安管理者个人行为，也不是警务人员在治安管理活动中的个人记录，而是一种依法行使行政职权的执法行为。法律对备案的项目、条件、范围、对象、程序等都作出了明确的规定，治安管理机关及其警务人员只能按照法律法规的规定履行备案勤务，既不能违背法律法规的规定办理备案，也不能超越职权滥设备案项目。备案勤务作为一种执法行为，首先，登记的主体必须是有治安管理权的治安管理机关或者治安管理机关依法委托的单位，其他没有治安法律规范授权的机关、团体、企事业单位或者个人，不得进行备案勤务；其次，登记的内容必须是真实客观存在的法律事实或法律关系；再次，备案勤务是按法律规定的程序和要求办理的；最后，备案勤务的方式必须符合法律规定。一旦办理了备案就具有相应的法律效力。

（三）备案勤务的作用

1. 备案勤务是治安管理活动的重要基础。备案勤务是对治安管理对象、活动过程以及治安管理中需要备查的事务依法进行的登记和记载，这为治安管理提供了最基本的信息资料，是开展各项治安管理活动的基本依据，是公安机关实施治安管理的基础，离开了备案勤务是无法实施治安管理的。备案勤务可以全面、准确地把握治安管理对象的基本情况、变化状况和发展趋势，为治安管理提供基本的依据。

2. 备案勤务是保障场所行业合法权益的重要措施和手段。通过场所行业备案登记，公安机关可以从法律角度对场所行业的法律身份、权益进行确认，便于场所行业在社会生活中行使权力和履行义务。

3. 备案勤务是治安管理的基本勤务制度。备案勤务是贯穿于治安管理活动过程之中的一项基本的勤务活动，在治安管理的许多环节、许多过程中都需要进行登记和记载。备案勤务是治安管理的基本形式和内容，有些治安管理离开了备案勤务是不可能正常开展的，也是不可能取得好的管理效果的。

二、备案勤务法律效力

备案勤务是治安管理机关依法实施的一种行政行为，因此，合法的备案勤务必然会发生相应的法律效力。合法的备案勤务会产生以下法律效力。

（一）确定力

备案勤务是将客观存在的法律事实用文件或法律形式加以确认，它会产生法律的确定力。这种确定力包括两个方面：一是确定了某种与治安管理有关的法律事实真实客观。备案勤务是对治安管理活动进行的记载或者对场所行业申请登记事项审查后的确认，因此，具有客观性。二是确定了备案勤务的内容不得随意变更。这种确定力既约束申请登记的场所行业，也约束办理登记的机关。对场所行业的确定力，是指场所行业对已经登记的内容不得随意要求变更，只有当登记的法律事实发生了变化，才能依法向治安管理部门申请变更登记。

（二）证明力

备案勤务是公安机关依法办理的，它具有法律证明力。这种证明力表现为三个方面：一是真实性证明，一经登记的内容就以法律的形式证明其为客观真实。二是特征证明，一经登记就用法律形式将某一治安事实的特征加以确认和固定。三是流转证明，备案勤务可以通过系列的登记活动对场所行业的法人身份变化、场所行业地址变迁、证照有效运行状况等提供证明。

三、备案勤务内容

根据治安管理的实践和现行治安法规的规定，场所行业备案勤务主要包括娱乐场所登记、废旧金属收购业登记、印刷业登记、旧货流通业登记、机动车修理业和报废机动车回收业登记等方面。

（一）娱乐场所备案

根据公安部《娱乐场所治安管理办法》规定：“娱乐场所领取营业执照后，应当在 15 日内向所在地县（市）公安局、城市公安分局治安部门备案；县（市）公安局、城市公安分局治安部门受理备案后，应当在 5 日内将备案资料通报娱乐场所所在辖区公安派出所。县（市）公安局、城市公安分局治安部门对备案的娱乐场所应当统一建立管理档案。”

备案项目及内容：

1. 名称；

2. 经营地址、面积、范围；

3. 地理位置图和内部结构平面示意图；

4. 法定代表人和主要负责人姓名、身份证号码、联系方式；

5. 与保安服务企业签订的保安服务合同及保安人员配备情况；

6. 核定的消费人数；

7. 娱乐经营许可证号、营业执照号及登记日期;

8. 监控、安检设备安装部位平面图及检测验收报告。

设有电子游戏机的游艺娱乐场所备案时,除符合前款要求外,还应当提供电子游戏机机型及数量情况。娱乐场所备案时,应当提供娱乐经营许可证、营业执照及消防、卫生、环保等部门批准文件的复印件。

娱乐场所备案项目发生变更的,应当自变更之日起 15 日内向原备案公安机关备案。

(二)废旧金属收购业备案

《再生资源回收管理办法》第 8 条规定:"回收生产性废旧金属的再生资源回收企业和回收非生产性废旧金属的再生资源回收经营者,除应当按照本办法第七条规定向商务主管部门备案外,还应当在取得营业执照后 15 日内,向所在地县级人民政府公安机关备案。备案事项发生变更时,前款所列再生资源回收经营者应当自变更之日起 15 日内(属于工商登记事项的自工商登记变更之日起 15 日内)向县级人民政府公安机关办理变更手续。"

有些省有自己的规定,是到公安派出所备案,如根据《福建省特种行业和公共场所治安管理办法》第 15 条规定:"开办除应当办理许可证以外的特种行业……应当在取得营业执照后十五日内向所在地公安派出所备案。"

备案项目及内容(国家没有统一规范,参考××市公安机关规定):

1. ××市特种行业公共场所备案登记表;

2. 工商营业执照原件及复印件;

3. 经营业主身份证原件及复印件,经营业主基本情况;

4. 场所管理人员情况登记表,从业人员花名册,所有人员身份证原件及复印件;

5. 经营场所平面图和地理位置图;

6. 治安安全管理制度(包括各项治安管理规章制度、岗位责任制、紧急情况处置预案)；

7. 房屋产权证明或租赁合同。

(三)其他场所行业备案

关于备案的受理机关、备案的内容和办理备案登记的时限，除娱乐场所有公安部规定，废旧金属收购业部分有国家层面的规定外，其他场所行业都没有国家统一规定。

四、备案勤务程序

备案勤务的范畴、内容、文书会因场所行业的不同而不同，但备案勤务的程序基本相同，一般要经过当事人申请、登记机关审查、办理登记手续等几个方面程序。

(一)申请

申请是场所行业依法向治安管理部门提出备案登记请求，这是办理备案勤务必经程序，是办理备案勤务的第一道程序。场所行业为了维护自己的合法权益，对需要办理备案勤务的有关事宜，应向治安管理部门提出备案勤务请求。提起备案勤务申请的人，必须是按法律规定符合提请申请登记条件并有相应行为能力的人，申请必须是向具有管辖权的治安管理机关提起的，申请登记的内容须符合法律规定。场所行业提出备案勤务申请时，必须要按照备案勤务的要求或者规定提供符合登记条件的各种材料，填写规范的文书。

(二)审查

受理备案勤务申请后，治安警务人员应对备案勤务申请人的申请进行审查。对属于需要办理备案勤务的事项，并符合备案勤务管辖和条件的，应予办理备案勤务。

治安警务人员对备案勤务申请的审查重点和步骤应按以下几个方面进行：一是审查申请登记的内容是不是需要办理备案勤务的事项；二是对属于需要办理备案勤务的事项，审查其是否属于自己管辖权所及的范围；三是对属于管辖范围内的备案勤务事项，审查备案勤务申请是否符合法定条件；四是对符合备案勤务法定条件的申请，审查申报备案勤务的材料是否客观真实、齐全完备。只有这些审查完成，并完全符合备案勤务的条件，才能办理备案勤务。

（三）登记

对于经过审查完全符合备案勤务要件的申请，治安警务人员应依法办理相应的备案勤务，就是对备案的内容进行记载或者填制规定的文本。记载或者填制备案勤务的内容时，一定要细致认真，力求做到规范、准确、全面，要严格按照备案勤务的要求、方式、规格、文本进行记录或者填制，不得随意取舍，做到项目齐全、内容完整、字迹工整，手续完备。

第二节 审批勤务

一、审批勤务含义

（一）审批勤务含义

审批勤务，也可以称为治安行政许可、治安行政审批，是指公安机关根据公民、法人和其他组织的申请，通过颁发许可证或执照等形式，依法赋予行政相对人从事涉及治安管理的某种活动或实施某种行为的权利和资格的勤务活动。审批勤务是治安管理的重要措施和勤务活动，在计划经济时期，审批勤务是治安管理的基本方式和主要形式，可以说大量的治安管理活动就是通过事先的治安审批来体现的。随着经济体制改革的深入和法制建设的发展，我国治安管理方式也进行了许多探索和改革，治安行政许可的数量和领域也有所减少，审批勤务的规范性日趋增强，特别是《中华人民共和国行政许可法》颁布以后，公安部也颁布了《公安机关行政许可工作规定》，进一步推进了治安行政许可的改革，为审批勤务提供了有力的法律保障。

（二）审批勤务特征

第一，审批勤务是依申请的行为。审批勤务属于依申请行政行为，以公民、法人或者其他组织的申请为起始。无申请即无许可。

第二，审批勤务是准予相对人从事特定活动的行为，是对许可申请进行审查确认和批准的行为。审批勤务体现了治安管理机关对管理事项的管理职能，公安机关作出治安行政许可是单方面的，并不以申请人的意志为准。审批勤务通常表现为对申请许可事项的确认和审批，因此，即使冠以审批、登记的名称，而不具有审批特性，也不属于行政许可。如治安管理部门进行的场所行业备案登记不是审批勤务。有些虽然没有冠以审批、许可的名称，而实质是对某种治安行为资格的确认和审批，也属于审批勤务。例如，对消防隐患停业整改是否合格的消防监督检查，虽然冠以检查之名，而实质是对是否达到取消停业条件的审查，也属于审批勤务的范畴。

第三，审批勤务是要式治安勤务活动。审批勤务应当遵循相应的法定程序，并以相应的文书、格式、日期、印章等形式予以批准、认可和证明。

二、审批勤务原则

根据《中华人民共和国行政许可法》的有关规定，审批勤务应当遵循如下原则：

(一)合法原则

审批勤务合法原则是指公安机关履行审批勤务职责应当遵循合法原则，必须严格按照宪法和法律、法规、规章规定的职责权限、范围、条件和程序设定审批勤务，并以法律、法规所确定的内容和程序，实施许可。同时相对人也必须遵守法律规范，服从公安机关的管理。无论是公安机关还是行政相对人，只要存在违法行为，一律要受到法律制裁。

(二)公开、公平、公正原则

公开原则是指有关审批勤务的规定应当公布，未经公布的，不得作为实施审批勤务的依据，并且审批勤务的实施和结果，除涉及国家秘密、商业秘密或者个人隐私外，均应当公开。

公平原则是指符合法定条件、标准的，申请人有依法取得审批勤务的平等权利，公安机关不得歧视。有数量限制的审批勤务，两个或两个以上申请人的申请均符合法定条件和标准的，公安机关应当按照受理的先后顺序作出准予行政许可的决定。但是，法律、行政法规对优先顺序另有规定的，依照其规定。

公正原则就是要最大限度地保证对审批勤务在自由裁量上的公正，既要保证实体的公正，也要通过公告制度、回避制度、信息公开制度、听证制度等一系列的程序制度，保证审批勤务的程序公正。

（三）便民、高效原则

便民原则是指公安机关在实施审批勤务的程序中，应当提高办事效率，为许可申请人提供便捷、高效和优质的服务。公安机关应当将法律、法规、规章规定的有关审批勤务的事项、依据、条件、数量、程序、期限以及需要提交的全部材料的目录和申请书示范文本等在办公场所公示。申请人要求公安机关对公示内容予以说明、解释的，公安机关应当说明、解释，提供准确、可靠的信息。

高效原则是指公安机关在行使审批勤务职能时，要力争以尽可能短的时间，尽可能少的人员，尽可能低的经济耗费办尽可能多的事，取得尽可能大的社会、经济效益。其要求：一是严格程序，严守时效；二是机构设置要精干，职权分工要明确；三是注重行政行为的成本。

（四）信赖保护原则

公民、法人或者其他组织依法取得的审批勤务受法律保护，公安机关不得擅自改变已经生效的审批勤务。

审批勤务所依据的法律、法规、规章修改或者废止，或者准予审批勤务所依据的客观情况发生重大变化的，为了公共利益的需要，公安机关可以依法变更或者撤回已经生效的审批勤务，由此给公民、法人或者其他组织造成财产损失的，公安机关应当依法给予补偿。

（五）不得转让原则

依法取得的治安行政许可，除法律、法规规定依照法定条件和程序可以转让的外，不得转让。审批勤务是根据申请人的申请，按照法定的条件和标准颁发的，它与申请人特定的情况和条件是紧密联系的，对许可申请的审查实质就是公安机关判断申请人是否符合法定条件和标准的过程。被许可人转让已获得的治安行政许可，将会造成经济、社会秩序的混乱，损害国家利益、公共利益及公民、法人和其他组织的合法权益。《公安机关行政许可工作规定》专门规定，对出借、出租、倒卖治安行政许可证件的，公安机关应当依法给予行政处罚，构成犯罪的依法追究其刑事责任。

三、审批勤务种类

目前需要治安行政许可的场所行业有旅馆业、典当业、公章刻制业、互联网上网服务营业场所等，活动类有大型群众性活动和集会游行示威活动。审批勤务中，对治安安全审查时，还要进行消防安全审查。

（一）旅馆业审批勤务

根据 1987 年公安部发布的《旅馆业治安管理办法》第 4 条的规定，申请开办旅馆，应经主管部门审查批准，经当地公安机关签署意见，向工商行政管理部门申请登记，领取营业执照后，方准开业。经批准开业的旅馆，如有歇业、转业、合并、迁移、改变名称等情况，应当在工商行政管理部门办理变更登记后 3 日内，向当地的县、市公安局、公安分局备案。

（二）典当业审批勤务

根据 2005 年《典当管理办法》第 16 条和第 17 条的规定，申请人领取商务部颁发的典当经营许可证后，应当在 10 日内向所在地县级人民政府公安机关申请典当行特种行业许可证，所在地县级人民政府公安机关受理后应当在 10 日内将申请材料及初步审核结果报设区的市（地）级人民政府公安机关审核批准，设区的市（地）级人民政府公安机关应当在 10 日内审核批准完毕。经批准的，颁发特种行业许可证。设区的市（地）级人民政府公安机关直接受理的申请，应当在 20 日内审核批准完毕。经批准的，颁发特种行业许可证。设区的市（地）级人民政府公安机关应当在发证后 5 日内将审核批准情况报省级人民政府公安机关备案；省级人民政府公安机关应当在5日内将有关情况通报同级商务主管部门。申请人领取特种行业许可证后，应当在10日内到工商行政管理机关申请登记注册，领取营业执照后，方可营业。

（三）公章刻字业审批勤务

根据1951年公安部发布的《印铸刻字业暂行管理规则》的规定：凡经营印铸刻字业者，须先向该管市（县）人民政府公安局或分局申请登记，办理以下手续：第一，详细填写特种营业登记表两份，附申请人最近2寸半身免冠相片3张，并觅具可靠非同业铺保两家。第二，造具该业股东、职工名册，建筑设备及四邻平面略图（露天刻字摊免缴平面略图）。第三，将填妥之申请登记表，连同相片、略图、名册等送公安局或分局，经核准发给许可证后，须另向该管工商机关申请，领得营业执照后方准营业。

凡领有许可证之印铸刻字业者，如有更换字号、经理、股东，或迁移、扩充、转业、歇业等情形时，均须先经公安局或分局许可后，始得办理其他手续。

（四）大型群众性活动审批勤务

大型群众性活动是指在特定的时间、空间所进行的，有众多人员参与的有益的社会活动，一般由单位举办或者政府组织。大型群众性活动由于参与的人员较多，在一定的时间和空间内高度密集，容易导致挤压、踩踏等伤亡事故，甚至导致群体性事件，因此，有必要对大型群众性活动设立许可。

根据2007年《大型群众性活动安全管理条例》规定，法人或者其他组织面向社会公众举办的每场次预计参加人数达到1000人以上的体育比赛、演唱会、焰火晚会、人才招聘会、现场开奖的彩票销售等活动，必须获得公安机关许可。

大型群众性活动的预计参加人数在1000人以上5000人以下的，由活动所在地县级人民政府公安机关实施安全许可；预计参加人数在5000人以上的，由活动所在地设区的市级人民政府公安机关或者直辖市人民政府公安机关实施安全许可；跨省、自治区、直辖市举办大型群众性活动的，由国务院公安部门实施安全许可。

承办者应当在活动举办日的 20 日前提出安全许可申请，申请时，应当提交相应材料。公安机关收到申请材料应当依法作出受理或者不予受理的决定。对受理的申请，应当自受理之日起 7 日内进行审查，对活动场所进行查验，对符合安全条件的，作出许可的决定；对不符合安全条件的，作出不予许可的决定，并书面说明理由。

对经安全许可的大型群众性活动，承办者不得擅自变更活动的时间、地点、内容或者扩大大型群众性活动的举办规模。承办者变更大型群众性活动时间的，应当在原定举办活动时间之前向作出许可决定的公安机关申请变更，经公安机关同意方可变更。承办者变更大型群众性活动地点、内容以及扩大大型群众性活动举办规模的，应当依照本条例的规定重新申请安全许可。承办者取消举办大型群众性活动的，应当在原定举办活动时间之前书面告知作出安全许可决定的公安机关，并交回公安机关颁发的准予举办大型群众性活动的安全许可证件。

（五）集会游行示威活动的审批勤务

集会、游行、示威是我国宪法赋予公民的基本权利。集会、游行、示威是一种比较激烈的表达共同意愿的方式，公民在行使该项权利和自由的同时，如果不加以制约和规范，有可能损害国家的、社会的、集体的利益和其他公民的合法的自由和权利。因此，有必要对集会、游行、示威设立许可。国家举行或者根据国家决定举行的庆祝、纪念等活动或者国家机关、政党、社会团体、企业事业组织依照法律、组织章程举行的集会不需申请许可。

《中华人民共和国集会游行示威法》规定，举行集会、游行、示威必须有负责人，其负责人必须在举行日期的 5 日前向主管公安机关递交书面申请。申请书中应当载明集会、游行、示威的目的、方式、标语、口号、人数、车辆数、使用音响设备的种类与数量、起止时间、地点（包括集合地和解散地）、路线和负责人的姓名、职业、住址。主管公

安机关接到集会、游行、示威申请书后，应当在申请举行日期的2日前，将许可或者不许可的决定书通知其负责人。不许可的，应当说明理由。逾期不通知的，视为许可。确因突然发生的事件临时要求举行集会、游行、示威的，必须立即报告主管机关；主管机关接到报告后，应当立即审查，决定许可或者不许可。

（六）消防安全的审批勤务

1. 建筑工程消防设计审核和验收

按照国家工程建筑消防技术标准需要进行消防的新建、改建、扩建、建筑内部装修以及自动消防设施工程项目，必须办理消防设计审核和验收。

属于简易审核范围的建筑工程当天审核办结；公安消防机构对送审的建筑工程消防设计，从登记收件之日起，一般工程在5个工作日之内，重点建筑、设置建筑自动消防设施的建筑工程在8个工作日之内签发《建筑工程消防设计审核意见书》。需要组织专家论证消防设计的工程可以延长到10个工作日。

从依法受理之日起10个工作日内进行消防验收，验收后7个工作日内办结。

2. 公共娱乐场所消防安全检查合格许可

根据治安管理法律、法规规定，凡是经营歌舞厅、影剧院等公共娱乐场所，宾馆、饭店，商场和集、贸市场，举办大型集会、焰火晚会、灯会等群众活动，以及法律、法规规定的其他应当由公安消防监督部门检查合格后方可使用或开业的，都必须要经过公安消防管理部门检查合格后，才能使用或开业。

公共娱乐场所应当在法定代表人或者主要负责人中确定一名本单位的消防安全责任人。在消防安全责任人确定或者变更时，应当向当地公安消防机构备案。公共娱乐场所的房产所有者在与其他单位、个人发生租赁、承包等关系后，公共娱乐场所的消防安全由经营者负责。消防安全责任人应当依照《消防法》的规定履行消防安全职责，负责检查和落实本单位防火措施、灭火预案的制定和演练以及建筑消防设施、消防通道、电源和火源管理等。

新建、改建、扩建公共娱乐场所或者变更公共娱乐场所内部装修的，其消防设计应当符合国家有关建筑消防技术标准的规定。建设或者经营单位应当依法将消防设计图纸报送当地公安消防机构审核，经审核同意方可施工；工程竣工时，必须经公安消防机构进行消防验收；未经验收或者经验收不合格的，不得投入使用。

公众聚集的娱乐场所在使用或者开业前，必须具备消防安全条件，依法向当地公安消防机构申报检查，经消防安全检查合格后，发给《消防安全检查意见书》，方可使用或者开业。公安消防机构在接到申请单位消防安全检查申请后，4 日内按照国家消防技术标准进行开业前安全检查，并在消防安全检查后 3 日内签发消防安全检查意见书。对消防安全检查不合格的工程，申请单位组织有关单位对消防安全检查意见书中提出的问题进行整改；整改完毕，向公安消防机构提交整改情况报告并申请复查。

四、审批勤务程序

（一）审批勤务的申请

公民、法人或者其他组织从事特定活动，依法需要取得审批勤务的，应当向公安机关提出申请。申请书需要采用格式文本的，公安机关应当向申请人提供审批勤务申请书格式文本。申请书格式文本中不得包含与申请审批勤务事项没有直接关系的内容。

申请人可以委托代理人提出审批勤务申请，也可以通过信函、电报、电传、传真、电子数据交换和电子邮件等方式提出审批勤务申请，但是依法应当由申请人到公安机关办公场所当面提出审批勤务申请的除外。

对申请人委托代理人提出审批勤务申请的，公安机关应当要求当事人出具授权委托书或者在申请表上委托栏中载明委托人和代理人的简要情况，并签名或者盖章，出示委托人身份证件。

公安机关应当将法律、法规、规章规定的有关审批勤务的事项、依据、条件、数量、程序、期限以及需要提交的全部材料的目录和申请书示范文本等在办公场所公示。申请人要求公安机关对公示内容予以说明、解释的，公安机关应当说明、解释，提供准确、可靠的信息。

申请人申请审批勤务，应当如实向公安机关提交有关材料和反映真实情况，并对其申请材料实质内容的真实性负责。公安机关不得要求申请人提交与其申请的审批勤务事项无关的技术资料和其他材料。

公安机关应当建立和完善有关制度，推行电子政务，在公安机关的网站上公布审批勤务事项，方便申请人采取数据电文等方式提出审批勤务申请；应当与其他行政机关共享有关审批勤务信息，提高办事效率。

（二）审批勤务的受理

公安机关应当在办公场所便于公众知晓的位置公布受理审批勤务的内设机构名称、地址、联系电话。办公场所分散、审批勤务工作量大的公安机关可以设立统一对外、集中受理审批勤务申请的场所。同一审批勤务需要公安机关多个内设机构办理的，由最先收到申请的机构或者本机关指定的机构统一受理，并负责统一送达审批勤务决定。接到申请的机构应当将行政许可申请转告有关机构分别提出意见后统一办理，或者组织有关机构联合办理。

1. 受理机关接到审批勤务申请后，应当就下列事项进行初步审查：

（1）申请事项是否属于依法需要取得审批勤务的事项；

（2）申请事项是否属于本机关管辖；

（3）申请材料是否齐全和符合法定形式，内容填写是否正确。

2. 受理机关对申请人提出的审批勤务申请，经初步审查，按照下列情形分别作出处理：

（1）依法不需要取得审批勤务的，应当即时口头告知申请人不予受理，并说明理由；申请人要求书面决定的，公安机关应当出具不予受理决定书；

(2)申请事项依法不属于本机关职权范围的，应当口头告知申请人向有关行政机关申请；申请人要求书面决定的，公安机关应当出具不予受理决定书；

(3)申请材料存在可以当场更正错误的，应当允许申请人当场更正，并由申请人签字或者捺指印确认；

(4)申请材料不齐全或者不符合法定形式的，应当当场或者在5日内一次告知申请人需要补正的全部内容；逾期不告知的，自收到申请材料之日起即为受理；

(5)申请事项属于本机关职权范围，申请材料齐全、符合法定形式，或者申请人按照本机关的要求提交全部补正申请材料的，应当受理审批勤务申请。

对申请人通过信函、电报、电传、传真、电子数据交换和电子邮件等方式提出申请的，公安机关应当自收到申请材料之日起5日内按照规定情形分别作出处理，并通知申请人。逾期未通知的，视为受理，但因为申请人原因无法通知的除外。

公安机关受理审批勤务申请的，应当出具受理审批勤务申请书凭证。受理凭证应当注明申请事项和办理时限、联系人、咨询电话和收到的申请材料的目录，加盖本机关专用章，并注明受理日期。公安机关当场作出审批勤务决定的，无需出具受理凭证。

公安机关依法出具的不予受理审批勤务申请决定书应当写明理由，告知申请人有申请行政复议或者提起行政诉讼的权利，加盖本机关专用章，并注明日期。

(三)审批勤务的审查

审批勤务的审查主要有两个方面：一是形式审查，即对申请人提交的申请材料齐全、符合法定形式，公安机关能够当场作出决定的，应当当场作出书面的审批勤务决定；二是实质审查，即根据法定条件和程序，需要对申请材料的实质内容进行核实的，公安机关应当指派两名以上工作人员进行核查。

公安机关对审批勤务申请进行审查时，发现审批勤务事项直接关系他人重大利益或者直接涉及申请人与他人之间重大利益关系的，应当告知利害关系人审批勤务事项，并告知申请人、利害关系人有权进行陈述、申辩和要求听证。

（四）审批勤务的决定

1. 审批勤务决定的作出

公安机关作出审批勤务决定应当经公安机关负责人或者其授权的工作人员批准。公安机关对审批勤务申请进行审查后，除当场作出审批勤务决定的外，应当在法定期限内按照规定程序作出审批勤务决定。

申请人的申请符合法定条件、标准的，公安机关应当依法作出准予审批勤务的书面决定。公安机关依法作出不予审批勤务的书面决定的，应当说明理由，并告知申请人享有依法申请行政复议或者提起行政诉讼的权利。

2. 审批勤务决定的形式

公安机关作出准予审批勤务的决定，需要颁发审批勤务证件的，应当向申请人颁发加盖本行政机关印章的下列审批勤务证件：

(1)许可证、执照或者其他许可证书；

(2)资格证、资质证或者其他合格证书；

(3)公安机关的批准文件或者证明文件；

(4)法律、法规规定的其他审批勤务证件。

公安机关实施检验、检测，可以在检验、检测合格的设备、设施、产品、物品上加贴标签或者加盖检验、检测印章。

（五）审批勤务的听证

法律、法规、规章规定实施审批勤务应当听证的事项，或者公安机关认为需要听证的其他涉及公共利益的重大审批勤务事项，公安机关应当向社会公告，并举行听证。

审批勤务直接涉及申请人与他人之间重大利益关系的，公安机关在作出审批勤务决定前，应当告知申请人、利害关系人享有要求听证的权利；申请人、利害关系人在被告知听证权利之日起 5 日内提出听证申请的，公安机关应当在20日内组织听证。申请人、利害关系人不承担公安机关组织听证的费用。

听证的程序为：第一，公安机关应当于举行听证的7日前将举行听证的时间、地点通知申请人、利害关系人，必要时予以公告；第二，听证应当公开举行；第三，公安机关应当指定审查该审批勤务申请的工作人员以外的人员为听证主持人，申请人、利害关系人认为主持人与该审批勤务事项有直接利害关系的，有权申请回避；第四，举行听证时，审查该审批勤务申请的工作人员应当提供审查意见的证据、理由，申请人、利害关系人可以提出证据，并进行申辩和质证；第五，听证应当制作笔录，听证笔录应当交听证参加人确认无误后签字或者盖章。公安机关应当根据听证笔录，作出治安行政许可决定。

公安机关应当建立健全监督制度，通过核查反映被许可人从事审批勤务事项活动情况的有关材料，履行监督责任。公安机关依法对被许可人从事审批勤务事项的活动进行监督检查时，应当将监督检查的情况和处理结果予以记录，由监督检查人员签字后归档。公众有权查阅公安机关监督检查记录。公安机关应当创造条件，实现与被许可人、其他有关公安机关的计算机档案系统互联，核查被许可人从事审批勤务事项的活动情况。

第三节　检查勤务

一、检查概述

（一）检查的概念

检查是社会各行各业管理中所普遍运用的一种监督措施和手段，在场所行业管理中公安机关适用治安检查较为普遍，治安检查是场所行业管理的一项经常性和预防性的工作。治安检查，是指公安机关治安部门及其人民警察为了解、掌握治安情况，及时发现、预防和消除违法犯罪活动以及安全隐患，依法对相关的场所、人员、物品、证件等进行的观察、监督、审查、核实的执法活动。从法律依据上看,《人民警察法》、《消防法》、《消防监督检查规定》、《娱乐场所管理条例》、《大型群众性活动安全管理条例》、《公安派出所正规化建设规范》等法律法规以及部门规章都对"检查"作了相应的规定。

这里所说的治安检查,仅指公安机关依照法定职权在法定的范围内开展的检查工作,它与办理治安案件中的检查是有区别的,前者检查的目的是为了防范案件等的发生,后者检查的目的是为办理案件搜集证据;前者是案前日常性管理检查,后者是案后临时性办案检查;二者检查前履行的报批手续也不一样,后者更为严格,例如,《治安管理处罚法》第 87 条规定:"公安机关对与违反治安管理行为有关的场所、物品、人身可以进行检查。检查时,人民警察不得少于二人,并应当出示工作证件和县级以上人民政府公安机关开具的检查证明文件。对确有必要立即进行检查的,人民警察经出示工作证件,可以当场检查,但检查公民住所应当出示县级以上人民政府公安机关开具的检查证明文件。"这里规定了除工作证件之外,还需"县级以上人民政府公安机关开具的检查证明文件"。

(二)检查的作用

1. 发现隐患、堵塞漏洞、防患于未然。这是治安检查最直接、最经常也是最主要的目的。例如,公共场所必须有相应通行量的进出通道,如果设计、建筑不足或者使用管理时被占用、阻断,通过治安检查及时进行相应补救,才能确保发生意外时不致造成重大人员伤亡。值得注意的是,与事后给被检查方以应得的处罚相比,及时堵塞漏洞的"防患于未然"的治安检查,作用更大,效果更好,更值得抓好。

2. 有效提高公众的安全防范意识与能力。公众的安全防范意识和能力是各不相同的。社会的安全程度,主要取决于公众的安全意识和能力的高低。安全意识和能力高,安全度就高,反之,安全隐患就多。通过广泛经常有效的治安检查,使场所行业人员提高安防意识与能力,就能整体提升社会的安全程度。

3. 预防、发现、震慑和打击违法犯罪活动。一个犯罪行为的实施，至少需要相应的工具和适宜的环境条件，需要犯罪嫌疑人能够有效地保持其侵害企图、完成其危害行为。经常、普遍、严格的治安检查，有可能扣留打算用于犯罪的工具和其他物品，破坏准备用于实施犯罪的某种环境，迫使正准备犯罪者放弃侵害企图、中止犯罪行为，甚至从心灵上震慑违法犯罪人员。同时，有些正在实施的违法犯罪活动，容易被经常性的治安检查工作"抓现行"，从而可以有效地打击违法犯罪行为。

4. 落实安全防范责任，严密安全管理机制。通过治安检查，不仅可以具体地堵塞漏洞、防患于未然，而且可以发现治安管理机制方面的深层次问题，如设施设备是否齐备，制度是否健全，责任是否落实，人员素质是否适应等，进而督促相关方面完善制度、落实责任、培训人员、强化工作。

二、检查内容

治安检查的内容涉及社会各个领域、各个行业以及各类人群，应本着"突出重点，兼顾一般"的原则，将治安检查的内容放在影响治安秩序的人、物、事、时空环境等方面，以确保治安检查措施科学规范，取得实效。

（一）影响安全的人员

人员方面，一是加强各种违法犯罪嫌疑人的检查；二是对重点人口进行考察、管理；三是对要害岗位可能严重危害治安的人员加强检查，如驾驶证的检查可以有效地避免交通事故的发生。

（二）破坏安全或秩序的物品

一是危险物品，主要是枪支、弹药和易燃、易爆、剧毒化学品等；二是毒品；三是法律禁止的淫秽的、非法出版的违禁物品。另外，对由于运输、使用、管理不善而可能严重危害社会治安的各种重要设施和设备，以及水、电、气、油等，也应当加强检查。

（三）影响秩序的时空环境

这类时空环境主要包括人、财、物集中且频繁流动，管理不善就可能造成重大人身和财产损失的行业、场所；重要节假日、重大活动期间；易发治安问题的季节、时间；生产、储存、保管、使用危险物品的单位及周边环境等。

（四）妨害秩序的行为

各种妨害治安秩序的行为，简言之就是可能危及治安的“事”。对“事”进行检查，是治安检查的重点，也是难点。“事”是由人引发的结果。因此，既要检查个人行为，更需要重点检查群体的运作、管理行为，既包括具体言行，也包括抽象行为（即相关的规则、制度及其施行情况）。

三、检查实施

（一）检查的程序

治安检查是我国公安工作长期以来形成的传统和经验做法，从目前的立法上看，并没有专门的法条对“治安检查”进行严格的规范，它只是散见于各项法律、法规和部门规章之中，如《人民警察法》第 9 条，《消防法》第 53 条，《消防监督检查规定》第 3 章，《娱乐场所管理条例》第 32 条、第 33 条，《大型群众性活动安全管理条例》第 6 条、第 7 条、第 9 条、第 10 条，《公安派出所正规化建设规范》等，对“检查”都有一些明文的条款规定。根据这些法律法规及规章的明文条款进行归类，我们认为，治安检查工作，应当遵循如下程序：

1. 公安民警进行治安检查时，应当表明身份并出示有效证件。《人民警察法》第 9 条：“为维护社会治安秩序，公安机关的人民警察对有违法犯罪嫌疑的人员，经出示相应证件，可以当场盘问、检查；……”《公安派出所正规化建设规范》第 40 条：“治安检查应当遵守下列规定：……（二）检查时应当主动出示工作证件或者其他执法检查证件，表明身份，提出检查要求……”《消防法》第 53 条：“……公安派出所可以负责日常消防监督检查、开展消防宣传教育……公安机关消防机构、公安派出所的工作人员进行消防监督检查，应当出示证件。”

2. 治安检查应当两人以上进行。无论是从法律、法规以及规章上讲，还是从工作实践方面看，“两人以上”的检查可以更加具体、全面，避免警务人员徇私枉法、故意刁难；同时使检查人员协调、配合，在遭受不法侵害时，也便于及时采取相应措施，保护民警自身安全。《消防监督检查规定》第 14 条：“公安机关消防机构实施消防监督检查时，检查人员不得少于两人，并出示执法身份证件……”

3. 治安检查应当公开进行。治安检查本身就是一种行政管理的执法活动，行政管理的一个重要特点就是公开性，因此，治安检查必须以公开的方式进行。公开性的突出体现就是，在实施检查时应有被检查人或见证人在场。这便于及时了解情况，指出错误，并采取相应措施，及时改正。

4. 对单位的治安检查应当制作检查记录。治安检查包括对人的检查，也包括对单位中场所、物件以及环境的检查，而对单位的治安检查，是一种相对常规性的治安行政执法活动。根据相关法律法规以及规章的条款规定，对于单位的治安检查，应当制作检查记录，由检查的民警和被检查方共同签字，被检查方拒绝签字的，检查的民警应当在记录中注明情况。这样做，可以便于今后对检查情况进行核实，同时便于公众查阅检查记录，形成一种制约机制。这一点在《娱乐场所管理条例》、《娱乐场所治安管理办法》和《公安派出所正规化建设规范》等规范中，都有明确规定。

（二）检查的方法

1. 从检查使用的工具上考虑，可分为感官检查、仪器检查、动物检查。(1)感官检查，即直接运用检查人员的眼、耳、口、鼻、手等各种感知器官进行安全检查。这种方式简便易行、适用性广，一般不受时间、地点、工具等因素的限制，是最常用、最基本的检查方式，但这种方式的精、准程度有限，而且对检查人员的知识、能力和经验的依赖程度较高。(2)仪器检查，专门仪器在检查中的运用日益普及化、经常化，发挥着越来越大的作用，尤其是在机场等特定场所和面对各种危险时。这种方式精度高，效率高，可靠性强，但资金、技术投入和场

所条件要求也较高。(3)动物检查,与人相比,动物的感觉往往更灵敏。运用经过专门训练的警犬等动物进行检查,其效果往往是其他方式难以企及的,尤其是在查缉毒品、追踪嫌疑人等工作中,警犬不可替代的作用日益显现。

2. 从内容安排考虑,治安检查可以分为全面检查(普遍检查)和重点检查(专项检查)两大类。普遍、全面的检查整体效果肯定好一些,但需要投入较大的人力、物力,需要较长时间,而重点的专项检查耗时少、投入不大、容易组织,往往成为全面、普遍检查的重要补充。

3. 从环境条件考虑,治安检查可以分为在专门场所定点检查和不依赖专用场所的临场检查。前者如机场对人员、货物的治安检查,交通部门对车辆的检查等,后者如基层治安人员对辖区住户、单位的治安检查。

4. 从时间安排考虑,治安检查可以分为常规检查(经常性检查)与突击性检查(临时性检查)两大类,两者互为补充,结合运用,效果更好。

四、安全隐患的处理

安全隐患,一般包括火险隐患、爆炸隐患、挤压垮塌隐患、翻沉船隐患等。对治安检查发现的隐患和问题,公安机关根据隐患存在的轻重程度及法律法规的不同,有不同的处理方法。

(一)责令改正,消除隐患

对于一般的安全隐患,经检查发现,可以由治安管理部门给予口头上的指正,并当场要求被检查单位、个人予以消除,清除安全隐患,如在车站、码头、机场等交通中转场所,发现有人携带少量瓶装汽油、管制刀具等情形,可以将这些物品予以收缴,保证交通的安全。一些公共娱乐场所消防器材过期未及时更换,检查时加以指出,并要求及时更换器材。相关法律法规也有很多规定,如《消防法》第 25 条规定:“……公安机关消防机构应当按照各自职责加强对消防产品质量的监督检查。”《娱乐场所管理条例》第 46 条规定:“娱乐场所取得营业执照后，未按照本条例规定向公安部门备案的，由县级公安部门责令改正，……”《大型群众性活动安全管理条例》第 10 条规定：“公安机关应当履行下列职责：……（四）在大型群众性活动举办前，对活动场所组织治安检查，发现安全隐患及时责令改正；（五）在大型群众性活动举办过程中，对安全工作的落实情况实施监督检查，发现安全隐患及时责令改正……”

（二）发出整改通知，限期整改

限期整改，是指治安管理部门责令治安隐患较为严重的单位在限定期限内对存在的安全隐患进行整顿、改正的措施。限期整改主要是针对法人单位做出的一种书面通知，整改过程可能会影响到单位的生产或经营，因此限期整改是一项相对严厉的治安强制措施。例如，《消防法》第 43 条规定：“机关、团体、企业、事业单位违反本法的规定，未履行消防安全职责的，责令限期改正……”《派出所正规化建设规范》第 40 条规定：“治安检查应当遵守下列规定：……（八）对发现的治安隐患，应当列出隐患内容，督促整改或者通知有关部门限期整改，并报告上级公安机关。”

（三）停业整顿，以观后效

停业整顿，是指治安管理部门对有违法经营活动的或经责令改正而不加以改正的单位，依法强制其停止生产、经营活动，并就安全问题进行整顿、消除隐患的一种强制性执法措施。停业整顿是一种严厉的强制措施，主要针对治安隐患非常严重的单位而采取的，执行中治安部门需要发出书面法律文书，并明确期限，如《娱乐场所管理条例》第 45 条规定：“娱乐场所指使、纵容从业人员侵害消费者人身权利的，应当依法承担民事责任，并由县级公安部门责令停业整顿 1 个月至 3 个月……”

（四）依法行政处罚

一些单位或个人对于存在的安全隐患，不听从治安管理部门的劝阻和指正，拒不加以消除，治安管理部门可依据有关法律法规，采取相应的行政处罚措施。处罚措施可以是警告、罚款，也可以是吊销公安机关发放的许可证，如《娱乐场所管理条例》第 50 条规定："娱乐场所未按照本条例规定悬挂警示标志、未成年人禁入或者限入标志的，由县级人民政府文化主管部门、县级公安部门依据法定职权责令改正，给予警告。"《大型群众性活动安全管理条例》第 21 条、第 23 条，对治安检查发现隐患并产生一定后果的，规定了相应的处罚措施。

五、检查勤务应注意的问题

(一)实施检查一方的安全防护问题

治安检查中，双方近距离频繁接触，检查方比较忙碌而被检查方空闲，被检查人员还很可能因为被查出违法犯禁行为而情绪对立，言行激烈。因此，治安检查人员必须提高自我防护意识和能力，严格依照程序规范操作，防止发生事故和被袭击。

(二)接受检查一方的权益保护问题

治安检查的目的是维护治安，其中也包括维护接受检查人员的安全、尊严，维护正常秩序和合法权益，因此，治安检查必须以合法为限度，必须尽量合情合理，不能无端侵害被检查人的权益。

第四节　巡逻勤务

一、巡逻概念、种类和作用

(一)巡逻的概念

"巡逻"一词的英文为"patrol"，来自法语"patrouiller"，原义是指跋山涉水、披星戴月、沐雨栉风、不避艰险等。在我国的古典文献中，"巡"和"逻"是分开使用的。《左传・襄公三十一年》记载"仆人巡宫"；《晋书・戴洋传》记载"宜远侦逻"。其中的"巡"、"逻"都是指来回观察的意思。

巡逻成为警察的一种勤务方式由来已久，至今各国警界已达成共识,即巡逻是警察勤务的主要方式。美国最基层的警察是“Patrolman”,日本是“巡查”警察,并在全国的警察总数中占有很大的比例。我国的做法则是将巡逻单独成立一个警种,即巡警。但是,目前我国已有试点将派出所与巡警合二为一,说明我国的公安机关也开始意识到巡逻是一种警察勤务方式,而不是一个警种。

由于早期警政专家认为,警察巡逻勤务的作用主要在于预防犯罪,增强公众安全感,所以当时的警察巡逻勤务可以概括为:组织着装警察在一定的路线上或区域内巡回查看,以达到震慑违法犯罪、保证社会安定的目的。随着各国警察巡逻实践经验的积累和丰富,各国警界开始意识到警察巡逻还能起到治安管理、处置突发事件、为民排忧解难等作用,于是警察巡逻勤务的概念被扩充,可以概括为:警察在巡视查看的同时,还要执行检查、取缔、盘查等一般警察勤务,并担负立即反应任务,以支援处理紧急突发事件。

目前在我国,巡逻勤务是指公安机关为了维护公共安全和治安秩序,在一定区域内和线路上采取以公开巡察、动静结合的控制模式,依法履行法定职责、行使警察权力的一种警务活动。

1. 巡逻勤务的主体是公安机关及其人民警察。警察巡逻是一种勤务方式,不是一个警种,而公安机关各警种均可采用巡逻方式进行工作,巡逻勤务始终是警察工作最古老、最重要、最基础的一种勤务方式。执行巡逻勤务的必须是公安机关及其人民警察,着制式服装,佩戴明显的警用标志,携带通信、警械装备等,在固定的区域内巡回观察和处理治安问题,以预防和震慑违法犯罪,并为群众服务。

2. 巡逻勤务是依据法律法规规定而实施的。巡逻勤务的实施,是依据国家法律和地方法规的规定而开展的。我国不仅有专司巡逻的警察体制,而且《人民警察法》和《城市人民警察巡逻规定》等法律法规为巡逻的人民警察设定了职责和权限。

3. 巡逻勤务主要是采取公开巡察、以动为主、动静结合的控制模式。巡逻勤务是对社会治安进行动态管理的一种警务模式,要求对社会面实行公开的、全时空控制;要求科学规划巡逻区域、班次、警力分配、战略战术等，同时依实际情况而弹性变动，以起到及时制止违法、预防犯罪、为民服务等多方面的社会效果。

(二)巡逻的种类

巡逻从不同的角度来划分，具有不同的类型。

1. 根据巡逻的交通方式分类。根据巡逻时所采取的不同的交通方式，可以将巡逻勤务分为步巡、车巡、舟巡、骑巡和空巡等。根据我国实际情况，目前巡逻勤务主要采取以汽车巡逻为主，徒步、骑自行车和驾驶摩托车巡逻为辅，步巡与车巡相结合。

机动车巡逻，是指民警驾驶汽车或摩托车执行巡逻勤务，一般适用于城市交通干线、重要街道和城郊结合部。车巡速度快，机动性强，控制范围大，通信联系方便。尤其是配备有卫星定位系统的巡逻车，指挥中心通过电子图能清楚看到巡逻车所在的地理位置，从而为紧急调动警力、快速赶赴现场提供了条件。但车巡走马观花、观察不细，易受气候、地形等因素影响，且经费开支较大。

自行车(含电动自行车)巡逻是目前被认为既经济、又能增强巡逻效果的一种巡逻形式。其优点是：比步巡速度快，控制范围大，且经费开支少。自行车巡逻机动灵活，即使在交通拥挤的地方，也可以在阻塞的汽车间或者小巷中穿行。同时，自行车巡逻有利于民警与群众接触，密切警民关系。不过，自行车巡逻在追捕现代化、机动化的违法犯罪时，显得有些力不从心。

徒步巡逻是一种最古老、最持久和最简捷的巡逻方式，主要适用于公共场所、繁华闹市区域、居民聚居地区和交通不便的乡村。步巡不受气候、时间、地形、地物的限制和影响，民警能有效地观察到人、地、事、物的状态和变化情况，容易发现可疑情况，便于处理各种治安问题。同时，能够使民警及时接受群众的报警、求助，为群众排忧解难，增强群众的安全感。但步巡占用警力较多且易疲劳，民警活动范围小，调动速度慢，机动性较差。

骑巡，主要指骑马巡逻。最早的马巡队成立于1356年的法国，后盛行于欧美一些国家。特别适合于游牧地区或边境地区。骑巡较步巡速度快，巡察范围大，民警视野开阔、体力消耗低，而且颇具威严，震慑作用大。但骑马巡逻在处理事件时，安置马匹不方便，而且需要专人饲养马匹，耗资较大。

舟巡，是指驾驶船、艇等水上工具在江、河、湖泊等水域中进行巡逻，主要适用于沿海、江河、湖泊等区域。但舟巡受气候、水域等自然条件的限制较大。

空巡是指民警驾驶空中飞行器（如直升机、飞艇等）进行巡逻，多用于森林防火、重大活动安全保卫、追缉中担任空中指挥等。空巡机动灵活，视野开阔，通信方便，协同作战。但空巡技术要求高，易受气候影响，且经费开支特别大。

2. 根据巡逻的路线分类。巡逻民警由于所巡逻的区域情况的不同，需要采取不同的巡逻路线，主要有：定线和乱线巡逻、顺线和逆线巡逻、直线和环线巡逻。

依据巡逻民警在一定时期内是否以固定路线进行巡逻，巡逻可分为定线巡逻、乱线巡逻。定线巡逻，是指巡逻民警在一定区域和一定时间内，按指定的路线作有规律的重复巡回，一般用于对重点目标和公共场所的警戒式巡逻，有利于督促巡逻民警周到勤恳地完成巡逻任务，但容易让歹徒掌握规律乘虚而入。乱线巡逻，是指巡逻民警在一定时间和区域内，按战术意图，自由选定可能发生治安问题的地段，作任意的、不固定路线的无规则巡行，一般用于偏街陋巷和易发案地段巡逻，有利于普遍的警戒作用，但没有规律可循，不利于对巡逻民警的监督。顺线巡逻，是指巡逻警察按照规定的线路及方向有条不紊地巡行。逆线巡逻，是指巡逻警察按照规定的路线及方向作反方向巡行。直线巡逻，即巡逻民警沿着巡逻路段，作直线式巡逻，这种巡逻方式便于观察巡逻路段的情况，接受公众的报案和求助。美国纽约市大多采用这种方式。环线巡逻，即在包括横直路段的巡逻区域，进行环绕式的巡逻。这种方式使得巡逻民警无法观察到拐弯路段和平行路段的治安情况，但巡逻范围较直线巡逻宽。

（三）巡逻的作用

巡逻勤务是世界各国警察所采取的最主要的勤务方式，在维护治安秩序、打击违法犯罪、服务社会公众等方面起着重要的作用。其作用主要有以下几个方面：

1. 提高公安机关快速反应能力，强化社会面控制。由于公安指挥中心与“110”报警服务台、“122”交通事故台、“119”火警台的有机结合，公众报警的方式越来越简便，巡逻警察赶赴现场的时间大为缩短，使得社会面上突发事件及其他现行案件能够得到及时处置，社会面治安秩序得到有效控制。

2. 预防制止违法犯罪，增强公众安全感。巡逻警察通过游动式的工作方式，在动态中对社会面治安进行全方位、全时空的控制，客观上造成警察无所不在、无时不在的印象，可以有效地发现和制止各种违法犯罪行为，及时发现和处置各类治安事件和治安灾害事故，消除和减少违法犯罪的发生，从而提高和增强公众的安全感以及对社会治安的满意度。

3. 及时为公众提供救助服务，密切警民关系。警察在社会面上巡逻执勤，不仅可以制止、震慑违法犯罪，而且能在职责范围内为公众提供紧急性的救助，及时排解公众求助的危、难、险、急等事项，体现人民警察为人民服务的宗旨，在一定程度上密切了警民关系。同时，巡逻警察置身于群众之中，其一言一行都要受到公众监督，便于提高警察执法水平和工作效率。

二、巡逻任务、职责和权限

（一）巡逻的任务

巡逻勤务是在城市特定的区域内实施的，用以加强动态环境下对社会治安的控制能力。其涉及的任务是多方面的，其承担的主要任务可概括为以下几个方面：

1. 防范、发现和打击犯罪，维护社会治安秩序，保护人民生命财产的安全；

2. 维护重点目标、要害部位的秩序和安全；

3. 维护好交通秩序，处置突发事件；

4. 做好社会服务，为公众排忧解难。

（二）巡警的职责

巡警的职责，是指巡警履行巡逻勤务工作的职务范围和责任。根据公安部《城市人民警察巡逻规定》和《公安派出所正规化建设规范》等有关巡逻工作的规定，巡警在执行巡逻勤务中有以下职责：

1. 维护警区内的治安秩序；

2. 预防和制止违反治安管理的行为；

3. 预防和制止犯罪行为；

4. 警戒突发性治安事件现场，疏导群众，维持秩序；

5. 参加处理非法集会、游行、示威活动；

6. 参加处置灾害事故，维护秩序，抢救人员和财物；

7. 维护交通秩序；

8. 制止妨碍国家工作人员依法执行职务的行为；

9. 接受群众询问及口头报案、举报、控告；

10. 劝解、制止在公共场所发生的民间纠纷；

11. 制止精神病人、醉酒人的肇事行为；

12. 为行人指路，救助突然受伤、患病、遇险等处于无援状态的人，帮助遇到困难的残疾人、老人和儿童；

13. 受理拾遗物品，设法送还失主或送交失物招领部门；

14. 巡察警区安全防范情况，提示沿街有关单位、居民消除隐患；

15. 纠察人民警察警容风纪；

16. 执行法律、法规规定由人民警察执行的其他任务。

（三）巡警的权限

根据《人民警察法》和《城市人民警察巡逻规定》的有关规定，巡警在巡逻勤务中可依法行使以下职权：

1. 盘查有违法犯罪嫌疑的人员，检查涉嫌车辆、物品；

2. 查验居民身份证；

3. 对现行犯罪人员、重大犯罪嫌疑人员或者在逃的案犯，可以依法先行拘留或者采取其他强制措施；

4. 纠正违反道路交通管理的行为；

5. 对违反治安管理的人，可以依照《治安管理处罚法》的规定，执行处罚，如果可以依法当场处罚的，可以由巡逻民警执行；如果不宜当场处罚的，则应当进行先期处理后，交由附近的派出所处理；

6. 在追捕、救护、抢险等紧急情况下，经出示证件，可以优先使用机关、团体、企事业单位和公民个人的交通工具、通信工具；

7. 行使法律、法规规定的其他职权，例如，《人民警察使用警械和武器条例》、《人民警察法》中规定的人民警察依法使用武器和警械的权力。

三、巡逻勤务制度

巡逻勤务制度，是指巡逻民警在开展执勤、备勤、值班等各种业务活动中，共同遵守的办事规程和行为准则。巡逻勤务制度应科学、合理，要结合本地区社会治安秩序的实际情况、现有警力情况而设定。巡逻勤务制度主要包括以下几个方面的内容：

（一）记事制度

勤务记事是巡警对执勤情况的原始记录，反映巡警对巡区（段）的熟悉程度，是处置各类治安问题、为群众服务的重要依据，同时也是对巡警工作实绩进行评估、考核的重要标志，是巡警加强自我监督的一种有效办法。勤务记事的内容，主要有巡逻起止时间、巡逻路线、巡逻区域治安情况、查处违法案件情况、为群众服务情况以及其他重要信息等。

（二）报告制度

执勤的巡警经常会发现各种治安情况和问题，应及时报告指挥中心。对于职权范围内的一般情况，可先期处置，并及时向上级报告；对超越职权范围的重大治安问题，应事先报告（情况紧急的可越级上报），再作处理。报告时，要先报告本人所属单位、姓名、所在地理位置，然后简明扼要地报告所请示的事项，并注意听取上级的指示和要求。

（三）交接班制度

为了使巡逻勤务保持连续，出巡执勤的民警与下岗休息的民警要做好交接班。交接班应在指定的地点和时间内进行。下岗民警应在规定下岗的时间内到达交接班地点，边巡逻、边等候接岗；接岗民警未到，不得擅自撤岗。交岗时，应将当班时巡区内的治安问题向接岗民警交代清楚，并按规定履行警械、通信等装备的交接。

（四）协同制度

民警在执行巡逻勤务中，要保持与指挥中心、所属部门的信息畅通，以发挥整体控制社会治安的优势。同时，还应当协同配合工商、税务、市容、城建、环卫等行政管理部门，各有侧重，相互支持。

（五）考核制度

为了有效落实巡逻勤务工作，公安机关主管部门要建立检查、考核制度。检查可以采取定期与不定期、普查与抽查、自查与互查、明察与暗察相结合的方法，其主要内容有：民警执勤的警容风纪情况、履行职责的情况、遵守纪律的情况、巡逻的效果等。考核可采取目标管理的办法，将民警巡逻的工作情况进行综合评定，其主要内容有上岗率、违法犯罪人员抓获率、责任区（巡区、巡段）违法犯罪控制率、为民排忧解难管事率等。

四、巡逻中常见情况处置

巡逻警察在执行巡逻勤务中遇到的警情是多方面的，有刑事案件、治安案件、治安灾害事故、群体性事件，还有各种纠纷、紧急求助等。执勤巡警接到“110”报警服务台通传、指令或群众的直接报警时，在城市 5 分钟内到达现场，在农村以最快的速度赶赴现场，判断警情的类型和基本情况，分别做出不同的先期处置。先期处置完毕后，及时报告上级领导或指挥中心，然后返回巡区正常巡逻。

（一）刑事案件的先期处置

1. 注意巡查发现情况，协助其他民警截查可疑人员；

2. 划定现场范围，封锁现场，实施警戒。在勘查人员到来前，保护好现场，不允许任何人进出现场，现场内的痕迹、物品不得移动、触摸并防止丢失；

3. 抢救有关人员，要注意尽可能不破坏现场；如发现人员已死亡，在确保痕迹完好保留的情况下找报纸、布、塑料薄膜等将尸体盖好；

4. 迅速了解案件情况，主要是案犯特征及逃跑方向，并立即向指挥中心汇报；

5. 将事主或被害人保护起来，同时将所有知情人、目击者等进行登记，并请其留下协助调查；

6. 维护好现场的秩序，疏导交通，劝散围观的无关人员及排除路障，引导有关单位人员顺利进入现场；

7. 听从指挥中心的指令及现场指挥人员的指挥，协助做好有关现场工作。

(二)治安案件的先期处置

1. 如发现违法嫌疑人仍在现场时，必须设法控制，不得让其逃离；

2. 注意搜集证据，防止嫌疑人毁证或串供；

3. 维持现场秩序，疏散围观群众，疏导交通；

4. 协助民警走访群众，了解情况，同时将所有知情人、目击者等进行登记，并请其留下协助调查；

5. 移交辖区治安部门处理。

(三)治安灾害事故的先期处置

1. 划定范围，封锁现场，现场尽量划大些；疏导围观群众，如果是居民商住区，应疏散住户群众，以防止楼宇倾倒或高空坠物以及发生爆炸；遇火灾、煤气泄漏，还应关闭附近的电闸、气闸；现场禁止一切车辆、行人通行。

2. 协助其他民警对事故发现人、目击者进行登记，交有关部门取证。事故的责任人、肇事者应扣留交有关部门审查。

3. 维持秩序，清除路障，保证抢险部门工作人员和车辆顺利进出。

4. 将事故情况及时报告公安指挥中心，听从指挥中心和现场指挥员的指令。

（四）群体性事件的先期处置

1. 迅速赶赴现场，掌握情况。执勤巡警通过直接观察和现场调查，了解事件现场基本情况，包括事件起因、性质、目的、参与人员、指向目标及现场动态，并随时向指挥中心报告。

2. 维护现场秩序，控制局势。根据事件现场具体情况，划定警戒区域，设置警戒线，隔离事件主体和指向目标或冲突双方（或多方），防范党政机关等重点目标遭受冲击、交通枢纽被围堵等。

3. 开展现场疏导，缓解矛盾。在初步了解事件起因及事件主体成员构成的基础上，立足于法制宣传，防范事件成员出现过激行为，避免事态扩大。

（五）治安纠纷的先期处置

1. 调查询问，弄清情况。及时开展现场调查，听取双方当事人的陈述，并向有关知情群众了解情况，查清治安纠纷发生的原因、经过和纠纷的焦点问题等情况，弄清是非，分清纠纷的主次责任。

2. 说服教育，疏导调解。在查明基本事实、分清双方责任的基础上，对双方进行法制教育、政策教育和道德教育，要求双方当事人多作自我批评，互相谅解。在教育劝导、消除对立的基础上，讲明调解的内容和目的，随即提出调解的初步方案，要求双方当事人充分发表意见。在充分陈述发言的基础上，如双方意见达到一致，纠纷即可解决。

3. 调解不成或者调解后一方反悔的，可移交辖区公安派出所处理。

（六）紧急求助的先期处置

紧急求助，是指公民因违法犯罪行为而产生的案件、事件、事故之外的危难情况下，向公安机关请求帮助的行为。接到公众危、难、险、急类求助，巡逻民警应迅速出动，给予救助或帮助。

1. 醉酒者的处置。醉酒者因酒精对中枢神经的抑制作用，导致其理智减弱、行为失控，或者醉卧街头，危及自身安全；或者醉酒滋事，危害社会治安。巡逻民警接警后，应迅速到达现场予以处置。

对醉酒后无理取闹、行凶伤人、损毁财物的，巡逻民警应立即予以制止，必要时可以使用防暴自卫器、网枪等强行处置。对醉卧街头、路旁，其自身安全处于危险境地的，应将其移至安全地带。

醉酒的人在醉酒状态中对其本人有危险或者对他人安全有威胁的，执勤民警可以使用约束带或者警绳对其进行保护性约束，但不得使用手铐、脚镣等械具。一旦其酒醒，应立即解除约束。

醉酒的人违反治安管理，应当当场询问证人和受害者，获取有关证据，在醉酒者清醒后再对其进行询问。证据确实充分，要给予治安管理处罚的，移交公安派出所依法作出处罚；构成犯罪的，应移交刑侦部门处理。

2. 精神病患者肇事的处置。有暴力倾向的精神病患者被称为武疯子，他们时常蓬头垢面、赤身露体游走于公共场所，追逐妇女、儿童，损毁公私财物，拦截车辆，引发群众围观，严重扰乱社会治安。精神病患者肇事已成为危害公民生命财产和社会公共安全的重要治安问题。巡逻民警接警后，应迅速到达现场予以处置。

对精神病人正在进行杀人、伤人、放火、损毁公私财物、追逐调戏妇女等行为的，巡逻民警可采取强制手段予以制止，强行收缴其肇事工具。对赤身露体、当众出丑的，应迅速带离现场，疏散围观群众。

对严重危害公共安全或者他人人身安全的精神病人，可以依法采取保护性约束措施，但要以既能制止精神病人肇事、又不伤害其身体健康为原则。

将精神病人约束带回后，应将其置于规定的约束室内，并有专人看守，使其能尽快安静下来。如其病情较重、无法安定时，应及时联系医务人员救治或送医院救治。

对家住本地的精神病患者，应立即通知其亲属或者所在单位将其带回严加看管，或者建议将病人送往医院进行治疗。对家住外地且无法查寻的肇事精神病人，可送往民政部门管理的精神病院或者公安机关管理的安康医院收容治疗。

3. 凶猛动物肇事的处置。疯牛、疯狗、烈马等受惊以及老虎、狮子、狗熊等凶猛动物脱笼，袭击行人、车辆，严重威胁到群众的生命财产安全，巡逻民警接警后必须采取紧急措施予以处置。

巡逻民警闻讯立即赶赴现场，疏散行人、车辆及围观者，防止惊慌的群众受到凶猛动物的袭击。对于受动物伤害的群众，立即送往附近医院救治。

实施包抄拦截，相机制伏肇事动物。对狂奔的疯牛、烈马等动物，可以在前方设置路障，使用粗壮绳索将其套住制伏。对凶猛动物，可以使用动物麻醉注射枪将其麻醉制伏。必要时，可以请神射手选择有利位置将其击毙。

对制伏的动物，用绳索将其捆绑后，移交其主人或动物园、野生动物保护站等有关部门处理。

五、巡逻中应注意的问题

（一）快速反应，及时处置

民警在道路、街巷上巡逻，要注意各类信息的收集和反馈，对发现和发生的突发性治安问题，要快速反应。在规定的时限内赶赴现场，根据案件或事件的性质及时处置，将损失减少到最低程度。

（二）突出重点，兼顾一般

民警在巡逻中，要根据各地区的特点和实际情况，抓住主要地段、道路和时段，因地、因时、因需针对重点问题，集中投入一定的警力，遏制、打击各类违法犯罪活动。同时，还要兼顾一般地区及道路，采取行之有效的方法，合理安排警力，使其最大限度地发挥作用，维护好社会秩序。

（三）严格执法，热情服务

民警的巡逻勤务置于群众的监督之下，在巡逻执勤过程中必须严格依照法律法规的规定处置各种治安问题；同时积极为群众排忧解难，热情提供服务。对于自己解决不了的疑难问题或不属于自己管辖范围的问题，要认真做好解释或移交工作，不得对群众冷、硬、横、推，维护人民警察的良好形象。

（四）熟悉情况，确保安全

执勤民警对巡区的地段、街道情况，要了如指掌，注意搜集治安信息，及早发现、制止和处置各类违法犯罪活动。同时要保持高度警惕，特别是在进行人身和物品检查时，防止遭受不法分子的突然袭击。

第五节　盘查勤务

一、盘查概念和任务

（一）盘查的概念

盘查，是指民警在履行职务过程中，为发现或确认有无违法犯罪行为，依法对有违法犯罪嫌疑的人员所进行盘问和检查的一种警察勤务活动。它是公安机关的人民警察在治安管理过程中，所拥有的一项职权，它直接指向公民的人身权利和自由，具有明显的强制性，它的实现是由法律和国家强制力作保障的。实施盘查的主体必须是公安机关的人民警察，不包括国家安全机关、监狱的人民警察和人民法院、人民检察院的司法警察。

盘查包括盘问和检查两种行为，即对有违法犯罪嫌疑人实行的盘问，以及对被盘问人员的人身及其携带物品、车辆等进行的检查。所谓违法犯罪的嫌疑，实践中必须有证据证明这种嫌疑的存在，而不是凭空想象。

（二）盘查与讯问、询问的区别

1. 盘查包括盘问和检查两种行为，而其他两种行为只有“问”一种行为。

2.《治安管理处罚法》规定，公安民警对违反治安管理行为人有权进行询问，取证时可以询问被侵害人和其他证人。《刑事诉讼法》规定，公安机关在侦查过程中，可以讯问犯罪嫌疑人，询问证人和被害人。从性质来看，盘查中的盘问和治安管理处罚程序中的询问都属于行政行为，刑事侦查过程中的讯问、询问则属于刑事诉讼活动。从对象来看，盘查中的盘问是针对形迹可疑的人以及有违法犯罪嫌疑的人进行的；治安管理处罚程序中的询问对象是违反治安管理的人、被侵害人和其他证人；而刑事侦查过程中的讯问对象是犯罪嫌疑人，询问对象是被害人和证人。

（三）盘查的任务

1. 发现违法犯罪分子，查缉在逃犯，以预防、制止和查破治安案件和刑事案件；

2. 截获赃款赃物，减少国家和公民的损失；

3. 救护被害者，救助有危难的人员；

4. 约束醉酒者和精神病患者；

5. 调解治安纠纷；

6. 其他维护社会治安秩序的事项。

二、盘查的对象

1. 依据《人民警察法》第 9 条规定："为维护社会治安秩序，公安机关的人民警察对有违法犯罪嫌疑的人员，经出示相应证件，可以当场盘问、检查……"可见，盘查的对象是有现行违法犯罪行为、有违法犯罪可能或有可疑的人。归纳可分为以下几种人员：

（1）已预谋违法犯罪，正在赶赴作案现场；

（2）正在实施违法犯罪过程中；

（3）已经完成违法犯罪行为，正在逃离作案现场或者携带赃物的途中；

（4）通缉的案犯；

（5）其他有违法犯罪嫌疑的人员。

2. 由于盘查涉及公民权益，所以盘查的实施必须建立在判断有

"嫌疑"的基础上。如何确定"嫌疑",可以从下列情形着手。

(1)身份可疑。例如,不讲真实姓名、住址,身份不明的;身份证件与本人不符,与身份证记录的相貌、年龄、籍贯、口音等有明显差别或不相符的;持假身份证或几个身份证或几个工作证件的;言谈举止与穿着不相符的;行为与其所处的时空不相符的;装束不合时令,神色慌张的;等等。

(2)体貌可疑。例如,体貌特征与已知犯罪嫌疑人或通缉、通报对象相似的或年龄相仿、口音相符合、衣着和随身所携带的物品相似的;有意遮掩面部或进行化装改变本来面目的;面带疲劳困倦之色或惊恐之状的;等等。

(3)行为可疑。指有违法犯罪行为的嫌疑,举止有违常理的。例如,有异常表情或行为在人群中穿梭;无所事事,却在银行、居民区、商场、仓库等地窥视的;见到警察躲躲闪闪,表情慌张,快步离开或突然逃跑的;等等。

(4)携带可疑物品。例如,携带看似作案工具的;携带大量不明现金的;携带可能是毒品、枪支等违禁物品的;在夜间携带数量较多、体积较大、包装无规则的包裹、物品且遮遮掩掩、神情慌张的;等等。

(5)痕迹可疑。例如,身负可疑外伤或身染可疑血迹、污痕的;衣服被撕扯或破损严重的;自行车、摩托车推着走或车锁有明显撬痕的;驾驶的汽车挡风玻璃被砸破,车锁有明显撬痕的;等等。

(6)有其他可疑之处。例如,关系可疑,男女同行时表情异常,或女的精神异常的;或无法说清对方姓名、住址的;等等。

另外,诸如上身西装,下身肥裤、球鞋,打扮不伦不类的;或衣着破旧、龌龊却携带高档手提箱的;或衣着整洁,却在树丛、杂草、未竣工的楼房、涵洞、工棚等处落脚藏身的违反常规的异常现象,都应作为我们判断盘查对象的依据。当然,生活千姿百态,社会复杂多变,这就需要我们观察仔细、摸索规律、积累经验,达到既能于细微处见"可疑",又能"可疑"得有根有据。这样才能在保证人民生命财产安全、社会安定团结的同时,保证公民的合法权益不受侵犯。

三、盘查方法与技巧

（一）发现疑点方法与技巧

发现疑点是进行盘查的法律前提和行动根据，是盘查勤务实施的前序阶段。没有发现疑点，就没有具体盘查对象，也就没有盘查的必要。这里所说的疑点，是指民警在履行职务过程中发现的、可能与违法犯罪有关的各种反常表现。反常表现，是指这些表现不同于一般人在正常情况下的言行举止，而与某些违法犯罪活动的规律、特点相吻合，有理由被怀疑是违法犯罪活动的一种征兆。根据这些反常表现，可以将疑点划分为行为疑点、神态疑点、物品疑点、痕迹疑点、身份疑点、人群关系疑点等。这些疑点可以归纳为两种类型：一是实质性疑点，即盘查对象无法合理解释原因的疑点，如被害人、证人指认其有违法犯罪行为的，故意隐瞒自己的真实身份，对随身携带的物品说不清来源和用途等。对实质性疑点，实施正式的盘查，具有强制干预的性质。二是非实质性疑点，即某些带有复杂的偶然性的疑点，如遇见警察神情紧张、回答问题时语无伦次等，这与违法犯罪行为并无必然联系。对非实质性疑点，主要实施一般性询问，不具有强制干预的性质。

（二）盘问方法与技巧

盘问是在初步发现疑点的基础上，为了核实、确认疑点是否存在，而对盘查对象进行的仔细询问和诘问。盘问是盘查的中心环节，它通过民警与盘查对象的提问与回答，澄清民警对盘查对象的身份、行为、携带物品的疑问，确认或消除盘查对象的违法犯罪嫌疑，为最终做出恰当处理提供依据。在实施盘问前，民警应有必要的思想准备和行动准备，如判断盘查对象可能有什么问题，应如何开始盘问，如何防范其突然攻击、逃跑、毁弃物证等。

盘问一般分为启问和质疑两个阶段。启问，是指对盘查对象进行的不涉及疑点的询问，如可向盘查对象询问从哪里来、到哪里去、去干什么、做什么工作、家住哪里等一般生活和事务性问题，目的是判断其是否说假话，有无更多的疑点。启问时，民警要对盘查对象的

面部表情进行细心观察，以检验其是否说谎。质疑是民警对盘查对象有目的、有控制、针对性地提出疑问，并进行质询或详细核实。质疑时，民警应要求盘查对象尽可能具体地讲清疑点问题的来龙去脉、细节特征、知晓程度等方面的问题，以使有违法犯罪的嫌疑人露出马脚。如对携带可疑物品的人，可对其携带物品的来源、规格、特征、性能等具体情况进行详细询问。

对两个以上嫌疑人实施盘问时，可采取分开盘问和选择突破进行盘问。分开盘问是将两个或者两个以上的盘问对象带至互相不能交流沟通的地点分别盘问，其目的是根据盘问对象自述上的相互矛盾发现违法犯罪的情况；选择突破是以比较脆弱的盘问对象为突破口先行盘问，进而瓦解其他盘问对象。

（三）检查方法与技巧

盘问通常要与检查相结合，并与检查同时或交替进行，以问带查、以查促问，相互补充、相互印证。检查是指在盘问的基础上，为核实盘问的内容以及进一步发现问题，消除或者确认疑点，而对盘查对象的人身及携带物品所进行的仔细查看、比对、检验的活动。检查包括人身检查和物品检查两个方面。

人身检查，是指民警怀疑盘查对象身上携带有凶器、危险物品、违禁物品、赃款赃物等与违法犯罪有关的物品和证据，而对其人身进行搜索检查的活动。检查前，民警应表明自己的身份，出示工作证件，并告知实施检查的法律依据，要求被检查人予以配合。检查时，民警应命令被检查人按要求摆出接受检查的姿势，在确保安全、便于控制的条件下接近对象，最好能在同伴持枪控制或者保持高度警戒状态的情况下进行。搜身检查时，民警应先检查其可能携带凶器、毒品、赃款赃物的地方，然后进行全面检查。对有重大犯罪嫌疑或者拒绝人身检查的人员，在确认有犯罪实质性疑点的情况下，应先上手铐或者捆绑，再进行人身检查。对女性进行人身检查时，应由女民警实施。

物品检查包括证件检查和实物检查。证件检查主要是民警通过观察、触摸的方式，查验盘查对象的居民身份证、工作证、机动车驾驶证、车牌、护照等，以查看证件的质地、规格、图像、特殊印记、暗记等是否符合真实证件的要求。检查证件时，民警应仔细查验证件上的照片与持证人是否一致、证件所载内容与持证人的陈述是否一致、持证人的数个证件之间所载内容是否有矛盾、证件是否已过有效期限等。实物检查主要是民警检查盘查对象携带物品（如箱、包等）及盘查相对人骑乘的车辆（如自行车、摩托车、汽车等）。检查实物尤其是箱、包时，民警应将盘查对象携带的箱、包等物品从其身边分离开来。对不便分离的，必须让盘查对象自己开箱、开包。对物品的检查，民警应谨慎细致，严格按照“一看、二听、三嗅、四开”的程序进行，以防发生不测。

四、盘查勤务中应注意的事项

（一）要严格执行法律规定，正确行使职权

1. 要按照法律规定，准确把握盘查对象。《人民警察法》虽然赋予了公安民警执行治安管理时可以自由地行使盘问、检查权，但并不等于公安民警可以任意使用。盘问、检查只能针对那些有违法犯罪嫌疑的人实施，而不能随意使用、干扰他人正常生活。

2. 要严格按法律规定的程序办事，履行必要的法律手续。在盘查前，必须出示表明自己人民警察身份的工作证件，例如警察证、工作证、执行公务的证件等，未经出示相关证件，公民有权拒绝接受盘查。应当告知公民盘查是法律赋予人民警察的权力，公民应予以配合，否则要承担法律责任。对盘查对象实施继续盘问时，必须依据公安部《公安机关适用继续盘问规定》的具体规定，履行必要的审批手续，做好盘问笔录，在法律规定和领导批准的期限内结束盘问，注意保护被盘问人的合法权利。

（二）要严谨、细致、科学，确保安全

1. 参加盘查的民警要有明确分工，各司其职。如果警力条件充足，可按盘问、检查、控制、警戒等职责进行分工；如果警力有限，可一人兼数项。

2. 要保持高度警惕，严密监视和控制盘查对象的行为。对于一

般的盘查对象，应防止其行凶或者逃跑；对于发现疑似通缉通报的或者现场抓获的重大犯罪分子及逃犯，应先控制其身体后再盘问；对于怀疑有携带作案工具、凶器的盘问对象，应先行搜身检查再盘问；负责警戒任务的民警应持枪控制场内外，发现问题马上策应。对多人进行盘查时，应分别控制、分开盘问，并注意对其他对象的监视控制。对在人员复杂、场所混乱的场所发现嫌疑人员，应尽量采取适当的方式引至或者强制到易于控制监视的场所进行盘问。

3. 带离盘查对象的方式要规范。对于不便当场进行盘查的违法犯罪嫌疑人，应就近选择更适宜的场所进行盘查；或者经初步盘查后，将其带至公安机关继续盘问，但带离的方式一定要规范。

五、对被盘查人员的处理

对盘查人员的可疑情况基本弄清后，区分不同的情况，采取不同的措施进行处理，详细记载全部处理情况。

1. 没有发现违法犯罪行为的，应立即放行。并应向他们说明盘查对维护社会治安的重要性，感谢他们对执行勤务所给予的协助。

2. 查明有轻微违法行为，有的进行批评教育后放行，必要的当场给予治安管理处罚或者送交所在地公安派出所处理。

3. 查明有犯罪嫌疑的或有犯罪事实的人员，应立即带回或者移交办案单位，依法办理刑事拘留或者逮捕手续。

4. 对醉酒、精神病患者，立即依法采取保护性约束措施，送交所在地公安派出所处理。

5. 对受害者，应迅速采取解救措施。

第六节　守望勤务

一、守望概念和任务

（一）守望的含义

守望，是指民警为了控制某些特定区域或者案件多发地段的治安局势,通过设置岗亭、进行观察瞭望,处置治安问题的一种警察勤务方式。守望勤务是预防、控制和打击各种违法犯罪活动,密切监控勤务区域治安动态,实时搜集、掌握治安信息的有效措施。

(二)守望的任务

通过守望勤务,民警对控制范围的守望目标或对象进行观察,维护社会秩序和公共安全,掌握守望区域治安动态,预防和打击违法犯罪活动。

1. 维护治安秩序和公共安全。民警通过守望勤务,控制和掌握勤务区域范围内的治安动态,维护正常的治安秩序,防范和打击一切危害社会与公众安全的活动。

2. 预防和制止违法犯罪。实施守望勤务制度,将部分警力布置在特定区域内,民警可以随时接受群众报警,就近赶赴现场进行先期处置,起到了预防、制止违法犯罪的作用。

3. 掌握和获取违法犯罪信息。民警通过守望勤务,可以实时搜集违法犯罪的手段、特点、规律等信息,从而有针对性地制订预防、控制和打击违法犯罪的方案,实现精确指导和精确打击的目标。

二、守望形式

(一)按守望勤务方式不同,可划分为公开守望和秘密守望

1. 公开守望。公开守望是治安勤务人员在公开的位置或者岗亭中观察治安情况、处理治安问题、服务群众的一种勤务方式。公开守望的地点一般设置在比较繁华的道路口、商贸业集中地段、公共交通枢纽、案件多发地区,以及人员成分复杂的居民区。为方便群众报警和求助,威慑违法犯罪分子,公开守望的岗亭一般应具有醒目的警务标志,执勤民警一般应着警用服装。执勤民警要明确守望区域和任务,熟悉守望区域的地形、地物和经常往来人员的基本情况,通过不间断的观察、巡视,搜集治安信息,并对区域内发生的各种警情进行及时处置。

2. 秘密守望。秘密守望是为了监视重点对象的活动,发现和掌

握案件线索，查获证据，捕获现行违法犯罪分子，在其经常出没或者易出现的地方和场所，设置隐蔽的岗哨进行观察和控制的一种勤务方式。秘密守望的地点一般是根据守望的目的和违法犯罪活动的规律和特点而定，守望民警一般应着便衣执行勤务。秘密守望是一项艰苦和战斗性很强的工作，要做好周密的准备工作，控制守望目标，确保守望人员的人身安全。

（二）按守望勤务岗哨方式不同，可划分为固定岗亭守望和临时岗哨守望

1. 固定岗亭守望。固定岗亭守望是指在治安复杂、容易发生违法犯罪活动和治安灾害事故的公共复杂场所、交通道口和区域设置固定岗哨执行守望的一种勤务方式。固定岗亭通常有治安岗亭、交通岗亭等，在固定岗亭进行守望是守望勤务的主要形式。

2. 临时岗哨守望。临时岗哨守望是根据治安情况和交通管理的需要，临时设置的守望检查哨点。这种守望是固定岗亭守望的一种补充，守望点具有临时性、非固定性的特点，其岗哨设置的多少、时间长短、地点是变化的。

三、守望勤务实施

（一）选择守望地点

守望是以点控面的一种勤务方式，执勤民警的基本活动是以守望点为依托进行的。守望点的设置要科学合理、严谨周密，应从以下三个方面考虑：

1. 守望点的设置与布局必须要从整个社会面控制的全局出发，合理分布和设置，保证守望点的设置与巡逻路线的布局、与社会面整体控制相协调，以充分发挥守望点在区域控制中的作用。

2. 守望点必须是在能对社会面治安秩序控制起关键作用的部位和场所布建，通常固定的守望点应该是在当地政治、经济、文化活动的中心，易于发案的重点部位和主要交通要道地带进行设置。

3. 守望点的布局的具体位置应该选择在那些视野开阔，利于观

察、控制全局的观察点上。

（二）准备守望装备

守望点既是观察和控制该地区周围治安秩序的据点和依托，同时也是处置各类治安案件、治安事件和其他突发警情的重要场所。为了保证守望人员能及时有效地处置治安案件、事件和其他突发警情，守望点应根据需要配备必要的器材和装备，如守望岗亭、必要的照明设备、通信设备、交通设备、观察设备、武器警械等。

（三）组织精干力量

无论固定岗亭还是临时岗哨都应配备相应的力量轮岗执勤。一般要选择机智灵活、随机应变、行事果断的民警执勤。要制定守望勤务的任务和岗位巡守制度，明确守望民警的具体职责，并根据治安情况的变化，适时调整守望方案。

（四）动静结合控制

守望虽然是在固定地点和区域执行观察、警戒、控制的勤务活动，但绝不是警务人员在某一点上固定不动。要严密守望点的时空控制，必须要以守望点为依托，定点观察瞭望与动态巡视相结合，经常在守望点周围进行巡逻、警戒。只有动静结合，瞭望与巡视相互补充，互为依托，才能做到点面结合，有效控制社会治安秩序。

第七节　堵截勤务

一、堵截概念和任务

（一）堵截的概念

堵截，是指公安机关依法在交通要道、特定区域设置关卡，对出入关卡的可疑车辆、行人进行检查，发现和截获赃物、违禁物，缉捕违法犯罪嫌疑人的一种警察勤务方式。堵截是在治安管理和刑事侦查中都经常运用的重要措施。治安管理中的堵截侧重于日常性的卡口检查，通过治安检查站进行公开的定点检查，从而发现各种与违法犯罪有关的人员、物品和车辆等，也配合刑侦部门开展缉捕性堵截。侦查类堵截其主要目的是截获与特定案件有关的犯罪嫌疑人和物品，其针对性更强，堵截勤务具有临时性。

(二)堵截的任务

堵截是公安机关加强社会点、线、面控制的重要一环，其主要任务如下：

1. 及时发现、捕获在逃犯和其他违法犯罪嫌疑人；
2. 截获赃款赃物，查获违禁物品，减少国家和公民的损失；
3. 协助查破各类刑事案件；
4. 配合公安机关人民警察的其他勤务活动。

二、堵截方法

堵截是一种以静制动的勤务手段，它主要是在交通要道口、重要界区、治安情况复杂地点和违法犯罪嫌疑人逃窜的方向、路线上和区域内设置关卡，昼夜派人执勤，盘查可疑人员和车辆，检查可疑物品。堵截勤务的主要方法如下：

(一)设卡堵截

设卡堵截是根据犯罪嫌疑人逃跑的方向和路线，在城市周边的主要交通道口、重要界区之间及犯罪嫌疑人可能经过路线的前方设置检查站或关卡进行堵截。设置治安检查站，是公安机关治安部门最基本的堵截勤务方式和途径。同时，在发生重特大刑事案件后，也是快速反应、追击堵截犯罪嫌疑人的重要阵地。

(二)巡查堵截

巡查堵截是在犯罪嫌疑人可能出没的特定区域、地段、落脚藏身的地点和场所部署警力巡查，用以发现和查获犯罪嫌疑人。也可以在这些地点、场所建立临时掩护点，化装成其他职业身份，进行定点巡查，发现和查获犯罪嫌疑人。

(三)围捕堵截

围捕堵截是在追缉堵截犯罪嫌疑人的过程中，发现犯罪嫌疑人已经逃至某个建筑物、路段或者一片山林、庄稼地中，将犯罪嫌疑人所在区域包围起来，然后组织力量进行搜查和抓捕。

（四）设伏堵截

设伏堵截是在犯罪嫌疑人经常活动或者连续发生同类案件的地区，选择隐蔽的地点埋伏下来，一旦犯罪嫌疑人进入潜伏区域后，立即实施抓捕。

三、堵截勤务规范要求

（一）合理设置卡口

在堵截勤务中，无论是经常性的治安检查站的堵截，还是为追缉特定犯罪嫌疑人的堵截，科学、合理地设置卡口是确保堵截取得成效的关键和基础。作为固定的治安检查站，应在城市中心区与边缘区的交界处的主要进出口要道或者市、县交界的交通道口设置，这既便于常规性的区域控制，也便于在遭遇突发警情时，能快速展开区域封锁和堵截违法犯罪嫌疑人。作为临时性布建的堵截卡点，要根据具体案情和犯罪嫌疑人可能逃窜的方向、路线、区域布设卡口，并与固定卡口相互配合，形成严密的控制网络。在勤务实施方面，要将各堵截网点联成一体，形成点、线、面结合的防控体系。

（二）明确堵截任务

执勤民警必须快速、准确地了解案情，掌握堵截对象的基本情况、犯罪特征、携带物品和凶器及所乘交通工具等情况，了解堵截现场环境特点和可能出现的其他情况。在此基础上，明确指挥员的作战意图、行动方案、行动地点，主要工作方式和联络信号、方式，以及与上级和友邻警力的协作程序、方式等内容。只有了解堵截对象的具体情况以及上级指挥员的整体部署，才能有效地发挥堵截功能。

（三）制订行动方案

制订堵截行动方案是实施勤务的重要环节。堵截行动方案主要包括以下内容：一是确定堵截行动的指挥人员，明确其任务、职责及权限。二是根据需要部署警力并进行明确分工，确定联络方式、手

段、方法和信号。三是落实堵截行动的保障，根据需要配备武器警械、通信工具、交通工具、防护器材及其他必需用品。

（四）防范对象冲关闯卡

由于堵卡警察在明处，尤其是大范围地搜捕目标，堵截对象又在暗处，对象很容易觉察警察及卡位的设置，可能出现堵截对象避卡、混卡、冲卡的行为。因此，在卡位的设置上，既有着装警察实施堵截的公开卡位，又要有适当可资利用的身份掩护的秘密卡位，还要注意卡位前后力量的配合协调和补位控制。宜以“卡”为中心，在卡前处布置前卡警力，及时发现避卡的嫌疑人，并对其进行询问和检查；而在卡后处布置后卡警力，果断地对冲卡嫌疑人进行堵截缉捕。卡中实施堵截时，要灵活细致，不要轻易放过任何疑点。

（五）果断完成堵截任务

在实施堵截行动时，应由指挥人员下达指令、发出信号，也可以依据堵截预案或者抓捕小组的行动，适时控制，果断完成缉捕任务。在实施堵截行动后，要迅速寻找、搜缴一切与案件有关的人证和物证，必要时应对现场进行保护、清理或者复原。造成现场物品损坏的，要进行登记，以便善后处理。将堵截对象抓获后，指挥人员应向上级领导报告情况、请求指示，并根据需要按有关规定组织撤离。

第三章　公共场所管理

第一节 公共场所管理概述
- 一、公共场所管理概念
- 二、公共场所管理范围
- 三、公共场所治安特点
- 四、公共场所管理对策

第二节 娱乐场所
- 一、娱乐场所管理法律依据
- 二、娱乐场所含义和范围
- 三、娱乐场所治安问题
- 四、娱乐场所备案登记要求
- 五、娱乐场所硬件设施要求
- 六、娱乐场所制度要求
- 七、娱乐场所消防要求
- 八、娱乐场所行为规范要求
- 九、民警工作内容和要求
- 十、公安机关日常检查规范
- 十一、文化、工商、劳动保障等部门管理职责
- 十二、娱乐场所法律责任
- 十三、娱乐场所管理文书与证件

第三节 按摩场所
- 一、按摩场所管理法律依据
- 二、按摩场所含义和范围
- 三、按摩场所治安问题
- 四、按摩场所硬件、行为、消防等方面的要求
- 五、民警工作内容和要求
- 六、公安机关日常检查规范
- 七、卫生、劳动保障、工商等部门管理职责
- 八、按摩场所法律责任

第四节 互联网上网服务营业场所
- 一、互联网上网服务营业场所管理法律依据
- 二、互联网上网服务营业场所含义和范围
- 三、互联网上网服务营业场所治安问题
- 四、互联网上网服务营业场所硬件要求
- 五、互联网上网服务营业场所制度要求
- 六、互联网上网服务营业场所行为规范要求
- 七、互联网上网服务营业场所消防要求
- 八、互联网上网服务营业场所的申请与审批
- 九、公安机关各部门工作分工
- 十、公安机关日常检查规范
- 十一、文化、工商、电信等部门管理职责
- 十二、互联网上网服务营业场所法律责任
- 十三、互联网上网服务营业场所管理文书

第五节 其他公共场所
- 一、交通场所管理
- 二、游览场所管理
- 三、文体场所管理
- 四、商贸场所管理
- 五、饮食场所管理

【学习目标】通过教学，使学生了解公共场所具有多样性，其中娱乐场所、按摩场所、互联网上网服务营业场所、交通场所、游览场所、文体场所和商贸场所等为公共复杂场所，了解每类公共复杂场所的突出治安问题和实施管理的法律依据；掌握各类场所在硬件、制度、行为和消防等方面的规范要求，掌握公安机关对不同场所审批、备案和日常检查的内容、程序、要求和技巧。

【专业术语】公共场所　娱乐场所　按摩场所　互联网上网服务营业场所　交通场所　游览场所　文体场所　商贸场所　审批　备案　日常检查

第一节　公共场所管理概述

公共场所是社会普遍关注的热点区域，公共场所的秩序是整个社会秩序的重要组成部分，其秩序的好坏对整个社会秩序的影响举足轻重，因此，公共场所治安秩序管理是公安机关治安管理部门重要的业务工作之一。公共场所面大量广，人员复杂多变，财物相对集中，治安问题相对较多，必须有针对性地采取各种有效措施及时妥善管理；同时，要充分发挥社会各部门和各行业的作用，实行公共场所综合治理。

一、公共场所管理概念

（一）公共场所

公共场所，是相对于企事业单位、私人住所等而言的，它是指向社会开放的，供社会成员自由往来并进行社会活动的场所。如公园、广场、游乐场、火车站、歌舞厅、商场、电影院、餐馆等。公共场所的范围广泛，是人们从事社会活动的主要场所，社会治安秩序集中反映于公共场所的治安秩序。不同类型的公共场所特点有所不同，有的场所人员密集，人们从事的社会活动较为复杂，治安问题频发，如火车站、歌舞厅、电子游戏厅等；有的场所人员相对疏落，或者人们从事的活动较为单一，发生的治安问题也较少，如公共道路、餐馆等。

公共复杂场所的概念基于公共场所而来。公安机关治安管理部门为了更有效地保障公共安全、维护社会治安秩序，在对公共场所进行治安管理时，确定了公共场所治安管理的重点，因而提出公共复杂场所这一概念。公共复杂场所，即指公共场所中人员集中，流动频繁，治安情况复杂的场所，通常是治安问题的主要发生地。

（二）公共场所管理

公共场所管理，是指公安机关治安管理部门依照有关治安管理规范，对公共场所进行的审批、组织、监督、检查、指导、查处活动的总称。它是治安管理的重要组成部分，是公安机关维护社会治安秩序，保障公共安全的一项经常性工作。

解放初期，人民公安机关按照“原封不动，整套接收”的原则，把国民党旧警察机关包括公共娱乐场所在内的“特种营业”接收过来，然后按照新民主主义原则逐步改造旧公共娱乐场所，并着手建立全新的治安管理制度。首先，对公共娱乐场所重新审核，发放和换发特种营业许可证；对妓院、妓女、舞厅、舞女进行登记；1951 年制定并公布了《公共娱乐场所暂行管理规则》，严密对公共场所的管理。其次，在党和政府的领导下，查禁烟毒，封闭妓院，取缔赌博。中央人民政府政务院先后颁布了《严禁鸦片烟毒的通令》和《惩治毒贩条例》，查禁烟毒；查封残存的妓院，收容教养妓女，收审处理妓院老板和流氓霸头等。到 1956 年社会主义改造高潮前夕，烟、赌、娼在全国已基本禁绝。1960 年前后，由于政府失误和自然灾害等原因，国民经济出现严重困难，大批农村人口盲目流入城市，致使公共场所秩序管理一度混乱。经过治安管理部门有针对性地采取有效措施，才逐步恢复了城市公共场所的正常治安秩序。从 1960 年到“文化大革命”期间，由于受到“左”的错误指导思想影响，全国各地的公共娱乐场所不断萎缩、公共娱乐场所极其萧条，对公共场所的治安管理基本停滞了。党的十一届三中全会召开以后，随着人们思想的转变、眼界的开阔，

公共场所在全国得到迅猛发展，公安机关所承担的公共场所治安管理任务也愈趋繁重。面对日益庞大的公共场所，全国治安管理部门在调查研究、解放思想、更新观念、总结经验的基础上，提出了以适应经济建设为中心、坚持四项基本原则、坚持改革开放基本路线的公共场所管理目的和任务，即依照国家的有关法律法规，对公共场所实施审批、备案、监督、检查、指导、处罚，建立和维护公共场所良好的治安秩序，为社会主义市场经济服务。

二、公共场所管理范围

"维护国家安全，维护社会治安秩序，保护公民的人身安全、人身自由和合法财产，保护公共财产，预防、制止和惩治违法犯罪活动"，是法律赋予公安机关的责任。不论是公共复杂场所，还是一般公共场所，公安机关都有责任维护其正常治安秩序。根据场所治安情况复杂与否，按照突出重点的原则，有些场所通过法律规范明文列管，有些场所没有；有些场所被国家列管，有的被地方列管。目前，列入我国或地方主要列管的公共场所是歌舞、游戏游艺等营业性娱乐场所，洗浴、按摩、美容美发等提供按摩服务场所，互联网上网服务营业场所，交通中转场所等。

从不同标准、不同角度对公共场所进行分类，有助于掌握各类公共复杂场所的特点和治安规律，便于治安管理部门有针对性地采取管理措施。

（一）按照场所的结构形态划分

1. 全封闭式场所，如，影剧院、保龄球馆、游泳馆等；

2. 半封闭式场所，如，带看台的体育场；

3. 开放式的场所，如，公园、风景区等。

（二）按照场所的空间状态划分

1. 固定式场所，如，车站、码头、集贸市场、歌舞厅等；

2. 流动式场所，如，公共汽车、火车、客轮等交通工具。

（三）按照场所的社会功能划分

1. 娱乐场所，如，歌舞厅、游艺场；

2. 交通场所，如，车站、码头、火车、飞机、汽车；

3. 服务场所，如，洗浴、按摩、美容美发、酒吧、茶座、网吧、饮食、商场、集市；

4. 游览场所，如，公园、风景区、博物馆；

5. 文体场所，如，露天剧场、文化宫、少年宫、游乐场、体育场馆、游泳池馆。

娱乐场所。这里所说的娱乐场所是根据《娱乐场所管理条例》来确定的，“是指以营利为目的，并向公众开放、消费者自娱自乐的歌舞、游艺等场所”。包括两类：一是以人际交谊为主的歌厅、舞厅、卡拉 OK 厅等场所；二是指依靠游艺器械经营的场所，如电子游戏厅、游艺厅等。随着社会大众文化娱乐活动的不断丰富、发展，娱乐场所的数量、形式和功能也在不断扩展和变化，尤其是大型综合性娱乐场所不断涌现。

交通场所。交通场所，是指对公众开放的，用于承载不定的人或物从此地移往彼地的交通工具和候乘这些交通工具的固定场所的总称。交通场所是人们出行必备的基本条件和工具，是社会精神文明和物质文明的重要窗口，在交通运输和我国经济发展中起着重要作用。同时也是人口流动最密集、最易发生治安问题的场所，包括火车站、汽车站、长途客运车站、电车站、地铁车站、轮渡码头、航运码头、民用机场等。车站、码头、机场是供外出办事、探亲访友、参观旅游、经商、务工、学习等人们购票、候车、候船和上下车船、飞机的公共场所。人们在这里滞留时间不长，人员来自五湖四海，成分十分复杂，容易发生治安灾害事故和出现违法犯罪行为。

游览场所。游览场所是指向公众开放供公众参观、游玩、欣赏、休闲的经营性或非经营性游览区域和园林场所。游览场所往往融游玩、娱乐、文化、商品、现代科技娱乐设施为一体，场所内不仅各种物质实体多，而且空间大，人员多，给治安管理提出多元化、复杂化的要求。主要包括公园、动物园、植物园、名胜古迹、风景区、自然保护区、旅游度假村、海滨浴场等。这些场所对于改善人们的生活环境，陶冶情操，加强精神文明建设有着重要作用，但由于人员密度高、流动频繁、成分复杂，易发生治安问题。同时，它又是违法犯罪分子经常涉足的地方。

服务场所。服务场所主要是指为公众提供购物、饮食、桑拿、按摩、上网及其他服务项目的场所，主要包括商场、集贸市场、证券交易市场、饭店、酒吧、咖啡屋、茶馆、浴室、桑拿、网吧等。

文体场所。随着改革开放和经济发展，文体场所越来越多，遍布社会的各个角落，而且这些场所的功能也在不断变化，趋于互相融合、交叉或者综合的方向发展。这类场所主要包括歌舞和影剧院、露天剧场、俱乐部、文化宫、少年宫、录像放映厅、游乐场、体育场馆、游泳池馆、高尔夫球场、网球场、溜冰场以及大型文体比赛的场所等。

三、公共场所治安特点

(一)分布面广、人员聚集、情况复杂

公共场所的社会功能强大，不仅是人们出行的必经之地，而且可在公共场所进行娱乐、休闲、健身和商品交易，场所中的活动内容极为广泛。公共场所涉及社会各个方面和几乎所有的人，这必然导致公共场所人员聚集，要求公共场所分布面广。由于公共场所的人员聚集具有临时性和不稳定性，场所人员的构成极为复杂，有本地的，有外来的；有中国的，有外国的；多为合法公民，也不乏不法人员混杂其间。由于公共场所人员构成复杂，流动频繁，彼此间没有特定关系，正常的社会行为控制力弱化，致使场所人员结构和组织结构处于无序状态，极易被不法人员利用进行各类违法犯罪活动。

(二)人财物聚集，流动性大

改革开放带动了城乡人口的流动，特别是以资源和人才的重新配置为特征的市场经济体制的逐步形成，更加速了人财物的流动频率和加大了人财物流动的规模。市场的繁荣、消费观念的转变、商品意识的增强，使公共场所即成为消费、商品集散、休闲娱乐、社会交往的中心。公共场所是人、财、物高度聚集的场所，是人员流动的中转站和财富、物资的集散中心。人、财、物大量汇集和流动，对发展社会生产、繁荣市场经济、传播政治、文化与精神文明起着积极的作用，但同时也会给社会增加不安定因素，诱发一些治安问题。人员的聚集，加大了人们接触的频率，同时也导致各种纠纷、矛盾大量增加，发生在公共场所的各类民间纠纷和由此转化的治安、刑事案件也不断增加。财、物的集散，也使得混迹于公共场所的不法人员不断实施侵财违法犯罪活动。公共场所的特有性质给社会增加了不安定因素。

（三）信息传播快、社会影响大

人作为信息的一种载体，在公共场所高度聚集、频繁交往和流动，决定了公共场所的信息交流不仅量大，而且迅速。由于公共场所聚集的都是社会各阶层的人，每个人又都是一个信息载体。因此，在公共场所不仅信息交流量大，而且每类或每种信息通过众多的人这个载体会迅速传播开来，对社会影响力是不可低估的。尤其在现代科学技术特别是电子和通信技术高度发达的时代，信息在人们的社会生活中起着越来越重要的作用。同时公共场所也成为公安机关收集敌情、社情的重要渠道。特别是各类治安动态信息往往都通过公共场所反映出来并四面辐射，有些不良信息甚至导致社会秩序混乱。因此，对于公安机关来说，充分利用公共场所这个信息平台采集治安信息，积极掌握社会动态，对侦查破案、预防治安事件和采取有效措施进行治安管理都是很重要的。

（四）容易发生各种案件和治安灾害事故

公共场所，作为反映精神文明和物质文明的重要窗口，展示着国家经济建设和社会生活的风貌。同时，由于聚集在场所的公众之间、场所之间的相互作用，也极易引发各种治安问题。由于人多拥挤，互动频繁，各类矛盾、冲突和纠纷突出，如果疏导不利，极易转化为治安案件、刑事案件或治安突发事件；由于人、财、物的集散、流动，也成为违法犯罪分子觊觎的目标，扒窃、诈骗、抢夺、抢劫、卖淫、嫖娼、侮辱妇女、打架斗殴、赌博、吸贩毒等成为公共场所的多发案件；场所的经

营者、管理者、大型活动的主办者,违法经营、违章操作,单纯注重经济效益,轻视场所安全防范,致使存在大量治安隐患,进而导致人员伤亡和财产损毁的火灾、爆炸、中毒、车祸、翻沉船、坠机、挤压伤亡等治安灾害事故的发生;公共场所一旦引发治安突发事件,由于人员聚集且彼此无特定关系、社会互动的消极影响和不良暗示作用,极易导致事态扩大、蔓延,不利于事态控制;由于公共场所特殊的社会作用和影响力,极少数敌对分子往往利用公共场所进行爆炸、投毒等破坏活动,以期制造不良的政治影响,向党和政府施加压力。由于公共场所的人员构成复杂,彼此之间没有特定关系,并且活动具有临时性,群体之间的相互监督制约力较弱,一些不法人员也常常混迹其中伺机实施违法犯罪,致使公共场所的人员结构和组织状况往往处于相对混乱的无序状态,易为犯罪分子所利用。

(五)场所变化快、治安管理难

公共场所也有动态和静态之分,但静态是相对的,动态是绝对的。其动态变化快的特点,使得公安机关对公共场所的治安管理难度加大。例如,发生在公共交通中转场所的扒窃、打架斗殴等问题,由于交通工具的流动、场所人员的流动,使公安机关抓获作案人、取证、勘查现场难。由于利益驱动,忽视场所安全,使得治安管理部门落实治安防范措施难。由于场所开业、歇业、转业或停业多变无常,使得治安管理的规范化、经常化和调整管理对象难。由于场所从业人员的流动性强,使得对从业人员的了解、控制难。由于场所经营项目、活动方式翻新快、变化大,新情况、新问题不断出现,使得治安管理部门和民警熟悉场所项目内容、活动方式难,难以针对由活动内容、方式变化带来的治安问题进行调研、摸索规律并确定治安管理措施等。

四、公共场所管理对策

(一)严格依法管理,加强场所检查

公安机关对公共场所的管理,要严格依法行政,认真执行有关法规、规章和管理制度。对公共场所开业、举办活动的审批，安全方案的制订、审查和其他审验、考核等管理环节要严格把关；对公共场所的管理者、经营者、活动的举办者的严重违法行为和严重扰乱、破坏场所秩序的行为，要依法严肃处理。严格管理，要严格依法行政，准确把握政策界限，做到具体问题，具体分析，做到“管而不死，活而不乱”。

公安机关应当加强对辖区或管辖权限内的公共场所遵守治安法规情况的检查。主管民警应定期对歌舞厅、卡拉 OK 厅、KTV 包房、影剧院、录像厅、夜总会、俱乐部、音乐茶座、桑拿按摩室、美容美发厅等进行检查。检查相关场所有无卖淫嫖娼、淫秽表演行为，灯光照明、人员容量、安全通道是否违反规定等。对检查中发现的问题和隐患，要即时督促、指导有关经营场所及时改正。对发现的有违法犯罪可疑的人员要认真盘查。对现行违法犯罪分子、重大犯罪嫌疑人员、通缉犯以及危险物品等，必须及时果断采取措施，避免发生危害。对存在“黄、赌、毒”等突出问题的场所，在认真观察的基础上，择机稳、准、狠予以打击。

（二）制定安全规章，健全监管制度

治安管理部门要依据有关公共场所管理的法规，协助各场所制定内容细致、结构严密的安全管理规章，健全各项监管制度，以规范在场所活动的社会成员的行为和公共场所管理者和活动主办者的行为，做到有法可依，有章可循；场所守法，安全有序。

（三）加强治安巡逻，合理布控力量

人民警察在街面、广场、繁华商业场所巡逻，既可以及时发现和处置各种违法犯罪活动，维护社会秩序，又可以通过巡逻展现警力的存在，提高公众在公共场所的安全感。还能提高对公共场所发生的突发事件的快速响应能力。因此，公安机关要合理布置以巡警为主体的各类巡逻力量在公共场所巡逻的时间、人数及路线。治安管理部门在公共场所要合理设置治安派出所、警务工作站、治安办公室、治安岗亭等，组织各种巡逻力量进行巡逻。将巡逻民警和保安人员、联防队员、治安志愿者等力量有机整合起来，点、线、面合理投放巡逻力量，以车站、港口、公园、风景游览区、购物商场等公共场所的治安派出所和治安岗亭为依托，形成对社会面的整体防控网络，实现对公共场所的全方位的实时有效控制。

（四）准确把握时机，适时集中整治

在公共场所的日常管理中，一些公共场所，由于只重经营，疏于管理，存在一些隐患和问题，需要在一定时间内，通过集中整治的方法去解决。治安管理部门要善于把握时机，协同有关单位和部门，组织力量，打击、取缔公共场所的各种违法犯罪活动，依照法律、法规的规定开展专项整治。对整治中暴露出的管理上的问题，要及时加以改进。进行集中整治时，一定要充分运用典型事例，进行宣传教育，造成打击声势，注重管理实效，整治一个，巩固一个；处理一个，影响一片。

（五）抓住治安重点，促进以点带面

公共场所管理，既要全面，又要突出重点。要在控制全面的基础上把警力的投向和投量指向重点场所、重点时段、重点物品、重点人员、重点问题上面。所谓重点场所，是指具有一定的影响、易于发生各类治安问题的党、政、军机关周围，商场、公园、火车站、汽车站、重点繁华街道和正在举行国内、国际重要政治、经济、文化活动的场所。重点时段，是指举行重要政治、经济、文化活动期间，节假日人流高峰期，重要节日，敏感日等。重点物品，是指需要重点保护的物品，限制携带、使用的物品（如爆炸物品），查禁取缔的物品（如淫秽物品）。重点人员，是指危害或可能危害公共场所秩序的高危人员或高危群体。重点问题，是指发生于公共场所可能给整个治安秩序造成严重危害的重大治安问题。突出重点，并不等于放弃一般。一般场所也可能发生重大治安问题，小问题不及时妥善处理也可能被放大。因此，治安管理部门管理公共场所时必须科学地使用警力资源和其他管理资源，在突出重点的同时兼顾一般。

（六）加强协同配合，形成管理合力

公共场所发生治安问题的因素很多，涉及政治、经济、文化等各个方面，公安机关治安管理部门要与工商、市政、市容、文化等部门密切协作，紧密依靠各个管理部门和广大社会成员，综合防治，齐抓共管，各尽其责。要发动依靠广大社会成员通过群防群治等形式参与管理；要督促公共场所进行自我完善，不去为害，不被侵害；督促各管理部门在充分发挥自己优势的基础上，各尽其责，变分力为合力。

第二节　娱乐场所

一、娱乐场所管理法律依据

1.《娱乐场所管理条例》(2006 年 1 月 18 日国务院第 122 次常务会议通过，2006 年 3 月 1 日起施行，以下简称《条例》)。

2.《娱乐场所治安管理办法》(2008 年 4 月 21 日公安部部长办公会议通过，2008 年 6 月 3 日中华人民共和国公安部令第 103 号发布，自 2008 年 10 月 1 日起施行，以下简称《办法》)。

3.《公安派出所正规化建设规范》(2007 年 5 月 17 日公安部印发施行，以下简称《规范》)。

4.《公共娱乐场所消防安全管理规定》(1999 年 5 月 11 日公安部部长办公会议通过，1999 年 5 月 25 日中华人民共和国公安部令第 39 号发布施行，以下简称《规定一》)。

5.《人员密集场所消防安全管理》(中华人民共和国公共安全行业标准 GA 654-2006，2006 年 10 月 25 日公安部发布，2007 年 1 月 1 日施行，以下简称《标准》)。

6.《消防监督检查规定》(2009 年 4 月 30 日中华人民共和国公安部令第 107 号发布，根据 2012 年 7 月 17 日《公安部关于修改〈消防监督检查规定〉的决定》修订，以下简称《规定二》)。

二、娱乐场所含义和范围

根据《条例》第 2 条规定，娱乐场所“是指以营利为目的，并向公众开放、消费者自娱自乐的歌舞、游艺等场所”。包括两类：一是以人际交谊为主的歌厅、舞厅、卡拉 OK 厅等场所；二是依靠游艺器械经营的场所，如电子游戏厅、游艺厅等。

娱乐场所具有以下三个要素：第一，以营利为目的。即经营者开办娱乐场所的目的在于获取经济利益，而向公众免费开放的或者公众自发组织的非营利性的活动场所，不在娱乐场所管理的范围。第二，向社会公众开放。这主要区别于单位内部场所，那些在单位内部设立的，仅针对本单位人员开放的娱乐场所，不在管理的范围。但是，那些实行会员制的娱乐场所并不是单位内部场所，它是向所有具有入会资格（通常是交纳会费）的公众开放，因而仍是娱乐场所的管理范围。第三，消费者自娱自乐，这是娱乐场所开办的社会目的，就是为了满足群众的休闲、娱乐生活的需要，演出、放映场所均不在娱乐场所之列。娱乐场所往往人员密度高，秩序和安全问题突出。

另外，酒吧、茶吧、咖啡厅、饭店、桑拿、按摩、洗浴、网吧等场所也不属于《条例》管理的范畴。这些场所虽然也有可能有专业演员的文艺演出活动，但这些演出是整个营业项目的组成部分，或者说是主营项目的配套服务，应当按照《营业性演出管理条例》的规定去管理，网吧则按照《互联网上网服务营业场所管理条例》进行管理。

三、娱乐场所治安问题

（一）卖淫嫖娼及色情活动

娱乐场所的无序竞争导致场所管理者、经营者或业主只重经济效益，为招徕顾客，在歌舞厅等场所常有“三陪”、跳熄灯舞、脱衣舞或播放黄色录像、视频等色情活动。甚至容留妇女卖淫，提供嫖娼便利，组织“人妖”表演等。娱乐场所同时还是卖淫嫖娼人员的搭识场所。卖淫嫖娼及色情活动不仅污染了环境，而且影响其他消费者从事健康、文明的娱乐活动。

（二）赌博

在电子游艺厅、台球室、保龄球馆等场所，赌博活动比较突出，场所将活动注入赌注，引诱、纵容赌博活动比较常见，甚至有的场所以娱乐为幌子直接开办赌场。这种赌博活动，对青少年特别是中小学生危害极大，常有一些中小学生由于沉湎于赌博游艺而荒废学业。甚至为求钱玩赌而走上盗窃、诈骗、抢劫的犯罪道路。

（三）吸贩毒

娱乐场所环境复杂，进入娱乐场所消费的人员身份也十分复杂，贩毒人员利用歌舞娱乐场所中的激奋情境，大肆从事吸贩毒活动。部分娱乐场所的经营者和从业人员为了经济利益，对吸贩毒行为既不予制止，也不向公安机关举报，甚至还向吸毒人员提供吸毒用的托盘、吸管等工具和专门的包厢；娱乐场所的保安也为场所内的毒品违法犯罪活动提供安全保护；有的场所甚至以“容忍吸贩毒”招揽客源。这不但使场所内的毒贩们有恃无恐，而且在很大程度上加大了公安机关对其打击的难度。娱乐场所中的毒品犯罪多以零包贩卖为主，零包贩卖具有隐蔽性、灵活性和逃避打击的特点。

（四）寻衅滋事与聚众斗殴

人们在娱乐活动中容易兴奋和激动，同时娱乐场所销售各种酒类饮料，饮酒成为娱乐时不可或缺的内容。一些人在过于亢奋的情绪下，往往做出一些过激行为，在娱乐场所经常出现少数人员起哄、吹口哨、鼓倒掌、讥讽挖苦、辱骂演员和歌手等现象，甚至挑逗工作人员等情形。有些人借助亢奋的情绪故意滋事，打砸设施，斗殴伤人，扰乱了公共场所的治安秩序和正常的娱乐休闲活动。

（五）火灾等治安灾害事故

由于场所的管理者、经营者或业主，对安全防范工作不重视或管理不当，而经常酿成治安灾害事故，火灾、挤死、挤伤等治安灾害事故不断发生。主要表现为：安全管理措施不严密，只重经营投入，不肯投资安全防范；为求经济效益，超员售票挤占出入通道和消防通道；违章乱放杂物和其他易燃物；占用应急真空地带等。

（六）扒窃

由于娱乐场所有一定程度的自由进出的便利，且人员聚集，成分

复杂，流动快，非常利于扒窃活动。所以常有不法人员混迹其中，在相对拥挤处和光线昏暗的情况下，进行扒窃。

四、娱乐场所备案登记要求

2002年国务院行政审批制度改革，娱乐场所无需公安机关审批发证，只需备案登记。

（一）备案权限和时限

根据公安部《办法》规定："娱乐场所领取营业执照后，应当在15日内向所在地县（市）公安局、城市公安分局治安部门备案；县（市）公安局、城市公安分局治安部门受理备案后，应当在5日内将备案资料通报娱乐场所所在辖区公安派出所。县（市）公安局、城市公安分局治安部门对备案的娱乐场所应当统一建立管理档案。"

（二）备案项目

1. 名称；
2. 经营地址、面积、范围；
3. 地理位置图和内部结构平面示意图；
4. 法定代表人和主要负责人姓名、身份证号码、联系方式；
5. 与保安服务企业签订的保安服务合同及保安人员配备情况；
6. 核定的消费人数；
7. 娱乐经营许可证号、营业执照号及登记日期；
8. 监控、安检设备安装部位平面图及检测验收报告。

设有电子游戏机的游艺娱乐场所备案时，除符合前款要求外，还应当提供电子游戏机机型及数量情况。娱乐场所备案时，应当提供娱乐经营许可证、营业执照及消防、卫生、环保等部门批准文件的复印件。

娱乐场所备案项目发生变更的，应当自变更之日起15日内向原备案公安机关备案。

（三）备案程序和要求（参考××省规定）

经营业主向属地县级公安机关治安大队受理窗口备案时，由受理窗口向报备经营业主发放特种行业、公共场所备案须知、××市特种行业、公共场所备案登记表、××市特种行业、公共场所从业人员基本情况登记表。备案经营业主应在7日内将备案应提供材料送派出所受理窗口，并填写××省特种行业、公共场所备案存根；由受理窗口发给××省特种行业、公共场所备案回执和相应的治安管理告知书。辖区内民警应在7日内对场所进行治安检查。

受理窗口在接受场所停业或者变更名称、法定代表人、经营范围、经营地点备案时由经营业主填写××省特种行业、公共场所变更情况备案存根，受理窗口发给××省特种行业、公共场所变更备案回执，接到变更备案后，辖区民警应在7日内对场所变更情况进行核查。

公安机关应在接待窗口公示行业场所备案时限、备案须提交的材料。窗口接待民警应及时将受理备案的行业场所相关材料移交责任民警。责任民警应及时进行治安检查，建立行业场所档案。

（四）有下列情形之一的人员，不得开办娱乐场所或者在娱乐场所内从业

1. 曾犯有组织、强迫、引诱、容留、介绍卖淫罪，制作、贩卖、传播淫秽物品罪，走私、贩卖、运输、制造毒品罪，强奸罪，强制猥亵、侮辱妇女罪，赌博罪，洗钱罪，组织、领导、参加黑社会性质组织罪的；

2. 因犯罪曾被剥夺政治权利的。公民的政治权利有选举权和被选举权；言论、出版、集会、结社、游行、示威自由的权利；担任国家机关职务的权利；担任国有公司、企事业单位和人民团体领导职务的权利等；

3. 因吸食、注射毒品曾被强制戒毒的；因卖淫、嫖娼曾被处以行政拘留的。

（五）娱乐场所不得设在下列地点

居民楼、博物馆、图书馆和被核定为文物保护单位的建筑物内；居民住宅区和学校、医院、机关周围；车站、机场等人群密集的场所；建筑物地下一层以下；与危险化学品仓库毗连的区域。娱乐场所的边界噪声，应当符合国家规定的环境噪声标准。

外商不得独资经营娱乐场所。

五、娱乐场所硬件设施要求

（一）歌舞娱乐场所的照明设施、包厢、包间和门窗

歌舞娱乐场所包厢、包间内不得设置阻碍展现室内整体环境的屏风、隔扇、板壁等隔断，不得以任何名义设立任何形式的房中房（卫生间除外）。歌舞娱乐场所的包厢、包间内的吧台、餐桌等物品不得高于1.2米。包厢、包间的门窗，距地面1.2米以上应当部分使用透明材质。透明材质的高度不小于0.4米，宽度不小于0.2米，能够展示室内消费者娱乐区域整体环境。营业时间内，歌舞娱乐场所包厢、包间门窗透明部分不得遮挡。歌舞娱乐场所包厢、包间内不得安装门锁、插销等阻碍他人自由进出包厢、包间的装置。歌舞娱乐场所营业大厅、包厢、包间内禁止设置可调试亮度的照明灯。照明灯在营业时间内不得关闭。违者由区、县公安机关依据《条例》第43条第1项之规定责令改正，给予警告；情节严重的，责令停业整顿1个月至3个月。

（二）歌舞娱乐场所应当安装闭路电视监控设备

歌舞娱乐场所应当在营业场所出入口、消防安全疏散出入口、营业大厅通道、收款台前安装闭路电视监控设备。歌舞娱乐场所安装的闭路电视监控设备应当符合视频安防监控系统相关国家或行业标准要求。闭路电视监控设备的压缩格式为H.264或者MPEG-4，录像图像分辨率不低于4CIF（704×576）或者D1（720×576）；保障视频录像实时（每秒不少于25帧），支持视频移动侦测功能；图像回放效果要求清晰、稳定、逼真，能够通过LAN、WAN或者互联网与计算机相连，实现远程监视、放像、备份及升级，回放图像水平分辨力不少于300TVL。歌舞娱乐场所应当设置闭路电视监控设备监控室，由专人负责值守，保障设备在营业时间内正常运行，不得中断、删改或者挪作他用。未按要求安装闭路电视监控设备或者在营业期间中断使用的，由区、县公安部门依据《条例》第43条第2项之规定责令

改正，给予警告；情节严重的，责令停业整顿1个月至3个月。

（三）迪斯科舞厅应当配备安全检查设备并履行安全检查义务

营业面积1000平方米以下的迪斯科舞厅应当配备手持式金属探测器，营业面积超过1000平方米以上的应当配备通过式金属探测门和微剂量X射线安全检查设备。手持式金属探测器、通过式金属探测门、微剂量X射线安全检查设备应当符合国家或者行业标准要求。迪斯科舞厅应当配备专职安全检查人员，安全检查人员不得少于2名，其中女性安全检查人员不得少于1名。违者由区、县公安部门依据《条例》第43条第4项之规定责令改正，给予警告；情节严重的，责令停业整顿1个月至3个月。

（四）娱乐场所应当悬挂警示标志

娱乐场所应当在营业场所大厅、包厢、包间内的显著位置悬挂含有禁毒、禁赌、禁止卖淫嫖娼等内容的警示标志。标志应当注明公安机关的举报电话。警示标志式样、规格、尺寸由省、自治区、直辖市公安厅、局统一制定。未按要求悬挂警示标志的，由区、县公安部门依据《条例》第50条之规定责令改正，给予警告。（县级人民政府文化主管部门亦有此权限）

（五）娱乐场所不得设置具有赌博功能的游戏设施设备，不得以现金、有价证券作为奖品，或者回购奖品

娱乐场所不得设置具有赌博功能的电子游戏机机型、机种、电路板等游戏设施设备，不得从事带有赌博性质的游戏机经营活动。设置具有赌博功能的游戏设施设备或者以现金、有价证券作为奖品，或者回购奖品的，由区、县公安部门依据《条例》第44条之规定没收违法所得和非法财物，并处违法所得2倍以上5倍以下的罚款；没有违法所得或者违法所得不足1万元的，并处2万元以上5万元以下的罚款；情节严重的，责令停业整顿1个月至3个月。

六、娱乐场所制度要求

（一）歌舞娱乐场所应当按规定留存监控录像资料

歌舞娱乐场所应当按规定留存监控录像资料，未留存满30日或

者进行删改、挪作他用的，由区、县公安部门依据《条例》第 43 条第 3 项之规定责令改正，给予警告；情节严重的，责令停业整顿 1 个月至 3 个月。

（二）娱乐场所应当按规定建立从业人员名簿、营业日志

娱乐场所应当建立从业人员名簿、营业日志，从业人员名簿应当记录从业人员姓名、年龄、性别、出生日期及有效身份证件号码；从业人员户籍所在地和暂住地地址；从业人员具体工作岗位、职责。外国人就业的，应当留存外国人就业许可证复印件。营业日志应当详细记载营业期间从业人员的工作职责、工作内容、工作时间、工作地点及遇到的治安问题。营业日志应当留存 60 日备查，不得删改。对确因记录错误需要删改的，应当写出说明，由经手人签字，加盖娱乐场所印章。未建立从业人员名簿、营业日志，或者从业人员名簿、营业日志记载不全、不实，或者营业日志留存不满 60 日的，由区、县公安部门依据《条例》第 49 条之规定责令改正，给予警告；情节严重的，责令停业整顿 1 个月至 3 个月。

（三）娱乐场所应当配备专业保安

娱乐场所应当与经公安机关批准设立的保安服务企业签订服务合同，配备已取得资格证书的专业保安人员，并通报娱乐场所所在辖区公安派出所。娱乐场所不得自行招录人员从事保安工作。娱乐场所应当加强对保安人员的教育管理，不得要求保安人员从事与其职责无关的工作。对保安人员工作情况逐月通报辖区公安派出所和保安服务企业。娱乐场所营业面积在 200 平方米以下的，配备的保安人员不得少于 2 名；营业面积每增加 200 平方米，应当相应增加保安人员 1 名。迪斯科舞厅保安人员应当按照场所核定人数的 5%配备。在娱乐场所执勤的保安人员应当统一着制式服装，佩戴徽章、标记。未配备专业保安，或者聘用其他人员从事保安工作的，由区、县公安部门依据《条例》第 43 条第 5 项之规定责令改正，给予警告；情节严重的，责令停业整顿 1 个月至 3 个月。

（四）娱乐场所的保安应按规定巡查

娱乐场所应当安排保安人员负责安全巡查，营业时间内每 2 小

时巡查一次，巡查区域应当涵盖整个娱乐场所，巡查情况应当写入营业日志。违者由区、县公安部门依据《条例》第49条之规定责令改正，给予警告；情节严重的，责令停业整顿1个月至3个月。

（五）娱乐场所须安装和使用治安管理信息系统

娱乐场所应当按照国家有关信息化标准规定，配合公安机关建立娱乐场所治安管理信息系统，实时、如实将从业人员、营业日志、安全巡查等信息录入系统，传输报送公安机关。娱乐场所配合公安机关在治安管理方面所做的工作，能够通过娱乐场所治安管理信息系统录入传输完成的，应当通过系统完成。违者由区、县公安机关治安管理部门依据《办法》第44条之规定责令改正，给予警告；经警告不予改正的，处5000元以上1万元以下罚款。

七、娱乐场所消防要求

（一）娱乐场所消防一般要求

根据《规定一》和《标准》，娱乐场所设置在多种用途建筑内的应采用耐火极限不低于1.0 h的楼板和2.0 h的隔墙与其他部位隔开，并应满足各自不同工作或使用时间对安全疏散的要求。设有娱乐场所的建筑内的疏散楼梯宜通至屋面，且宜在屋面设置辅助疏散设施。大空间娱乐场所的疏散指示标志的布置，应保证其指向最近的疏散出口，并使人员在走道上任何位置都能看见和识别。防火巡查宜采用电子寻更设备。设有消防控制室的娱乐场所或其所在建筑，其火灾自动报警和控制系统宜接入城市火灾报警网络监控中心。娱乐场所可按GB50084的规定设置自动喷水灭火局部应用系统或简易自动喷水灭火系统。设置火灾自动报警系统时，可设置点式火灾报警设备。娱乐场所需要控制人员随意出入的安全出口、疏散门，或设有门禁系统的，应保证火灾时不需使用钥匙等任何工具即能易于从内部打开，并应在显著位置设置“紧急出口”标识和使用提示。

娱乐场所的外墙上应在每层设置外窗（含阳台），其间隔不应大于15.0米；每个外窗的面积不应小于1.5平方米，且其短边不应小于0.8米，窗口下沿距室内地坪不应大于1.2米。使用人数超过20人的厅、室内应设置净宽度不小于1.1米的疏散走道，活动座椅应采用固定措施。卡拉OK室内应设置声音或视像警报，保证在火灾发生初期，将其画面、音响切换到应急广播和应急疏散指示状态，引导人们安全疏散。各种灯具距离周围窗帘、幕布、布景等可燃物不应小于0.5米。娱乐场所的内部装修设计和施工，应当符合《建筑内部装修设计防火规范》和有关建筑内部装饰装修防火管理的规定。其安全出口数目、疏散宽度和距离，应当符合国家有关建筑设计防火规范的规定。

娱乐场所安全出口处不得设置门槛、台阶，疏散门应向外开启，不得采用卷帘门、转门、吊门和侧拉门，门口不得设置门帘、屏风等影响疏散的遮挡物。娱乐场所在营业时必须确保安全出口和疏散通道通畅无阻，严禁将安全出口上锁、阻塞。安全出口、疏散通道和楼梯口应当设置符合标准的灯光疏散指示标志。指示标志应当设在门的顶部、疏散通道和转角处距地面1米以下的墙面上。设在走道上的指示标志的间距不得大于20米。娱乐场所内应当设置火灾事故应急照明灯，照明供电时间不得少于20分钟。娱乐场所必须加强电器防火安全管理，及时消除火灾隐患。不得超负荷用电，不得擅自拉接临时电线。

娱乐场所内严禁带入和存放易燃易爆物品，严禁在娱乐场所营业时进行设备检修、电气焊、油漆粉刷等施工、维修作业。娱乐场所在营业时，不得超过额定人数。娱乐场所应当制定防火安全管理制度，制订紧急安全疏散方案。在营业时间和营业结束后，应当指定专人进行安全巡视检查，清除烟蒂等火种。娱乐场所应当建立全员防火安全责任制度，全体员工都应当熟知必要的消防安全知识，会报警，会使用灭火器材，会组织人员疏散。新职工上岗前必须进行消防安全培训。娱乐场所应当按照《建筑灭火器材配置设计规范》配置灭火器材，设置报警电话。保证消防设施、设备完好有效。

（二）地下娱乐场所的特殊要求

在地下建筑内设置娱乐场所，除符合本规定其他条款的要求外，还应当符合下列规定：

1. 只允许设在地下一层；

2. 通往地面的安全出口不应少于两个，安全出口、楼梯和走道的宽度应当符合有关建筑设计防火规范的规定；

3. 应当设置机械防烟排烟设施；

4. 应当设置火灾自动报警系统和自动喷水灭火系统；

5. 严禁使用液化石油气。

对违反《规定一》的行为，依照《中华人民共和国消防法》和地方性消防法规、规章予以处罚；构成犯罪的，依法追究刑事责任。

八、娱乐场所行为规范要求

（一）取得营业执照后向公安部门备案

娱乐场所取得营业执照后 15 日内应向公安部门备案，取得营业执照后未在 15 日内向所在地区、县公安部门备案的，改建、扩建营业场所或者变更场地、主要设施设备、投资人员，或者变更娱乐经营许可证载明事项未向公安部门备案的，由区、县公安部门依据《条例》第 46 条之规定责令改正，给予警告。

（二）不得指使、纵容从业人员侵害消费者人身权利

娱乐场所不得指使、纵容从业人员侵害消费者人身权利，违者由区、县公安部门依据《条例》第 45 条之规定责令停业整顿 1 个月至 3 个月。

（三）禁止从事“黄、赌、毒”等违法犯罪行为，或者为“黄、赌、毒”等违法犯罪行为提供条件

娱乐场所及其从业人员实施违法犯罪行为，或者为进入娱乐场所的人员实施违法犯罪行为提供条件，对发生在本单位的卖淫、嫖娼活动放任不管、不采取措施制止的，依据《全国人大常委会关于严禁卖淫嫖娼的决定》，由公安机关处 1 万元以上 10 万元以下罚款，并可以责令其限期整顿、停业整顿，经整顿仍不改正的，由工商行政主管部门吊销营业执照；对直接负责的主管人员和其他直接责任人员，由

本单位或上级主管部门予以行政处分,由公安机关处 1000 元以下罚款;不构成犯罪的,对个人由公安部门依法予以处罚,对娱乐场所,由区、县公安部门依据《条例》第 42 条之规定没收违法所得和非法财物,责令停业整顿 3 个月至 6 个月。

(四)发现违法犯罪活动须履行报告义务

娱乐场所发现违法犯罪活动必须报告公安机关,违者由区、县公安部门依据《条例》第 49 条之规定责令改正,给予警告;情节严重的,责令停业整顿 1 个月至 3 个月。

(五)禁止擅自从事娱乐场所经营活动

公安部门在日常检查和查处治安、刑事案件时,发现擅自从事娱乐场所经营活动的,应当依照《条例》第 40 条的规定依法予以取缔。

九、民警工作内容和要求

根据《办法》规定,娱乐场所治安管理应当遵循公安机关治安部门归口管理和辖区公安派出所属地管理相结合,属地管理为主的原则。

(一)民警工作内容

1. 及时了解掌握辖区经营性娱乐场所底数及基本经营状况,建立、健全娱乐场所的基础台账,并根据要求将采集的数据输入信息管理系统;

2. 建立娱乐场所治安管理工作责任制,明确工作任务和措施。公安机关应当建立娱乐场所违法行为警示记录系统,并依据娱乐场所治安秩序状况进行分级管理。定期对娱乐场所进行治安与消防安全检查;

3. 检查、指导娱乐场所内部治安保卫工作,制订安全防范制度。指导、督促场所制订从业人员登记、营业日志、情况报告、通缉协查、消防安全、值班巡查、应急疏散预案、安全防范宣传、衣物寄存保管、遗留物品上缴等规章制度;从业人员登记应包括从业人员的真实姓名、照片、核对后的居民身份证复印件,属外国人的应持有核对后的外国人就业许可证复印件等;营业日志应记载营业期间从业人员的工作职责、工作时间、工作地点，营业日志内容不得删改，并应当留存60日备查；

4. 督促娱乐场所按配备标准向保安服务公司聘用保安人员。公安机关要指导、督促派驻保安队伍制订安全检查、定岗巡逻、情况反馈等日常工作规范，切实履行各项工作职责。检查、督促派驻娱乐场所保安人员日常工作，并提出奖惩建议；

5. 物建治安耳目和治安信息员，做好警情收集和预测。收集娱乐场所治安信息的渠道可以是多样的，既可以通过保安人员、服务人员、经理等正面了解治安信息，也可以向娱乐场所周围单位及群众进行侧面了解；既可以公开地调查场所的活动情况，也可以通过秘密力量调查场所的治安信息；既可以通过本辖区娱乐场所了解治安信息，也可以通过其他辖区娱乐场所发生情况来把握规律。准确掌握娱乐场所的治安信息，不仅可以及时打击发生在场所的违法犯罪行为，而且便于分析和研究场所治安问题发生的规律，有针对性地做好各项预防工作。

6. 认真受理、查证群众举报线索和上级交办案件，查处发生在场所内应当由治安部门管辖的案(事)件。如果场所出现严重的治安问题，例如，吸贩毒活动在迪斯科舞厅猖獗时，可以集中警力对辖区所有迪斯科舞厅进行整治，打击吸贩毒的嚣张气焰。

7. 开展法制宣传教育。通过上门指导、以会代训、典型案例示教等方式做好相关法律、法规的宣传教育工作，明确告知娱乐场所的法定代表人或者主要责任人应当对娱乐场所的消防安全和其他安全负责，不断提高经营者和从业人员遵纪守法意识，自觉规范经营行为；

8. 完成上级公安机关交办的工作；做好其他相关工作。

(二)民警工作要求

1. 熟悉有关娱乐场所治安管理的法律、法规，接受形式多样的治安业务培训工作，做到依法行政。

2. 加强与地区文化、工商等职能部门联系，确保信息渠道畅通。

3. 根据娱乐场所实际状况，每月至少开展一次以上治安检查，对上级通报、群众反映的问题应当随时检查，认真处理；详细记录检查结果、整改情况。监督检查记录应当包括：执行监督检查任务的人员姓名、单位、职务；监督检查的时间、地点、场所名称、检查事项；发现的问题及处理结果。监督检查记录一式两份，由监督检查人员签字，并经娱乐场所负责人签字确认。娱乐场所负责人拒绝签字的，监督检查人员应当在记录中注明情况。

十、公安机关日常检查规范

公安机关治安管理部门要经常对辖区内的娱乐场所进行监督检查。民警可以通过观察、检查、查阅、询问及向相关场所、单位的治安保卫组织或负责人和工作人员进行了解，也可以适时采取突击检查方式。

（一）检查的程序和方法

向被检查单位出示人民警察证件（有些省、市还要求持有该地核发的行业场所检查证），表明身份，提出检查要求；对场所进行巡视，检查场所的经营情况和内部结构设施，查验有关人员的身份证件；对存在问题的现场和相关人员进行控制，搜集证据；向场所负责人明确告知该场所存在的问题和处理意见，以及接受处理的时间、地点，填写安全检查记录一式两份，由场所负责人签字，其中一份交场所留存；暂扣有关物品，必须填写物品暂扣清单一式两份，由物品所有人签字，其中一份交物品所有人留存。

（二）检查要求

检查必须文明礼貌，严格依法、规范进行，根据《规范》和实践，具体要求主要有以下几个方面：

1. 公开检查必须经领导批准；

2. 检查人员不得少于2人；

3. 严禁公安机关协勤人员及其他不具备执法主体资格的工勤人员参与检查；

4. 根据行业场所的不同治安状况，确定不同的检查要求和检查频率，减少例行检查，避免同一内容的重复检查，杜绝无针对性的封闭式检查，原则上不搞大规模集中清查，避免影响场所行业正常合法的经营活动；

5. 检查人员应携带钢笔、印油、笔录头、笔录纸、物品暂扣清单、安全检查记录簿、相机等用品；

6. 对发现的问题要妥善处理，并及时向领导请示汇报；

7. 严守工作纪律，保守工作秘密；不准吃、拿、卡、要，严禁打、骂、侮辱他人；

8. 对查获的违法犯罪嫌疑人，应当尽快带离现场；对违法犯罪嫌疑人员和物品确需现场盘查的，必须有两名检查人员同时在场，统一进行，尊重从业人员和顾客，除有违法犯罪嫌疑外，不得进行人身搜查；对女性检查时必须由女民警进行。

（三）检查应了解掌握的基本情况

民警在检查时应做到“五知”，即场所基本情况（包括安全条件、从业人数、治保力量、历史变化情况、周围情况及被处理情况），每个从业人员基本情况（工作情况、变更情况），老板、经营者、保安人员基本情况（包括家庭、前科、历史背景、投资状况），场所常客情况，场所经营状况，掌握场所治安状况。

（四）消防检查内容

公安派出所对其日常监督检查范围内的单位，应当每年至少进行一次日常消防监督检查。公安派出所对群众举报投诉的消防安全违法行为，应当及时受理，依法处理。对属于公安机关消防机构管辖的，应当依照《公安机关办理行政案件程序规定》在受理后及时移送公安机关消防机构处理。

公安派出所对单位进行日常消防监督检查，应当检查下列内容：

1. 建筑物或者场所是否依法通过消防验收或者进行竣工验收消防备案，娱乐场所是否依法通过投入使用、营业前的消防安全检查；

2. 是否制定消防安全制度;

3. 是否组织防火检查、消防安全宣传教育培训、灭火和应急疏散演练;

4. 消防车通道、疏散通道、安全出口是否畅通,室内消火栓、疏散指示标志、应急照明、灭火器是否完好有效;

5. 娱乐场所是否对建筑消防设施定期组织维修保养。

十一、文化、工商、劳动保障等部门管理职责

(一)公安机关与其他管理部门的协调配合

根据《条例》关于娱乐场所行政监督管理主体及其职责分工的规定,对于娱乐场所的管理基本上遵循分工负责、各司其职的原则。政府文化主管部门负责对娱乐场所日常经营活动的监督管理;对于娱乐场所的消防、治安管理状况的监督管理,由公安机关负责。在娱乐场所的管理上,公安、文化、工商等管理部门需要默契的配合、充分的沟通。默契的配合、充分的沟通对于完善娱乐场所监督管理机制,保障娱乐场所的健康有序发展,为人民群众提供休闲、娱乐的良好治安环境具有重要意义。因此,公安机关应当立足治安管理的基本职责,积极主动加强与文化、工商等行政主管部门的协调配合,在娱乐场所的基本情况信息、违法经营发现与处理、无照经营查处等方面加强沟通,配合执法,依法行政,形成对娱乐场所治安管理的合力。

(二)文化、工商、劳动保障等部门娱乐场所管理职责

1. 擅自从事娱乐场所经营活动的,由工商行政管理部门、文化主管部门依法予以取缔。

2. 以欺骗等不正当手段取得娱乐经营许可证的,由文化主管部门撤销娱乐经营许可证。

3. 娱乐场所实施违法犯罪活动,情节严重的,由文化主管部门吊销娱乐经营许可证,对直接负责的主管人员和其他直接责任人员处1万元以上2万元以下的罚款。

4. 娱乐场所指使、纵容从业人员侵害消费者人身权利的,造成

严重后果的，由文化主管部门吊销娱乐经营许可证。

5. 歌舞娱乐场所的歌曲点播系统与境外的曲库连接的，歌舞娱乐场所接纳未成年人的，游艺娱乐场所设置的电子游戏机在国家法定节假日外向未成年人提供的，由县级人民政府文化主管部门没收违法所得和非法财物，并处违法所得1倍以上3倍以下的罚款；没有违法所得或者违法所得不足1万元的，并处1万元以上3万元以下的罚款；情节严重的，责令停业整顿1个月至6个月。

6. 歌舞娱乐场所播放的曲目、屏幕画面或者游艺娱乐场所电子游戏机内的游戏项目含有法律法规禁止的下列内容的：违反宪法确定的基本原则的；危害国家统一、主权或者领土完整的；危害国家安全，或者损害国家荣誉、利益的；煽动民族仇恨、民族歧视，伤害民族感情或者侵害民族风俗、习惯，破坏民族团结的；违反国家宗教政策，宣扬邪教、迷信的；宣扬淫秽、赌博、暴力以及与毒品有关的违法犯罪活动，或者教唆犯罪的；违背社会公德或者民族优秀文化传统的；侮辱、诽谤他人，侵害他人合法权益的；法律、行政法规禁止的其他内容。违者由区、县文化部门没收违法所得和非法财物，并处违法所得1倍以上3倍以下的罚款；没有违法所得或者违法所得不足1万元的，并处1万元以上3万元以下的罚款；情节严重的，责令停业整顿1个月至6个月。

7. 娱乐场所变更有关事项，未按照《娱乐场所管理条例》规定申请重新核发娱乐经营许可证的，在凌晨2时至上午8时期间营业的，从业人员在营业期间未统一着装并佩带工作标志的，由县级人民政府文化主管部门责令改正，给予警告；情节严重的，责令停业整顿1个月至3个月。

8. 娱乐场所招用未成年人的，由劳动保障行政部门责令改正，并按照每招用一名未成年人每月处5000元罚款的标准给予处罚。

9. 娱乐场所违反有关卫生、环境保护、价格、劳动等法律、行政法规规定的，由有关部门依法予以处罚；构成犯罪的，依法追究刑事责任。

十二、娱乐场所法律责任

1. 发现存在下列违法行为的，依据《治安管理处罚法》依法处理。

(1)进行淫秽表演的，对组织者，依据《治安管理处罚法》第 69 条第 1 款第 2 项，以“组织淫秽表演”处罚，对参与表演者依据该项规定，以“进行淫秽表演”处罚。

(2)非法携带枪支、弹药或者弩、匕首等国家规定的管制器具的，对行为人依据《治安管理处罚法》第 32 条第 2 款，以“非法携带枪支、弹药、管制器具”处罚。

(3)场所的经营管理人员，违反安全规定，致使该场所有发生安全事故危险的，对该人员依据《治安管理处罚法》第 39 条责令改正，拒不改正的，依据该条规定，以“公共场所经营管理人员违反安全规定”处罚。

(4)强卖商品或者强迫他人接受服务的，对行为人依据《治安管理处罚法》第 46 条，以“强迫交易”处罚。

(5)卖淫、嫖娼的，对行为人依据《治安管理处罚法》第 66 条第 1 款，以“卖淫、嫖娼”处罚。

(6)引诱、容留、介绍他人卖淫的行为的，对该行为人依据《治安管理处罚法》第 67 条，以“引诱、容留、介绍卖淫”处罚。

(7)组织播放淫秽音像的，对行为人依据《治安管理处罚法》第 69 条第 1 款第 1 项，以“组织播放淫秽音像”处罚。

(8)数额较大的赌博活动的，对参赌人员依据《治安管理处罚法》第 70 条，以“赌博”处罚。

(9)非法持有毒品、向他人无偿提供毒品、吸毒等行为的，对行为人依据《治安管理处罚法》第 72 条第 1 项、第 2 项、第 3 项，分别以“非法持有毒品”、“向他人提供毒品”、“吸毒”处罚。

(10)娱乐场所单位的人员，在公安机关查处吸毒、赌博、卖淫、嫖娼活动时，为违法犯罪行为人通风报信的，依据《治安管理处罚法》第

74 条，以“为吸毒、赌博、卖淫、嫖娼人员通风报信”处罚。

2. 如果是娱乐场所主管人员或其工作人员实施上述违法行为，在对娱乐场所有关人员进行上述处罚的同时，对该娱乐场所可依据《条例》第 42 条处罚，由县级公安部门没收违法所得和非法财物，责令停业整顿 3 个月至 6 个月；情节严重的，由原发证机关吊销娱乐经营许可证，对直接负责的主管人员和其他直接责任人员处 1 万元以上 2 万元以下的罚款。

如果娱乐场所虽未实施上述违法行为，但明知而未向公安机关报告的，依据《条例》第 49 条处罚，由县级人民政府文化主管部门、县级公安部门依据法定职权责令改正，给予警告；情节严重的，责令停业整顿 1 个月至 3 个月。

3. 发现存在下列违法行为的，依据《条例》和《办法》依法处理。

(1)娱乐场所未按照规定项目备案的，依据《办法》第 41 条由受理备案的公安机关告知补齐；拒不补齐的，由受理备案的公安机关责令改正，给予警告。娱乐场所备案项目发生变更的，应当自变更之日起 15 日内向原备案公安机关备案，违者依据《办法》第 41 条处罚，由原备案公安机关责令改正，给予警告。

(2)娱乐场所有下列情形之一的，依据《条例》第 43 条处罚，由县级公安部门责令改正，给予警告；情节严重的，责令停业整顿 1 个月至 3 个月：

①照明设施、包厢、包间的设置以及门窗的使用不符合《条例》和《办法》规定的；

②未按照《条例》和《办法》规定安装闭路电视监控设备或者中断使用的；

③未按照《条例》和《办法》规定留存监控录像资料或者删改监控录像资料的；

④未按照《条例》和《办法》规定配备安全检查设备或者未对进入营业场所的人员进行安全检查的；

⑤未按照《条例》和《办法》规定配备保安人员的。

(3)娱乐场所应当加强对保安人员的教育管理,不得要求保安人员从事与其职责无关的工作。对保安人员工作情况逐月通报辖区公安派出所和保安服务企业。违者依据《办法》第43条处罚,由县级公安机关责令改正,给予警告。

(4)娱乐场所应当按照国家有关信息化标准规定,配合公安机关建立娱乐场所治安管理信息系统,实时、如实将从业人员、营业日志、安全巡查等信息录入系统,传输报送公安机关。娱乐场所配合公安机关在治安管理方面所做的工作,能够通过娱乐场所治安管理信息系统录入传输完成的,应当通过系统完成。违者依据《办法》第44条处罚,由县级公安机关治安管理部门责令改正,给予警告;经警告不予改正的,处5000元以上1万元以下罚款。

(5)娱乐场所有下列情形之一的,依据《条例》第44条处罚,由县级公安部门没收违法所得和非法财物,并处违法所得2倍以上5倍以下的罚款;没有违法所得或者违法所得不足1万元的,并处2万元以上5万元以下的罚款;情节严重的,责令停业整顿1个月至3个月:

①设置具有赌博功能的电子游戏机机型、机种、电路板等游戏设施设备的;

②以现金、有价证券作为奖品,或者回购奖品的。

(6)娱乐场所指使、纵容从业人员侵害消费者人身权利的,依据《条例》第45条处罚,由县级公安部门责令停业整顿1个月至3个月;造成严重后果的,由原发证机关吊销娱乐经营许可证。

(7)娱乐场所未按照规定悬挂警示标志的,依据《条例》第50条处罚,由县级公安部门依据法定职权责令改正,给予警告。

(8)娱乐场所因违反《条例》规定,2年内被处以3次警告或者罚款又有违反《条例》规定的行为应受行政处罚的,依据《条例》第52条由县级人民政府文化主管部门、县级公安部门依据法定职权责令停业整顿3个月至6个月;2年内被2次责令停业整顿又有违反本条例的行为应受行政处罚的,由原发证机关吊销娱乐经营许可证。

十三、娱乐场所管理文书与证件(参考××市公安机关规定)

1. 公共场所、特种行业备案须知
2. ××市娱乐场所备案应提供的材料
3. ××市娱乐场所备案登记表
4. ××市娱乐场所从业人员基本情况登记表
5. 特种行业、公共场所备案回执
6. 特种行业、公共场所变更情况备案回执
7. ××市娱乐场所治安管理告知书
8. 娱乐场所悬挂的警示内容及标识
9. 关于____________纳入治安管理的通知
10. 检查记录簿
11. 场所行业检查证

特种行业、娱乐场所备案须知

一、备案范围。根据《福建省特种行业和公共场所治安管理办法》等有关规定，开业后须到公安机关办理备案登记的有：印章刻制业(除公章刻制业外)，印刷业、旧货交易业、废旧金属收购业、拍卖业、报废机动车回收业、机动车维修业，歌舞、游戏游艺等营业性娱乐场所和设置按摩项目的服务场所。

二、备案时限。须备案的特种行业、公共场所应当在取得营业执照后十五日内向县级公安机关治安大队或辖区派出所备案；停业或者变更名称、法定代表人、经营范围、经营地点的，经营单位或者个人应当在向工商行政管理部门办理注销或者变更手续后十五日内，向县级公安机关治安大队或辖区派出所备案。

三、备案内容。须备案的特种行业或者公共场所经营业主在向所在地派出所备案时，应提供身份证件和特种行业或者公共场所的营业执照以备查验，同时还要向派出所提供特种行业或公共的名称、地址、经营范围、平面图、各项涉及治安管理的规章及经营者、从业人员、治安保卫人员的基本情况。

派出所(分局)

年　　月　　日

××市娱乐场所备案应提供的材料

1. 工商营业执照；
2. 娱乐经营许可证；
3. 消防安全检查意见书；
4. 卫生、环保等部门批准文件；
5. 法定代表人、主要负责人身份证；
6. 保安服务企业签订合同书及人员配备情况；
7. 经营场所地理位置图；
8. 经营场所内部结构平面示意图；
9. 房屋产权证明或租赁合同(体现面积)；
10. 监控设备安装部位平面图；
11. 安检设备安装部位平面图；
12. 监控安检设备检测验收报告；
13. 电子游戏机机型及数量。

20　　第　　号

××市娱乐场所备案登记表

备案单位：________________

备案报送人：________________

备案报送时间：________________

备案机关：________________

××公安局制

<table>
<tr><td colspan="2">单位名称</td><td colspan="2"></td><td>经营地址</td><td colspan="2"></td></tr>
<tr><td colspan="2">经营娱乐项目</td><td>卡拉 OK ____</td><td>迪斯科舞厅____</td><td>其他舞厅____</td><td colspan="2">电子游艺____</td></tr>
<tr><td colspan="2">经济性质</td><td>个　体____</td><td>国有(集体)____</td><td>中外合资
(合作)____</td><td colspan="2">其　他____</td></tr>
<tr><td colspan="2"></td><td>姓名(名称)</td><td>身份证号
(护照号)</td><td>现住址</td><td colspan="2">联系电话</td></tr>
<tr><td colspan="2" rowspan="4">投资人员或单位</td><td></td><td></td><td></td><td colspan="2"></td></tr>
<tr><td></td><td></td><td></td><td colspan="2"></td></tr>
<tr><td></td><td></td><td></td><td colspan="2"></td></tr>
<tr><td></td><td></td><td></td><td colspan="2"></td></tr>
<tr><td colspan="2">负责人(法定代表人)</td><td></td><td></td><td></td><td colspan="2"></td></tr>
<tr><td colspan="2">治安责任人</td><td></td><td></td><td></td><td colspan="2"></td></tr>
<tr><td rowspan="10">场地设备情况</td><td colspan="2">总面积：　米²</td><td colspan="2">核定容量：　人</td><td colspan="2">层数：　层</td></tr>
<tr><td colspan="2">包厢(间)　间</td><td colspan="4">舞厅(池)　个，其中迪斯科舞池面积　米²</td></tr>
<tr><td colspan="2">有透明窗　间</td><td colspan="2">出入口　个</td><td colspan="2" rowspan="6"></td></tr>
<tr><td colspan="2">单间面积　米²</td><td colspan="2">监控探头　个</td></tr>
<tr><td colspan="2">安检门　处</td><td colspan="2">手持安检仪　副</td></tr>
<tr><td colspan="4">微计量 X 射
线安检设备</td></tr>
<tr><td colspan="4">张贴禁毒、禁赌、禁娼警示标志　处(份)</td></tr>
<tr><td colspan="6">场所消防审核单位及合格证明文件字号：</td></tr>
<tr><td colspan="6">是否安装娱乐场所治安管理信息系统：</td></tr>
</table>

续表

<table>
<tr><td rowspan="6">从业人员情况</td><td rowspan="5">从业人员共　　人，其中：
管理人员　　人；
服务人员　　人；
保安人员　　人；
安全检查人员　人；
其他人员　　人。</td><td>本县(市、区)：</td><td>人</td></tr>
<tr><td>本省外县(市、区)：</td><td>人</td></tr>
<tr><td>外省(市)：</td><td>人</td></tr>
<tr><td>境　外：</td><td>人</td></tr>
<tr><td>己申领暂住证：</td><td>人</td></tr>
<tr><td>保安负责人及联系电话：</td><td colspan="2"></td></tr>
<tr><td colspan="2">签订聘用保安合同的保安服务公司名称：</td><td colspan="2"></td></tr>
<tr><td rowspan="6">相关部门发证登记情况</td><td rowspan="3">文化《娱乐经营许可证》</td><td>号　码</td><td></td></tr>
<tr><td>发证机关</td><td></td></tr>
<tr><td>发证日期</td><td>年　月　日</td></tr>
<tr><td rowspan="3">工商《营业执照》</td><td>号　码</td><td></td></tr>
<tr><td>发证机关</td><td></td></tr>
<tr><td>发证日期</td><td>年　月　日</td></tr>
<tr><td>附件
(附后)</td><td colspan="3">1. 投资、经营负责人员居民身份证或护照及投资单位《营业执照》等复印件；
2.《娱乐经营许可证》、《营业执照》、消防、卫生、环保等合格书面证明复印件；
3. 地理位置图和内部结构平面示意图等场所详细平面图；
4. 场所安全工作方案、应急疏散预案、巡查制度；
5. 与保安服务企业签订的保安服务合同复印件；
6. 游戏(艺)机型名称、台数；
7. 其他。</td></tr>
</table>

续表

备案理由	
经办人意见	经办人签名： 年 月 日
备案机关意见	（公章） 年 月 日
备案回执号与回执日期	
备注	

××娱乐场所从业人员基本情况登记表

<table>
<tr><td>姓名</td><td colspan="2"></td><td>性别</td><td></td><td>年龄</td><td></td><td rowspan="4">照片</td></tr>
<tr><td>出生年月</td><td colspan="2"></td><td colspan="2">籍贯(国籍)</td><td colspan="2"></td></tr>
<tr><td>户籍所在地</td><td colspan="6"></td></tr>
<tr><td>现居住地址</td><td colspan="2"></td><td>暂住证号</td><td colspan="3"></td></tr>
<tr><td>从业时间</td><td colspan="2"></td><td>解聘时间</td><td colspan="3"></td><td></td></tr>
<tr><td colspan="2">身份证号或护照号</td><td colspan="6"></td></tr>
<tr><td colspan="2">工作岗位</td><td colspan="6"></td></tr>
<tr><td colspan="2">工作职责</td><td colspan="6"></td></tr>
<tr><td colspan="2">工作经历</td><td colspan="6"></td></tr>
<tr><td colspan="2">奖惩记录</td><td colspan="6"></td></tr>
<tr><td colspan="8">居民身份证、外国人就业许可证复印件张贴处</td></tr>
</table>

NO：00000

××省特种行业、公共场所备案存根

名称：＿＿＿＿＿＿＿＿＿＿＿＿＿＿＿＿

地址：＿＿＿＿＿＿＿＿＿＿＿＿＿＿＿＿

经营范围：＿＿＿＿＿＿＿＿＿＿＿＿＿＿

注册资金：＿＿＿＿，营业面积：＿＿＿＿，

法人代表：＿＿＿＿，电话：＿＿＿＿，

从业人员数：＿＿＿＿人，治保人员数：＿＿＿＿人，

已于＿＿＿＿年＿＿＿＿月＿＿＿＿日到＿＿＿＿派出所(分局)办理了备案手续。

业主签字：

＿＿＿＿年＿＿＿＿月＿＿＿＿日

NO：00000

××省特种行业、公共场所备案回执

＿＿＿＿＿＿＿＿：

根据《××省特种行业和公共场所治安管理办法》规定，你企业已于＿＿＿＿年＿＿＿＿月＿＿＿＿日到＿＿＿＿派出所(分局)办理了备案手续。请严格遵守有关法律、法规和规章规定。

＿＿＿＿＿＿派出所(分局)(盖章)

＿＿＿＿年＿＿＿＿月＿＿＿＿日

NO：00000

××省特种行业、公共场所
变更情况备案存根

名称：________________

地址：________________

经营范围：______________

法人代表：______，电话：______，

变更项目（停业）：__________

____

已于____年____月____日到____
____派出所（分局）办理了变更（停业）备案手续。

业主签字：

____年____月____日

NO：00000

××省特种行业、公共场所
变更情况备案回执

__________：

根据《××省特种行业和公共场所治安管理办法》规定，你企业已于____年____月____日到____派出所（分局）办理了变更（停业）备案手续。请严格遵守有关法律、法规和规章规定。

________派出所（分局）（盖章）

____年____月____日

××市娱乐场所治安管理告知书(存根)

编号：

场所名称：

法人代表：____________,联系电话：______________。

____________(治安管理部门)于____年____月____日向业主告知。

业主签字：　　　　　　　　　　　　年　　月　　日

娱乐场所治安管理告知书

根据国务院《娱乐场所管理条例》、公安部《娱乐场所治安管理办法》等有关法律法规规定,经营娱乐场所须遵守以下规定：

1. 娱乐场所应当制订安全工作方案和应急疏散预案。制定值班巡查、消防安全、从业人员登记、情况报告、通缉协查、应急疏散预案、安全防范宣传等规章制度；

2. 营业场地和设施符合治安安全管理要求。歌舞娱乐场所的包厢、包间内不得设置隔断,并应当安装展现室内整体环境的透明门窗。包厢、包间的门不得有内锁装置。

3. 娱乐场所应当与经公安机关批准设立的保安服务企业签订服务合同,配备已取得资格证书的专业保安人员,并通报娱乐场所所在辖区公安派出所。娱乐场所不得自行招录人员从事保安工作。

4. 娱乐场所不得招用未成年人；招用外国人的，应当按照国家有关规定为其办理外国人就业许可证。从业人员应当持有居民身份证；其中外地务工人员还应当持有暂住证和务工证明。

5. 娱乐场所及其从业人员不得实施下列行为，不得为进入娱乐场所的人员实施下列行为提供条件：贩卖、提供毒品，或者组织、强迫、教唆、引诱、欺骗、容留他人吸食、注射毒品；组织、强迫、引诱、容留、介绍他人卖淫、嫖娼；制作、贩卖、传播淫秽物品；提供或者从事以营利为目的的陪侍；赌博；从事邪教、迷信活动；其他违法犯罪行为。娱乐场所的从业人员不得吸食、注射毒品，不得卖淫、嫖娼；娱乐场所及其从业人员不得为进入娱乐场所的人员实施上述行为提供条件。

6. 娱乐场所应当在营业场所大厅、包厢、包间内的显著位置悬挂含有禁毒、禁赌、禁止卖淫嫖娼和禁止携带枪支弹药、管制器具、易燃易爆物品进入场所等内容的警示标志。标志应当注明公安机关的举报电话。

7. 违反上述规定的，分别按照《中华人民共和国治安管理处罚法》、《娱乐场所管理条例》、《娱乐场所治安管理办法》、《福建省特种行业和公共场所治安管理办法》等有关法律法规给予处罚，构成犯罪的，依法追究刑事责任。

派出所（治安管理部门）

年　　月　　日

关于＿＿＿＿＿＿纳入治安管理的通知(存根)

＿＿＿＿年＿＿月＿＿日已将＿＿＿＿＿＿＿＿＿＿＿＿

备案情况通知＿＿＿＿＿＿派出所。

签收人：　　　　　　时间：

关于＿＿＿＿＿＿纳入治安管理的通知

＿＿＿＿＿＿派出所：

＿＿＿＿＿＿＿＿＿＿＿＿＿＿已于＿＿年＿＿月＿＿日经我大队备案,根据属地管理原则,请将该场所纳入日常治安管理。

年　　月　　日

行业场所日常治安检查记录簿

单位：________________

编号：________________

××市（县）公安局印制

—10—

—12—

检查记录存根

第×页

单位名称				地址				
法人代表	姓名		性别		出生日期		联系电话	
被检查单位存在问题	被检查单位负责人签字： 年　月　日							
处理意见								
检查单位	检查单位全称： 检查人员： 检查时间：							

（检查单位留存）

检查记录第×页

检查记录存根

第×页

单位名称				地址				
法人代表	姓名		性别		出生日期		联系电话	
被检查单位存在问题	被检查单位负责人签字： 年　月　日							
处理意见								
检查单位	检查单位全称： 检查人员： 检查时间：							

（检查单位留存）

第三节　按摩场所

一、按摩场所管理法律依据

1.《公安部、劳动和社会保障部、卫生部、国家工商行政管理局关于清理整顿按摩服务场所严厉打击非法经营活动的通知》(公通字[1998]85号,1998年11月26日公布施行,以下简称《通知》)。

2. 地方性规范,如《福建省特种行业和公共场所治安管理办法》(2004年7月22日福建省第十届人民代表大会常务委员会第十次会议通过,2004年10月1日起施行,以下简称《办法》)。

3.《公安派出所正规化建设规范》(2007年5月17日公安部印发施行,以下简称《规范》)。

4.《公共娱乐场所消防安全管理规定》(1999年5月11日公安部部长办公会议通过,1999年5月25日中华人民共和国公安部令第39号发布施行,以下简称《规定一》)。

5.《人员密集场所消防安全管理》(中华人民共和国公共安全行业标准GA 654-2006,2006年10月25日公安部发布,2007年1月1日施行,以下简称《标准》)。

6.《消防监督检查规定》(2009 年 4 月 30 日中华人民共和国公安部令第 107 号发布，根据 2012 年 7 月 17 日《公安部关于修改〈消防监督检查规定〉的决定》修订，以下简称《规定二》)。

关于按摩场所的管理，国家公安部、劳动和社会保障部、卫生部、国家工商行政管理局于 1998 年共同签发了一部规章，但操作性不强，各地区在这部规章的基础上制定了本地区的管理规定。现在各地区主要依据地方性规范管理按摩场所。如《北京市洗浴和美容美发经营场所管理若干规定》、《长春市洗浴美容美发业治安管理规定》等。这些部门规章、地方性政府规章对相关按摩场所的经营场所结构、经营内容、从业人员等作出了详细的规定，公安机关应当依照这些法规进行管理，有权对这些场所进行治安检查，监督服务场所是否依法经营，发现有违法犯罪行为，依法予以治安管理处罚。

二、按摩场所含义和范围

按摩场所是指各类设有按摩服务项目的非医疗性场所，包括桑拿浴场所、足浴场所、美容美发场所和盲人按摩场所等。

(一)桑拿浴按摩场所

桑拿浴的起源，说法不一，但是比较一致的说法是起源于古罗马。当时的古罗马人出于强身健体之目的，用木炭和火山石取热量健身，这就是现代桑拿的雏形。古典桑拿浴在古罗马产生以后，临近的北欧由于气候严寒，人们常年不出汗，于是为了设法出汗就接受了桑拿浴这种使人大汗淋漓的方法，并在此基础上使桑拿浴的产品和洗浴方式不断得以改进，特别是随着科学技术的发展，北欧人将先进的科技运用于桑拿设备，从而使桑拿浴达到现代化水准。

桑拿是芬兰语，原意是指“一个没有窗子的小木屋”。最初的小木屋，不仅没有窗户，甚至连烟囱也没有，浓烟把屋子熏得油黑，因而，那时的桑拿就叫“烟桑拿”。后来，一些富有革新精神的人安装了烟囱，桑拿从此也就有了新颜面。不过，芬兰的一些地方现在仍然保留了“烟桑拿”，但享受一次，却要很多钱，而且很费时间，因为“烟桑

拿”要熏上七八个小时才能达到真正的效果。其实，早些时候的桑拿房并不完全是洗浴、取暖、消遣之所，它还有其他重要的功能，如用桑拿房烘亚麻、熏肉、烤肉、准备酿酒的麦芽等。桑拿房甚至还是当时芬兰妇女分娩的地方，因为人们认为那里最卫生、最洁净，还认为蒸汽可以减轻分娩的痛苦。芬兰人从呱呱落地，整个一生都离不开桑拿。芬兰全国总人口为 500 万，而全国各地各种形式的桑拿设施却不少于 160 万个，也就是说平均每 3 个多人就有一个桑拿房。对于这一点，没有到过芬兰的人，也许难以想象。而到了芬兰，就会真正理解“有人活动的地方就有桑拿”这句话了。

桑拿由烟熏桑拿发展到火炉桑拿再到电炉桑拿，大大提高了全世界对桑拿的认可。它安装方便，没有污染，不受房间大小限制，因此在世界各地的高档宾馆、度假村、别墅、公寓等地桑拿也随处可见。英文蒸汽浴称为“steam bath”，土耳其浴称为“Turkish bath”。韩国温泉桑拿最引为自豪的是百分之百的玉石桑拿墙壁、顶棚和玉石露天温泉。玉石成分之百分之四十的镁和构成人体细胞的镁，是具有相同气波的。玉石发出的气波，会浸透人体各处，发挥恢复细胞组织、促进血液循环、血液氩化、消除体内有毒物质的效能。

进入 20 世纪 90 年代，桑拿在我国兴盛起来，后来引入按摩服务项目。附设按摩的桑拿场所，基本以按摩为主业，有的还免费净桑，这类场所易发生违法犯罪活动，尤其是色情活动，各地公安机关将其列为公共复杂场所，实行特殊治安管理。桑拿业的发展，客观上对我国国民经济的繁荣，丰富和美化人民生活，吸收待业青年、下岗职工就业等方面起到了一定的积极作用。但桑拿业的治安问题也日趋增多，因此，要规范桑拿业的管理。这对于净化社会风气，维护社会治安秩序，保障社会主义经济的繁荣和健康发展，具有重要意义。

（二）足浴场所

足部疗法（简称足疗）是一种非药物疗法，是中国医学的组成部分及宝贵遗产，其萌生于古代中医成形的早期，是在漫长的医疗实践中经过历代医家的共同努力所创立的独特疗法之一。其根据足与人体经脉、脏腑密切关系，足部存在着与人体各脏腑组织器官固定的对应区域的特点，通过对足部反射区的刺激，调整人体生理机能，提高免疫系统功能，达到治疗疾病、预防疾病和保健的目的。足疗最主要的形式有三种。第一种是足部按摩法，即选取足部反射区或穴位，以传统中医按摩手法对其进行刺激。第二种是足部贴敷法，即把加工好的中草药制剂贴敷在足部穴位或足部反射区上。第三种则是足部熏浴法，即把一定的水和对症的中药加热用来熏蒸或浸泡足部。这三种形式中，又以足部按摩法最为重要。

我国运用足疗治疗疾病早在几千年前就有记载，如古代《黄帝内经》"足心篇"之"观趾法"，隋朝高僧所撰《摩诃之观》之"意守足"，司马迁《史记》"俞跗用足治病"。宋代文豪苏东坡先生对养生颇有研究，对坚持摩擦足底涌泉穴对身体的益处大为赞赏，称"其效不甚觉，但积累至百余日，功不可量……若信而行之，必有大益"。说明中国人很早就对足部按摩有益于健康有很深的了解。1990 年 12 月 24 日，中华人民共和国卫生部批复同意成立"中国足部反射区健康法研究会"，并指出"足部反射区健康是一种简便易行，效果显著，无不良反应的防病治病的自我保健方法。尤其对中老年人的自我保健更有其现实的作用"。

足部按摩是中医学的重要组成部分，随着中医逐渐传入日本、朝鲜，元朝以后又传入欧洲，足部按摩的研究也被带到世界各地。20 世纪初，美国医生威廉·菲茨杰拉德以现代医学方法研究整理出了足部反射区疗法的成果，并于 1917 年发表了《区域疗法》一书。20 世纪 80 年代，一位在台湾地区传教的瑞士神父吴若石先生用足部按摩术治好了自己多年的风湿关节炎，从此他发誓要将这份中国的遗产归还给每一个中国人。

足疗虽然对于人们疾病的治疗和保健起着巨大的作用，却一直未能像针灸、中药等疗法那样登上大雅之堂，更多的是在民间流传。1982 年，"国际若石健康研究会"在台湾地区成立了，1985 年英国现代医学协会将足部推拿法定名为足部反射区疗法，并于 1989 年在美

国加州召开了足部反射区疗法会议，1990 年在日本东京举行了国际若石健康法学术研讨会，使足部反射区疗法在国际上开始了自己的荣誉之路。

现代社会随着工作压力的不断增加，生活节奏的加快，精神负荷的加重，饮食结构的失调，体育锻炼的减少，“亚健康”不断增多。人们渴求健康却要以不影响工作及生活为前提，这为足疗保健的运用提供了巨大的发展空间，足疗是惜时如金的现代人迫切需求的健康方法。20 世纪 90 年代初，足部按摩疗法在国内再度受到越来越多人的重视，各种学术团体纷纷成立，专门的足疗按摩院等也逐渐兴起，这种不用吃药、打针的传统保健法日益受到各阶层人士的喜爱。

（三）美容美发场所

美容美发场所包括设计整理发型和清洁、保养、修饰面部与头部的场所，美容美发场所从最早的单一理发、修剪胡须的理发店发展而来。20 世纪 80 年代在全国各地的大街小巷出现了很多发廊，以“温州发廊”为代表，增加了头部及背部的按摩，后来美发场所又增加了美容业务。1989 年，有国际大都市之称的上海率先开办了中国第一家美容院，随后短短的几十年，美容院如雨后春笋般突起。国内美容业逐步出现的美容机构主要有七大类型：发廊型、沙龙型、治疗型、休闲型、享受型、专门型和会员型。

1. 发廊型。发廊型的美容院出现在我国美容业的初级阶段。一般是两三张理发椅，两三张用作洗头按摩的美容床，称之为“美容美发”。发廊型美容院基本上沿袭了港、澳一带美容业发展的道路，在我国美容业的发展初期，发廊型的美容美发店，起过很大的探索性作用。

2. 沙龙型。沙龙型的美容院，是经历了残酷的市场竞争后，存活下来的一种美容院形式。这一类美容院，有较高档次的硬件设施，例如：宽敞的场地、整洁的装潢、良好的卫生、优雅的环境；还要有非常好的软件，例如主理的美容师，除了应有精湛的技术外，还应该受过较高层次的教育，有令人信服的审美修养，具备一定的心理学知识和心理沟通能力;从事一般美容服务的美容小姐,在掌握了实际操作技术后,在语言表达、语言交流方面,均进行过专门的培训。

3. 治疗型。主要是针对消费者的皮肤问题提供解决方案,像各种治疗斑痕或其他皮肤问题的美容院或者是医院开设的美容项目(包括整形)。随着医疗制度的变革,人们对美容院要求的提高,这部分美容院开始转型,有的撤并,有的承包,也有的因为有一些卓有远见的中青年医学专家加入,他们从人的生理结构着手,悉心研究、探求和引进有效的美容用品,把治疗真正地引入了美容院。

4. 休闲型。休闲型美容院,是保健、娱乐业的附属物,设在宾馆、健身房、夜总会、游泳池等旁边。这类美容院,主要是为旅游、娱乐、体育运动后的人们,提供配套的放松服务。一是服务一条龙,提高服务质量;二是利用一切设备、场地和项目,增加营业收入,使企业更有竞争力。

5. 享受型。享受型的美容院,是我国特定经济时期的产物。它装潢豪华,场面铺张,收费昂贵。在特定的经济发展时期,部分人抓住了机遇,完成了资本的原始积累,很多港、台商和外商,在我国的改革开放政策的吸引下前来投资。在多种因素的促动下,我国的消费水平曾经一度提高,很多豪华的饭店、酒楼、歌舞城等纯消费的场所和豪华的美容院也因此应运而生。

6. 专门型。随着美容消费市场进一步细分,以及顾客消费日趋呈现出多样化、个性化的特点,同时,随着美容科技的日新月异,各种科技含量较高的美容产品、美容仪器、美容设备的不断推陈出新,使得美容服务越来越朝着专业化、精细化的方向发展。目前市面上常见的美容专门店有:减肥(瘦身、纤体)专门店、SPA 水疗中心、香水加油站、化妆品专卖店、美甲店、色彩咨询工作室、化妆店或形象设计(造型)工作室、彩绘店、牙齿美容店、男士美容院等。各种专门店的出现,是美容服务社会大分工的必然产物,极易形成连锁化、网络化、规模化经营,是未来中小美容经营者唯一一种可以用来与会员制美容院、综合性美容中心一比高低的经营业态。

7. 会员型。随着职业女性人群数量的不断扩大，以及她们在职场上、生意场上扮演的社会角色的分量越来越重，职业女性成为了当今美容院里最活跃、最具消费能力的主力消费群。这些职业女性对美容院的功能要求已经远远超出了传统美容院“面部美容”的范畴，而进入到“全身整体美容”、“心理美容”，甚至是职场交际、心理咨询、情感抚慰、婚姻家庭问题咨询、扮美课程培训等。因此，她们需要寻找一个既能满足自己“各种美容”需要，又能适合自己“社会身份”的休闲服务场所，于是，为这类特定人群提供服务的会员制美容院应运而生。

以上所提到的七种不同类型的美容院，均有各自不同的服务项目与设施、各自的经营模式、各自的收费标准、各自的目标消费群，并形成了自身不同的文化内涵和企业风格。但随着美容对人们生活的影响的扩大与深入，人们对美容认识的提高、消费态度的理智，国内的美容院会被一种特定的规律所引领，朝着一种良好的发展方向，以一种良性循环的运转方式稳步前进。

（四）盲人按摩场所

盲人按摩起源于 20 世纪 50 年代，当时国家内务部为了解决盲人就业问题，在卫生部门支持下，举办了盲人医疗按摩培训班。到 1966 年共培养了 200 名盲人医疗按摩人员，他们作为种子被分配到全国各地，并在各地开办了按摩学校和诊所。到 1997 年，全国共有盲人医疗按摩人员 13000 余名，为了进一步推动盲人医疗按摩事业的发展，中国残疾人联合会和国家人事部、卫生部、国家中医药管理局在 1997 年联合颁发了《关于盲人医疗按摩人员评聘专业技术职务有关问题的通知》，通知中将我国盲人按摩分为医疗按摩和保健按摩，并明确了盲人医疗按摩人员的医疗性质、称谓、职称评聘的条件和方法。这一通知是我国盲人按摩事业发展的里程碑，盲人按摩师分别在医疗按摩机构和盲人医疗按摩机构中从事临床医疗按摩工作，为人民的身体健康做出了卓越的贡献，成了一支不可或缺的医疗队伍。

由于自身条件所限，很多盲人想找一份工作的愿望是很难实现的，大多数只能从事盲人按摩这类职业。现在盲人按摩店较多，或是一个人经营，或是夫妻店，或是几个盲人合伙经营。盲人按摩比较用心，更为到位，也较为规范，但社会上有些人认为盲人按摩很能赚钱，经常打着盲人保健按摩的招牌开店，并千方百计享受国家针对残疾人的相关优惠政策，还巧立名目偷逃税收。

三、按摩场所治安问题

1998 年《通知》："近年来，不少地方按摩服务行业发展迅猛，相当一部分美容美发、桑拿按摩、洗头洗脚屋等场所违法经营、非法雇工等问题十分突出。个别按摩场所为攫取暴利，公然以此为名招徕顾客，组织、容留、介绍卖淫嫖娼活动，严重败坏社会风气，妨害社会主义精神文明建设。为进一步规范按摩服务行业的经营活动，根据国家有关法律政策，公安部、劳动和社会保障部、卫生部、国家工商行政管理局决定，从 1998 年 12 月 10 日起至 1999 年 4 月 30 日，对按摩服务场所进行清理整顿。"从实际情况来看，按摩场所主要存在以下几方面问题。

（一）卖淫嫖娼及色情活动

按摩场所部分经营者为了获取高额利润，采取不正当竞争手段，开展色情陪侍或纵容色情活动，例如，提供"鸳鸯浴"、"陪浴"，或为此类行为提供便利。从事按摩的女性为了赚更多的钱，或被经营者强迫，或抵不住诱惑，而从事色情活动，提供卖淫服务。卖淫嫖娼及色情活动是按摩场所最为突出的问题。随着对美容美发场所色情活动的打击，目前美容美发场所经营比较规范，从业人员的技术水平、经营环境均大有提高，当然其中也有一些是挂羊头卖狗肉，从事色情活动的。

（二）赌博和吸毒

按摩场所为了吸引客人，在场所内为赌博提供包间、桌椅、棋牌等条件，客人洗完澡后聚在一起进行赌博。按摩场所内可设包间，相对私密，利用该场所吸食毒品的瘾君子大有人在，按摩场所内的卫生间和垃圾桶都曾发现用过的吸毒工具。

（三）偷窃和打架斗殴

外盗、监守自盗是主要形式，另外内外勾结进行偷窃也少量存在。例如，一陈姓先生于某日凌晨2时到福州“台湾饭店”桑拿包间里休息，上午7时醒来发现手提包被拎走，内有人民币9000元、手机和信用卡等物。有些违法犯罪分子利用下半夜人们精神恍惚，有的已进入睡眠状态，将客人们的手机偷走，或将客人的手牌割走，盗窃其衣柜里的物品。到桑拿场所进行桑拿的客人，有因争衣柜等琐事而发生矛盾，有的客人不买单而与商家发生冲突。

（四）按摩场所成为违法犯罪分子落脚藏身之场所

按摩场所尤其是桑拿、足浴场所，在早期未进行规范管理的时候，既可洗浴亦可留宿，还提供餐饮，更不用查验和登记证件，为违法犯罪分子落脚藏身留下了可乘之机。

（五）治安灾害事故

某年12月20日云南蒙自“兆悦娱乐城”桑拿室发生一起一氧化碳中毒事故，有4人当场被闷死在桑拿室里，其中有2名男子和2名“三陪”小姐。事故发生后，该桑拿室的女老板蒲某从银行取款12万元，逃往开远。在开远市公安局的配合下，蒙自县公安民警于23日晚上将蒲某抓获归案，并以涉嫌容留他人卖淫将其拘留，当场从其身上收缴现金12万元。

四、按摩场所硬件、行为、消防等方面的要求

（一）《通知》对按摩场所硬件、行为等方面的要求

1. 按摩场所须保持一定的亮度，严禁设置可调灯光；

2. 按摩间须安装展现室内整体环境的透明门窗，不得设置门锁，不得设立封闭式套间；

3. 按摩场所须有符合法律法规规定的完整有效的消防及防盗设施，健全安全管理制度，保障顾客安全；

4. 按摩场所不得在指定经营场所以外向顾客提供按摩服务。

设置于旅馆业内部的美容美发、按摩场所，不得到客房提供服务；

5. 医疗卫生单位为帮助病人康复而设立的医疗性保健按摩服务，其场所须设置在医院内部或县(市)以上卫生行政部门批准的医疗诊所内部；

6. 从事美容美发服务项目的发廊、美容店(室)不得从事按摩服务项目(头部按摩除外)。

(二)福建省《办法》对按摩场所硬件、行为等方面的要求

1. 取得营业执照后向公安部门备案。设置按摩项目服务场所取得营业执照后在15日内向所在地公安派出所备案，违者由县级以上公安机关责令改正，给予警告；拒不改正的，处以500元以上2000元以下的罚款。

2. 设置的包间、按摩操作间应当安装展现室内整体环境的透明门窗，违者由县级以上公安机关责令改正，给予警告；拒不改正的，责令停业整顿，并处1000元以上1万元以下的罚款。

3. 有禁止违法行为的告示和禁止携带违禁物品进入场所的标识，违者由县级以上公安机关责令改正，给予警告；拒不改正的，责令停业整顿，并处1000元以上1万元以下的罚款。

4. 桑拿按摩场所应当聘请保安人员负责保安工作，违者由县级以上公安机关责令改正，给予警告；拒不改正的，责令停业整顿，并处1000元以上1万元以下的罚款。

5. 不得进行淫秽色情表演、卖淫嫖娼、赌博、吸毒、贩毒以及其他违法犯罪活动。对淫秽色情表演、卖淫嫖娼违法犯罪活动放任不管，不采取措施制止的，由县级以上公安机关责令停业整顿，并处1万元以上10万元以下的罚款；对直接负责的主管人员和其他直接责任人员，处以500元以上1000元以下的罚款。

6. 发现违法犯罪活动报告义务。治安责任人和保安人员、治安保卫人员应当履行治安责任，防范治安灾害事故、治安事件和违法犯罪活动的发生；发现淫秽色情表演、卖淫嫖娼、赌博、吸毒、贩毒、寻衅斗殴等违法犯罪活动的，应当立即制止并报告公安机关；发现违法犯

罪嫌疑人、可疑物品的，应当立即报告公安机关。发生治安灾害事故时，治安责任人和保安人员、治安保卫人员应当及时报告有关部门救援、处理，组织抢救伤员、疏散群众，维护好现场秩序。

（三）按摩场所消防方面要求

参照本章第二节“娱乐场所管理”。

五、民警工作内容和要求（参考福建省做法）

民警工作内容和要求主要依据福建省规定。根据福建省《办法》规定，按摩场所治安管理应当遵循公安机关治安部门归口管理和辖区公安派出所属地管理相结合，属地管理为主的原则。

1. 及时了解掌握辖区经营性按摩场所底数及基本经营状况，了解按摩场所从业人员情况，并根据要求将采集的数据输入派出所综合信息管理系统。

2. 每月至少开展一次以上治安检查，详细记录检查结果、整改情况。

3. 检查、指导按摩场所内部治安保卫工作，制订安全防范制度。

4. 督促按摩场所向保安服务公司聘用保安人员。要按照经营场所面积每50平方米配1名保安员的比例配备。公安机关要指导、督促派驻保安队伍制订安全检查、定岗巡逻、情况反馈等日常工作规范，切实履行各项工作职责，并实行定期轮岗。

5. 物建治安耳目和治安信息员，做好阵地控制工作。

6. 查处发生在场所内应当由治安部门管辖的案（事）件。

7. 开展形式多样的法律、法规宣传和治安业务培训工作，督促场所经营者和从业人员自觉规范经营行为，做好内部安全防范工作。

8. 做好其他相关工作。

六、公安机关日常检查规范

参照本章第二节“娱乐场所管理”。

七、卫生、劳动保障、工商等部门管理职责

根据《通知》规定，各级公安、劳动保障、卫生、工商行政管理部门要各司其职，密切配合，切实加强按摩场所的管理工作。按摩场所违反有关法律、法规和《通知》之规定，被工商行政管理、卫生部门一方吊销有关证照的，其余部门也应相应吊销有关证照。

1. 卫生部门要采取定期检查、不定期抽查等方式加强对按摩场所卫生状况和从业人员身体健康情况及卫生知识培训情况的监督检查工作。不符合卫生要求的，依据《公共场所卫生管理条例》及其实施细则应当处罚的，卫生行政管理部门可视其情节轻重，依法分别予以警告、罚款、停业整顿、吊销卫生许可证等行政处罚。

2. 劳动保障部门要加强对按摩从业人员的职业技能培训和鉴定工作，并对按摩场所的劳动用工及其从业人员签订劳动合同的情况进行监督检查。

3. 从业人员必须持有县级以上卫生防疫部门颁发的上岗卫生培训和健康合格证书；县级以上劳动保障行政部门颁发的职业资格证书（技术等级证书或技师、高级技师合格证书）。录用证件不全的从业人员的，卫生、劳动保障部门可依照有关法律法规，责令其限期补办有关手续，并可依法予以处罚。

4. 工商行政管理部门要加强对按摩场所状况及经营行为的监督检查工作，对无照经营或超范围经营的，强行拉客或驱逐顾客的，由工商行政管理部门依法予以处罚；构成违反治安管理行为的，由公安机关依法处罚。如发现场所内存在卖淫嫖娼、流氓活动等问题的，要及时通知公安机关依法予以查处。

八、按摩场所法律责任

发现按摩场所内存在下列违法行为的，依据《治安管理处罚法》依法处理。

1. 淫秽表演的，对组织者，依据《治安管理处罚法》第 69 条第 1

款第 2 项，以“组织淫秽表演”处罚，对参与表演者依据该项规定，以“进行淫秽表演”处罚。

2. 非法携带枪支、弹药或者弩、匕首等国家规定的管制器具的，对行为人依据《治安管理处罚法》第 32 条第 2 款，以“非法携带枪支、弹药、管制器具”处罚。

3. 场所的经营管理人员，违反安全规定，致使该场所有发生安全事故危险的，对该人员依据《治安管理处罚法》第 39 条责令改正，拒不改正的，依据该条规定，以“公共场所经营管理人员违反安全规定”处罚。

4. 强卖商品或者强迫他人接受服务的，对行为人依据《治安管理处罚法》第 46 条，以“强迫交易”处罚。

5. 卖淫、嫖娼的，对行为人依据《治安管理处罚法》第 66 条第 1 款，以“卖淫、嫖娼”处罚。

6. 引诱、容留、介绍他人卖淫的行为的，对该行为人依据《治安管理处罚法》第 67 条，以“引诱、容留、介绍卖淫”处罚。

7. 组织播放淫秽音像的，对行为人依据《治安管理处罚法》第 69 条第 1 款第 1 项，以“组织播放淫秽音像”处罚。

8. 数额较大的赌博活动的，对参赌人员依据《治安管理处罚法》第 70 条，以“赌博”处罚。

9. 非法持有毒品、向他人无偿提供毒品、吸毒等行为的，对行为人依据《治安管理处罚法》第 72 条第 1 项、第 2 项、第 3 项，分别以“非法持有毒品”、“向他人提供毒品”、“吸毒”处罚。

10. 按摩场所的人员，在公安机关查处吸毒、赌博、卖淫、嫖娼活动时，为违法犯罪行为人通风报信的，依据《治安管理处罚法》第 74 条，以“为吸毒、赌博、卖淫、嫖娼人员通风报信”处罚。

第四节　互联网上网服务营业场所

一、互联网上网服务营业场所管理法律依据

1.《互联网上网服务营业场所管理条例》(2002 年 9 月 29 日国务

院令第 363 号发布，自 2002 年 11 月 15 日起施行，以下简称《条例》)。

2.《公安部关于加强互联网上网服务营业场所安全管理工作的通知》(2001 年 4 月 16 日公安部公通字[2001]17 号发布、施行，以下简称《通知》)。

3.《公安派出所正规化建设规范》(2007 年 5 月 17 日公安部印发施行，以下简称《规范》)。

4.《人员密集场所消防安全管理》(中华人民共和国公共安全行业标准 GA 654-2006，2006 年 10 月 25 日公安部发布，2007 年 1 月 1 日施行，以下简称《标准》)。

5.《消防监督检查规定》(2009 年 4 月 30 日中华人民共和国公安部令第 107 号发布，根据 2012 年 7 月 17 日《公安部关于修改〈消防监督检查规定〉的决定》修订，以下简称《规定》)。

二、互联网上网服务营业场所含义和范围

根据《条例》第二条规定，互联网上网服务营业场所，是指通过计算机等装置向公众提供互联网上网服务的营业性公共场所，主要是网吧、电脑休闲室等。学校、图书馆等单位内部附设的为特定对象获取资料、信息提供上网服务的场所，应当遵守有关法律、法规，不适用本条例。

1994 年 9 月 1 日，正在英国伦敦大学攻读认知心理学博士学位的波兰姑娘爱娃·帕斯科(Eva Pascoe)在英国伦敦西区开设了世界上第一家网吧——Cyberia，1996 年 5 月，中国第一家网吧“盖威特”在上海诞生，2006 年 12 月 26 日，上海第一家民营连锁网吧世众网络联盟正式成立。网吧为那些没有电脑和上网条件的人们提供了一个经济、便捷的触网机会，社会公众可利用网吧内的计算机及上网接入设备等进行网页浏览、学习、网游、聊天、视频、音乐、分享，或其他活动，网吧经营者通过收取使用费或提供其他增值服务获得收入。目前由于电脑和网络非常普及，单位和居家上网十分方便，网吧主要成为玩网络游戏的玩家们的交流场所，现在网吧已经达到有独特共用的平台，可以选用各种网络游戏，“玩网络游戏”已经成为我国对于

网吧的代名词。网吧是目前阶段最适合年轻人消费的休闲场所，也是培养网络应用的最好的平台。网吧的社会积极意义远远大于不利方面，事实上，在互联网刚刚登陆中国的阶段，正是网吧让广大民众接触了网络，从而带动了中国信息化的发展。中国的信息化产业，网吧功不可没，国家现今依然支持和鼓励网吧的健康发展。

2010 年全国两会期间，全国政协委员、重庆陶然居饮食文化(集团)有限公司总裁严琦表示，将在全国两会期间，提交关于关闭社会网吧的提案。建议政府关闭所有社会网吧，由政府办公共网吧。严琦称，目前网吧已成社会顽疾，“针对顽疾，就应该下猛药”。对此，据各大门户网站调查，约有 60%的网友反对此提案。媒体就严琦的看法作了广泛报道，引起互联网热议，在微博等社区内，转发和跟帖更高达千条，有支持者，也有反对者，称该政协委员提案太雷人，更有网友提议抵制严琦所办的陶然居餐厅。2010 年 3 月 2 日夜间，黑客攻击了重庆陶然居饮食文化(集团)有限公司官方网站，其域名首页被篡改，自称为“烟蒂哥”的黑客留言：不要迷恋哥，哥只是个传说。后来严琦出来澄清：她的提案里根本没有提“关闭所有网吧”，她的原意是“关闭非法网吧”。

三、互联网上网服务营业场所治安问题

网吧自诞生之日起就是以营利为目的，有些业主为了盈利目的采取各种手段刺激网吧消费而不管道德底线，因文化、电信、工商等各方相互利益之争让很多网吧更易出现不文明现象，致使社会风气日益低下。当前网吧过多过滥，管理混乱，经营无序，含有不少色情、赌博、暴力、迷信等内容，对青少年成长和社会稳定起了负面影响。

(一)涉“黄”现象严重

一是非法浏览色情、淫秽网站的问题比较突出。互联网上色情、淫秽网站的数量十分庞大，且大部分是境外网站，现有的互联网屏蔽技术无法过滤掉这部分内容，上网者可以轻易地浏览到这些内容。二是利用网吧作为传递卖淫嫖娼信息的中介。目前一些卖淫人员利

用互联网上的交友网站、“一夜情”等网站发布卖淫信息，留下QQ号码、电子邮箱、电话号码等，作为与嫖娼者联系的一个渠道，使卖淫嫖娼活动更具隐蔽性，查处难度更大。

（二）消防隐患突出

许多网吧的消防安全问题比较突出，网吧经营中消防器材缺乏、疏散通道不畅、安全出口上锁、没有应急照明、没有安全疏散标志等问题普遍存在，一旦发生火灾事故，极易造成群死群伤的特大事故。2002年6月16日发生在北京的蓝极速网吧纵火案造成25人死亡的惨案就是一个最好的明证。

（三）未成年人上网问题突出

网吧受社会所关注的一个重要原因就是未成年人上网问题。一些未成年人沉迷于网上游戏、网上聊天，有的竟连续多天上网不回家，更有的青少年为筹集上网的费用，进行抢劫等违法犯罪活动。同时，未成年人痴迷网络聊天交友，其匿名性特征正削弱着青少年诚信品质的树立；对网恋的痴迷，使青少年的感情世界陷入虚幻和无约束；网络色情与暴力误导了青少年的健康成长；网上污言秽语消解了青少年文明的培养。

四、互联网上网服务营业场所硬件要求

根据《条例》规定，互联网上网服务营业场所经营单位，应当采用企业的组织形式，并具备企业的基本要素。在硬件方面，主要是有与其经营活动相适应的资金；有与其经营活动相适应并符合国家规定的消防安全条件的营业场所；有固定的网络地址和与其经营活动相适应的计算机等装置及附属设备；互联网上网服务营业场所经营单位应当实施经营管理技术措施。互联网上网服务营业场所的最低营业面积、计算机等装置及附属设备数量、单机面积的标准，由国务院文化行政部门规定。

五、互联网上网服务营业场所制度要求

（一）证照悬挂制度

根据《条例》第 20 条规定，互联网上网服务营业场所经营单位应当在营业场所的显著位置悬挂网络文化经营许可证和营业执照。

（二）验证登记制度

根据《条例》第 23 条规定，互联网上网服务营业场所经营单位应当对上网消费者的身份证等有效证件进行核对、登记，并记录有关上网信息。登记内容和记录备份保存时间不得少于 60 日，并在文化行政部门、公安机关依法查询时予以提供。登记内容和记录备份在保存期内不得修改或者删除。

（三）巡查报告制度

根据《条例》第 19 条规定，互联网上网服务营业场所应建立场内巡查制度，发现上网消费者有《条例》第 14 条、第 15 条、第 18 条所列行为，即利用互联网上网服务营业场所制作、下载、复制、查阅、发布、传播或者以其他方式使用有关禁止内容的信息；进行危害信息网络安全的活动；利用网络游戏或者其他方式进行赌博或者变相赌博活动；或者有其他违法行为的，应当立即予以制止并向文化行政部门、公安机关举报。

六、互联网上网服务营业场所行为规范要求

（一）不得制作、下载、复制、查阅、发布、传播或者以其他方式使用法律禁止内容

《条例》第 14 条规定，互联网上网服务营业场所经营单位和上网消费者不得利用互联网上网服务营业场所制作、下载、复制、查阅、发布、传播或者以其他方式使用含有下列内容的信息：

1. 反对宪法确定的基本原则的；

2. 危害国家统一、主权和领土完整的；

3. 泄露国家秘密，危害国家安全或者损害国家荣誉和利益的；

4. 煽动民族仇恨、民族歧视，破坏民族团结，或者侵害民族风俗、习惯的；

5. 破坏国家宗教政策，宣扬邪教、迷信的；

6. 散布谣言，扰乱社会秩序，破坏社会稳定的；

7. 宣传淫秽、赌博、暴力或者教唆犯罪的；

8. 侮辱或者诽谤他人，侵害他人合法权益的；

9. 危害社会公德或者民族优秀文化传统的；

10. 含有法律、行政法规禁止的其他内容的。

（二）不得危害信息网络安全

《条例》第 15 条规定，互联网上网服务营业场所经营单位和上网消费者不得进行下列危害信息网络安全的活动：

1. 故意制作或者传播计算机病毒以及其他破坏性程序的；

2. 非法侵入计算机信息系统或者破坏计算机信息系统功能、数据和应用程序的；

3. 进行法律、行政法规禁止的其他活动的。

（三）禁止赌博

根据规定，互联网上网服务营业场所经营单位和上网消费者不得利用网络游戏或者其他方式进行赌博或者变相赌博活动。

（四）其他行为规范要求

互联网上网服务营业场所经营单位不得经营非网络游戏；每日营业时间限于 8 时至 24 时；不得接纳未成年人进入营业场所，且应当在营业场所入口处的显著位置悬挂未成年人禁入标志；应当通过依法取得经营许可证的互联网接入服务提供者接入互联网，不得采取其他方式接入互联网；提供上网消费者使用的计算机必须通过局域网的方式接入互联网，不得直接接入互联网。

七、互联网上网服务营业场所消防要求

互联网上网服务营业场所建筑四周不得搭建违章建筑，不得占用防火间距、消防通道、举高消防车作业场地，不得设置影响消防扑

救或遮挡排烟窗(口)的架空管线、广告牌等障碍物。不应与甲、乙、丙、丁、戊类厂房、仓库组合布置及贴邻布置;不应擅自改变防火分区和消防设施、降低装修材料的燃烧性能等级。建筑内部装修不应改变疏散门的开启方向,减少安全出口、疏散出口的数量及其净宽度,影响安全疏散畅通。

互联网上网服务营业场所设置在多种用途建筑内的应采用耐火极限不低于1.0h的楼板和2.0h的隔墙与其他部位隔开,并应满足各自不同工作或使用时间对安全疏散的要求。设有互联网上网服务营业场所的建筑内的疏散楼梯宜通至屋面,且宜在屋面设置辅助疏散设施。大空间互联网上网服务营业场所的疏散指示标志的布置,应保证其指向最近的疏散出口,并使人员在走道上任何位置都能看见和识别。防火巡查宜采用电子寻更设备。设有消防控制室的互联网上网服务营业场所或其所在建筑,其火灾自动报警和控制系统宜接入城市火灾报警网络监控中心。互联网上网服务营业场所可按GB50084的规定设置自动喷水灭火局部应用系统或简易自动喷水灭火系统。设置火灾自动报警系统时,可设置点式火灾报警设备。互联网上网服务营业场所需要控制人员随意出入的安全出口、疏散门,或设有门禁系统的,应保证火灾时不需使用钥匙等任何工具即能易于从内部打开,并应在显著位置设置“紧急出口”标识和使用提示。

互联网上网服务营业场所的外墙上应在每层设置外窗(含阳台),其间隔不应大于15.0米;每个外窗的面积不应小于1.5平方米,且其短边不应小于0.8米,窗口下沿距室内地坪不应大于1.2米。使用人数超过20人的厅、室内应设置净宽度不小于1.1米的疏散走道,活动座椅应采用固定措施。各种灯具距离周围窗帘、幕布、布景等可燃物不应小于0.5米。

互联网上网服务营业场所在营业时间应至少每2小时巡查一次,禁止明火照明和吸烟并悬挂禁止吸烟标志;禁止带入和存放易燃、易爆物品;不得安装固定的封闭门窗栅栏;营业期间禁止封堵或者锁闭门窗、安全疏散通道和安全出口。互联网上网服务营业场所应至少每半年组织一次消防演练。

八、互联网上网服务营业场所的申请与审批

设立互联网上网服务营业场所经营单位，应当向县级以上地方人民政府文化行政部门提出申请，文化行政部门应当自收到设立申请之日起 20 个工作日内作出决定；经审查，符合条件的，发给同意筹建的批准文件。申请人完成筹建后，持同意筹建的批准文件到同级公安机关申请信息网络安全和消防安全审核。公安机关应当自收到申请之日起 20 个工作日内作出决定；经实地检查并审核合格的，发给批准文件。申请人持公安机关批准文件向文化行政部门申请最终审核。文化行政部门应当自收到申请之日起 15 个工作日内依据《条例》第 8 条的规定作出决定；经实地检查并审核合格的，发给网络文化经营许可证。申请人持网络文化经营许可证到工商行政管理部门申请登记注册，依法领取营业执照后，方可开业。

互联网上网服务营业场所经营单位变更营业场所地址或者对营业场所进行改建、扩建，变更计算机数量或者其他重要事项的，应当经原审核机关同意。互联网上网服务营业场所经营单位变更名称、住所、法定代表人或者主要负责人、注册资本、网络地址或者终止经营活动的，应当依法到工商行政管理部门办理变更登记或者注销登记，并到文化行政部门、公安机关办理有关手续或者备案。

对申请人的申请，公安机关经审核不合格的，应当向申请人书面说明理由。中学、小学校园周围 200 米范围内和居民住宅楼（院）内不得设立互联网上网服务营业场所。

根据公安部的《通知》，各级公安机关要严格互联网上网服务营业场所的安全审核工作。申请开办互联网上网服务营业场所的，需填写互联网上网服务营业场所申请登记表。安全审核的主要内容包括：

1. 经营人员应具有合法的身份证明；

2. 营业场地应符合消防安全有关规定；

3. 营业场地面积、终端数量符合规定要求；

4. 无“撤销批准文件”的记录；

5. 有专职或兼职的安全管理人员；

6. 有相应的防病毒、防有害信息传播等安全技术措施；

7. 有经安全检测合格的“网吧”安全管理软件；

8. 符合国家现行法律、法规的规定。

(一)申请开设互联网上网服务营业场所应提交的材料(参考××市公安局规定)

1. 互联网上网服务营业场所申请登记表；

2. 文化部门的批准文件；

3. 消防安全检查意见书；

4. 接入服务商提供的IP地址证明；

5. 安全员培训证书；

6. 采用安全技术措施证明[A. 网吧“过滤王”实名登记管理系统安装验收单;B. 购买、安装正版杀毒软件(网络版),并提供有效证明]；

7. 法定代表人身份证。

(二)受理、审批权限

根据公安部的《通知》,设立互联网上网服务营业场所经营单位取得文化行政部门发给的同意筹建的批准文件后,到县(市)以上公安机关申请信息网络安全和消防安全审核。县(市)以上公安机关应在接到申请之日起15日内,对互联网上网服务营业场所的经营人员、营业场地、消防设施等进行审核,提出初审意见。

根据公安部的《通知》,县(市)以上公安机关在接到申请之日起15日内,提出初审意见,报地(市)以上公安机关公共信息网络安全监察部门审批,地(市)以上公安机关在5日内审核完毕,并签署互联网上网服务营业场所安全审核意见书。

(三)审批时限

根据国务院的《条例》,公安机关应当自收到申请之日起20个工作日内作出决定;经实地检查并审核合格的,发给批准文件。申请人持公安机关批准文件向文化行政部门申请最终审核。

（四）受理审批工作规范（参考××市公安局规定）

1. 申请人材料备齐后提交各区、县（市）公安局网安部门，区、县（市）公安机关网安部门对提交材料认真审核，审核中发现提交材料不符合要求，应予一次性告知，材料符合要求的，留存复印件并退还原件，同时开具互联网上网服务场所安全审核意见书申请、变更受理回执单交受理人，之后，派员到达现场进行网络安全检查，合格者，经区、县（市）公安局分管网安工作领导核准，连同互联网上网服务营业场所安全审核意见书审批流程责任卡上报市公安局网安处审核；不合格者予以退回。

2. 市公安局网安处接收到各区、县（市）公安局网安部门上交的材料后，根据实际情况进行实地检查。

3. 经审查材料和实地查看，符合条件者，由市公安局局网安处管理监察科签注审核意见报分管领导，核准后办理互联网营业场所安全审核意见书；审核未通过的，予以退回。

九、公安机关各部门工作分工

各级公安机关要统一思想，加强对互联网上网服务营业场所经营单位的信息网络安全、治安及消防安全的监督管理。公共信息网络安全监察部门负责对互联网上网服务营业场所的安全审核和安全管理指导工作，尚未设立公共信息网络安全监察机构的地、县级公安机关，安全审核和安全管理工作要由公安机关指定的部门负责。治安、消防部门要在各自的职责范围内，做好互联网上网服务营业场所的治安、消防监督工作。基层派出所要加强对互联网上网服务营业场所的日常监督检查。公安机关要加强与文化、电信、工商部门的协调配合，规范互联网上网服务营业场所的经营行为，严格安全审核和日常监督管理，严厉打击互联网上网服务营业场所中的违法犯罪活动。

十、公安机关日常检查规范

互联网上网服务营业场所日常检查规范参照本章第二节“娱乐

场所管理”。

十一、文化、工商、电信等部门管理职责

1. 县级以上人民政府文化行政部门负责互联网上网服务营业场所经营单位的设立审批，并负责对依法设立的互联网上网服务营业场所经营单位经营活动的监督管理；

2. 工商行政管理部门负责对互联网上网服务营业场所经营单位登记注册和营业执照的管理，并依法查处无照经营活动；

3. 电信管理等其他有关部门在各自职责范围内，依照本条例和有关法律、行政法规的规定，对互联网上网服务营业场所经营单位分别实施有关监督管理。

十二、互联网上网服务营业场所法律责任

1. 违反《条例》规定，擅自设立互联网上网服务营业场所，或者擅自从事互联网上网服务经营活动的，由工商行政管理部门或者由工商行政管理部门会同公安机关依法予以取缔，查封其从事违法经营活动的场所，扣押从事违法经营活动的专用工具、设备；触犯刑律的，依照刑法关于非法经营罪的规定，依法追究刑事责任；尚不够刑事处罚的，由工商行政管理部门没收违法所得及其从事违法经营活动的专用工具、设备；违法经营额 1 万元以上的，并处违法经营额 5 倍以上 10 倍以下的罚款；违法经营额不足 1 万元的，并处 1 万元以上 5 万元以下的罚款。

2. 互联网上网服务营业场所经营单位违反《条例》的规定，涂改、出租、出借或者以其他方式转让网络文化经营许可证，触犯刑律的，依照刑法关于伪造、变造、买卖国家机关公文、证件、印章罪的规定，依法追究刑事责任；尚不够刑事处罚的，由文化行政部门吊销网络文化经营许可证，没收违法所得；违法经营额 5000 元以上的，并处违法经营额 2 倍以上 5 倍以下的罚款；违法经营额不足 5000 元的，并处 5000 元以上 1 万元以下的罚款。

3. 互联网上网服务营业场所经营单位违反《条例》的规定，利用营业场所制作、下载、复制、查阅、发布、传播或者以其他方式使用含有《条例》第 14 条规定禁止含有的内容的信息，触犯刑律的，依法追究刑事责任；尚不够刑事处罚的，由公安机关给予警告，没收违法所得；违法经营额 1 万元以上的，并处违法经营额 2 倍以上 5 倍以下的罚款；违法经营额不足 1 万元的，并处 1 万元以上 2 万元以下的罚款；情节严重的，责令停业整顿，直至由文化行政部门吊销网络文化经营许可证。

上网消费者有上述违法行为，触犯刑律的，依法追究刑事责任；尚不够刑事处罚的，由公安机关依照治安管理法的规定给予处罚。

4. 互联网上网服务营业场所经营单位违反《条例》的规定，有下列行为之一的，由文化行政部门给予警告，可以并处 15000 元以下的罚款；情节严重的，责令停业整顿，直至吊销网络文化经营许可证：

(1)在规定的营业时间以外营业的；

(2)接纳未成年人进入营业场所的；

(3)经营非网络游戏的；

(4)擅自停止实施经营管理技术措施的；

(5)未悬挂网络文化经营许可证或者未成年人禁入标志的。

5. 互联网上网服务营业场所经营单位违反《条例》的规定，有下列行为之一的，由文化行政部门、公安机关依据各自职权给予警告，可以并处 15000 元以下的罚款；情节严重的，责令停业整顿，直至由文化行政部门吊销网络文化经营许可证：

(1)向上网消费者提供的计算机未通过局域网的方式接入互联网的；

(2)未建立场内巡查制度，或者发现上网消费者的违法行为未予制止并向文化行政部门、公安机关举报的；

(3)未按规定核对、登记上网消费者的有效身份证件或者记录有关上网信息的；

(4)未按规定时间保存登记内容、记录备份，或者在保存期内修

改、删除登记内容、记录备份的；

(5)变更名称、住所、法定代表人或者主要负责人、注册资本、网络地址或者终止经营活动，未向文化行政部门、公安机关办理有关手续或者备案的。

6. 互联网上网服务营业场所经营单位违反《条例》的规定，有下列行为之一的，由公安机关给予警告，可以并处15000元以下的罚款；情节严重的，责令停业整顿，直至由文化行政部门吊销网络文化经营许可证：

(1)利用明火照明或者发现吸烟不予制止，或者未悬挂禁止吸烟标志的；

(2)允许带入或者存放易燃、易爆物品的；

(3)在营业场所安装固定的封闭门窗栅栏的；

(4)营业期间封堵或者锁闭门窗、安全疏散通道或者安全出口的；

(5)擅自停止实施安全技术措施的。

7. 违反国家有关信息网络安全、治安管理、消防管理、工商行政管理、电信管理等规定，触犯刑律的，依法追究刑事责任；尚不够刑事处罚的，由公安机关、工商行政管理部门、电信管理机构依法给予处罚；情节严重的，由原发证机关吊销许可证件。

8. 互联网上网服务营业场所经营单位违反《条例》的规定，被吊销网络文化经营许可证的，自被吊销网络文化经营许可证之日起5年内，其法定代表人或者主要负责人不得担任互联网上网服务营业场所经营单位的法定代表人或者主要负责人。

擅自设立的互联网上网服务营业场所经营单位被依法取缔的，自被取缔之日起5年内，其主要负责人不得担任互联网上网服务营业场所经营单位的法定代表人或者主要负责人。

十三、互联网上网服务营业场所管理文书（参考××市公安机关）

互联网上网服务营业场所申请登记表

编码：　　　　　　　　状态：

<table>
<tr><td colspan="2">申请单位</td><td colspan="3"></td><td>网吧名称</td><td colspan="2"></td><td rowspan="4">法人身份证照片</td></tr>
<tr><td colspan="2">营业场所地址</td><td colspan="6"></td></tr>
<tr><td colspan="2">法定代表人姓名</td><td></td><td colspan="2">身份证号码</td><td colspan="3"></td></tr>
<tr><td colspan="2">联系电话</td><td></td><td colspan="2">法人代码</td><td colspan="3"></td></tr>
<tr><td rowspan="7">网络情况</td><td rowspan="2">接入网络</td><td>名称</td><td colspan="2"></td><td>联系电话</td><td colspan="3"></td></tr>
<tr><td>地址</td><td colspan="7"></td></tr>
<tr><td>上网方式</td><td colspan="8">□ADSL　□DDN　□微波　□HFC　□光纤
□ATM　□拨号　□卫星　□X. 25　□其他______（请注明）</td></tr>
<tr><td>固定 IP</td><td colspan="8"></td></tr>
<tr><td>规模</td><td>服务器数量（台）</td><td></td><td>终端数（台）</td><td></td><td>营业面积（m²）</td><td colspan="2"></td></tr>
<tr><td>运行网络名称</td><td colspan="3"></td><td>运行网络主机型号</td><td colspan="3"></td></tr>
<tr><td colspan="8"></td></tr>
<tr><td rowspan="10">人员情况</td><td></td><td>姓名</td><td colspan="2">身份证号码</td><td>电话</td><td>专兼职</td><td colspan="2">培训状态</td></tr>
<tr><td>负责人</td><td></td><td colspan="2"></td><td></td><td></td><td colspan="2"></td></tr>
<tr><td rowspan="3">网络信息安全管理责任人</td><td></td><td colspan="2"></td><td></td><td></td><td colspan="2"></td></tr>
<tr><td></td><td colspan="2"></td><td></td><td></td><td colspan="2"></td></tr>
<tr><td></td><td colspan="2"></td><td></td><td></td><td colspan="2"></td></tr>
<tr><td rowspan="3">系统维护技术人员</td><td></td><td colspan="2"></td><td></td><td></td><td colspan="2"></td></tr>
<tr><td></td><td colspan="2"></td><td></td><td></td><td colspan="2"></td></tr>
<tr><td></td><td colspan="2"></td><td></td><td></td><td colspan="2"></td></tr>
<tr><td colspan="2">经营人员数量</td><td colspan="6">其中专职人员：________人，兼职人员：________人</td></tr>
<tr><td colspan="8"></td></tr>
<tr><td colspan="2">安全管理软件名称</td><td colspan="3"></td><td>检测证书号码</td><td colspan="3"></td></tr>
<tr><td colspan="2">开发单位</td><td colspan="7"></td></tr>
</table>

续表

<table>
<tr><td rowspan="2">安全管理软件技术服务委托单位</td><td>名称</td><td></td><td>联系电话</td><td></td></tr>
<tr><td>地址</td><td colspan="3"></td></tr>
<tr><td>安全措施及管理制度</td><td colspan="4"></td></tr>
<tr><td colspan="5">本网吧严格保守网吧安全管理系统措施及内容的秘密。
网吧法人签名:(盖章)
年　月　日</td></tr>
<tr><td rowspan="2">公安局主管部门意见</td><td colspan="4">县市级公安机关初审意见:
审核人签字:(签　章)
年　月　日</td></tr>
<tr><td colspan="4">地市级公安机关审批意见:
审核人签字:(签　章)
年　月　日</td></tr>
<tr><td>备注</td><td colspan="4"></td></tr>
</table>

附件:

1. 提交文化行政管理部门的相关审核文件;
2. 提交消防部门的消防安全检查意见书;
3. 自有营业场所产权证明或者租赁意向书;
4. 法定代表人及主要负责人、安全管理人员身份证及《计算机信息网络安全员培训合格证书》;
5. 三图一表[网络拓扑结构图、室内平面布置图〈内部计算机排列序号、内径的翔实尺寸:长×宽(米)〉、营业场所实际位置图〈详细标明网吧周围环境〉、内部 IP 对照表];
6. 已采用网络安全审计管理系统等安全技术保护措施的证明文件。

填写说明:

1. 照片采用 2 寸近期彩色标准照;
2. 网络情况一栏需要加盖网络接入商的公章,证实网络的真实性;
3. 维护技术人员需取得《计算机信息网络安全员培训合格证书》。

互联网上网服务营业场所变更申请登记表

申请日期：　　年　　月　　日

申请变更单位		变更前单位名称		新法人代表一寸彩色照片
迁入场所详细地址				
迁出原场所地址				
原法人代表		身份证号		
现法人代表		身份证号		
联系电话		网吧原安全意见书编号		
安全管理员(1)		安全员培训证书号		

续表

安全管理员(2)			安全员培训证书号		
变更后网络情况	接入网络运营商(ISP)		IP 地址		
	上网方式	□拨号　□ISDN　□ADSL　□DDN　□卫星　□帧中继　□ATM　□X. 25　□其他(请注明)________			
变更前规模	服务器数量		终端数		营业面积	
变更后规模	服务器数量		终端数		营业面积	
变更前消防审核单位				变更前消防证号	
变更后消防审核单位				变更后消防证号	
区、县(市)公安机关经办人审核意见	审核人：　　　　年　　月　　日				
区、县(市)公安机关初审意见	审核人：　　　　年　　月　　日				
市级公安机关经办人复核意见：	审核人：　　科领导：　　年　　月　　日				
市级公安机关审核意见	审核人：　　　　年　　月　　日				

________区、县公安(分)局

________年互联网上网服务场所安全审核意见书

________公信安审字(　　)号

<table>
<tr><td colspan="2">被审核
单位名称</td><td colspan="7"></td></tr>
<tr><td colspan="2">营业场所
详细地址</td><td colspan="7"></td></tr>
<tr><td colspan="2" rowspan="2">法定代表
人姓名</td><td colspan="2" rowspan="2"></td><td colspan="2">身份证号码</td><td colspan="3"></td></tr>
<tr><td colspan="2">联系电话</td><td colspan="3"></td></tr>
<tr><td rowspan="6">网络情况</td><td rowspan="2">接入
网络</td><td>名　称</td><td colspan="4"></td><td>联系电话</td><td></td></tr>
<tr><td>地　址</td><td colspan="6"></td></tr>
<tr><td>上网
方式</td><td colspan="7">O 拨号　OISDN　OADSL　ODDN　O 卫星
O 帧中继　OATM　OX. 25　O 其他:________(请注明)</td></tr>
<tr><td>规模</td><td>服务器数量</td><td></td><td>终端数</td><td></td><td>营业面积</td><td>M²</td></tr>
<tr><td colspan="2">固定 IP 地址</td><td colspan="6"></td></tr>
<tr><td colspan="7"></td></tr>
<tr><td rowspan="7"></td><td>类别</td><td>姓　名</td><td colspan="3">身份证号码</td><td>电话</td><td>专、兼职</td></tr>
<tr><td>负责人</td><td></td><td colspan="3"></td><td></td><td></td></tr>
<tr><td>安全
管理员</td><td></td><td colspan="3"></td><td></td><td></td></tr>
<tr><td>技术
人员</td><td></td><td colspan="3"></td><td></td><td></td></tr>
<tr><td>经营人
员数量</td><td colspan="6">其中专职人员:　　　　人,兼职人员:　　　　人</td></tr>
<tr><td rowspan="2">技术服务
委托单位</td><td>名称</td><td colspan="3"></td><td>联系电话</td><td></td></tr>
<tr><td>地址</td><td colspan="3"></td><td></td><td></td></tr>
</table>

续表

<table>
<tr><td rowspan="7">安全措施及管理制度</td><td colspan="2">是否通过局域网方式接入互联网</td><td>O是 O否</td></tr>
<tr><td colspan="2">是否安装网吧安全管理软件并保持在线</td><td>O是 O否</td></tr>
<tr><td colspan="2">有无消防设施</td><td>O是 O无</td></tr>
<tr><td colspan="2">上网人员有效证件登记是否符合要求</td><td>O是 O否</td></tr>
<tr><td colspan="2">上网信息记录、备份、保存是否符合要求</td><td>O是 O否</td></tr>
<tr><td colspan="2">是否符合防明火、防易燃、易爆和安全疏散通道的要求</td><td>O是 O否</td></tr>
<tr><td colspan="2">有无安全管理制度和安全员工作职责</td><td>O是 O无</td></tr>
<tr><td rowspan="3">安全管理软件情况</td><td>安全管理软件名称</td><td colspan="2"></td></tr>
<tr><td>检测证号码</td><td colspan="2"></td></tr>
<tr><td>开发单位</td><td colspan="2"></td></tr>
<tr><td colspan="4">被审核单位法人签章：

年 月 日</td></tr>
<tr><td colspan="4">区、县公安机关年度安全审核意见：

审核人签字： 年 月 日
（审核单位盖章）</td></tr>
<tr><td colspan="4">市级公安机关年度安全复核意见：

审核人签字： 年 月 日
（复核单位盖章）</td></tr>
<tr><td>备注</td><td colspan="3">1. 各区、县公安局必须严格按照本安全审核意见书的内容进行审核。凡审核不合格的，应发放整改意见书限期整改。
2 本安全审核意见书有效期为一年，到期后由公安机关对互联网上网服务营业场所经营单位进行审核，每年一次。
3. 本安全审核意见书一式三份，一份上报市公安机关备案，一份留区（县）公安机关存档，一份交被审查单位。</td></tr>
</table>

第五节　其他公共场所

一、交通场所管理

（一）交通场所的概念和分类

1. 交通场所的概念

交通场所，是指对公众开放的，用于承载不定的人或物从此地移往彼地的交通工具和候乘这些交通工具的固定场所的总称。交通场所是人们出行必备的基本条件和工具，是社会文明的重要窗口，在交通运输和我国经济发展中起着重要作用。

交通场所往往是国内外敌对势力和恐怖主义分子进行破坏活动的重要目标，这些场所一旦发生问题，社会影响大，危害严重。交通场所人员密集，流动性强，违法犯罪分子容易混迹其间进行逃逸、转移赃物等各类违法犯罪活动，因此，加强对交通场所的管理极为重要。

2. 交通场所的分类

交通场所分为交通中转场所和运行中的客运交通工具。交通场所通常可以分为：

（1）陆运交通场所。主要包括：火车、火车站；汽车、汽车站；地铁、地铁车站；出租汽车和出租汽车站（泊位）；人力客运三轮车、三轮车站点等。

（2）水运交通场所。主要包括：渡船及渡口、轮船及港口码头等。

（3）空运交通场所。主要包括：客用飞机、客用机场；货运飞机、货运飞机场；缆车及缆车站；空中索道及索道站等。

（二）交通场所的管理

1. 交通场所的治安特点

随着我国交通事业的发展，我国交通状况大大改善，新建了许多铁路、公路、城市道路以及新增了许多空中、水上航线，各种交通工具也大量增加和更新，交通环境随之改善，增建了更多的交通中转站点，我国的交通场所也呈现出新的局面，在交通运输和我国经济发展中起着重要作用。同时，它也发生了许多变化，出现了新的治安问题。目前，交通场所具有以下治安特点：

(1)容易发生各类违法犯罪活动。违法犯罪分子常常利用交通场所人员聚集、环境复杂、便于作案、易于逃逸的特点，进行多种违法犯罪活动。常见的违法犯罪活动有：扒窃顾客钱财、抢劫出租汽车、敲诈外地顾客、诈骗旅客钱财、抢劫乘客财物；出租司机、小公共汽车司机为争夺顾客，经常发生纠纷、口角，甚至打架斗殴，欺行霸市；票贩子高价倒票牟取暴利；精神病人出丑伤人；流浪、乞讨人员影响市容等。一些违法犯罪人员尤其是惯犯、流窜犯，将公共交通工具作为作案后逃逸和转移赃物的工具。有的外地流窜人员买好当天的往返车(机、船)票，作案后，立即乘交通工具逃离现场，不利于案件的查破。甚至有的个体司机、人力客运三轮车夫等见利忘义，为不法分子公开转移赃物，为盗窃、抢劫、卖淫嫖娼者提供交通工具。有的与犯罪分子相互勾结共同犯罪。由于交通中转场所还是各种交通工具停靠和必经之地，使其具有流动的便利性，因此它成为一些违法犯罪分子逃逸、转移赃物的场所，给公安机关破案和追捕工作带来了困难。这些是交通场所近年较突出的治安特点。

(2)容易发生火灾、爆炸、挤压伤亡、撞车、沉船、坠机等治安灾害事故。在公共交通场所，人们为忙着上班、下班，办理公私事务，往往不遵守交通场所的行为规范，你争我抢互不相让，忽视安全，极易发生挤压伤亡事故。有的乘客无视场所禁令，随身携带易燃易爆等危险品乘坐交通工具，极易引发火灾、爆炸等治安灾害事故，严重威胁公民的生命和公私财产安全以及公共安全。有的乘客违反规定，在交通工具上吸烟、乱扔烟头，极易引起火灾、爆炸。有些人为摆摊做生意乱占场所出入通道、人行通道、消防通道，极易引发交通事故或阻碍正常交通秩序。有的个体客运经营者为多拉客多挣钱，违反规定超员载客、疲劳驾驶，极易引发交通工具倾覆、沉水、撞车(船)等治安灾害事故。近年来，在民航飞机上，有的乘客违反规定使用手机电

话，干扰飞机正常运行，酿成事故险情。

(3)容易成为国内外敌对势力和恐怖主义分子进行破坏活动的目标。极少数敌对犯罪分子、民族分裂主义分子为满足自己的政治、经济等不法目的，常利用公共交通场所人员聚集、流动量大，易发生治安问题，社会影响大，危害大等特点，千方百计以纵火、爆炸、投毒等方式制造事端，进行破坏和捣乱。由于犯罪的暗示、仿效作用，近年来，公共交通设施及交通工具是恐怖活动袭击的重点目标，国际社会劫机、劫车、劫船等事件接连不断发生。如 2009 年 12 月 25 日，美国西北航空公司一架从荷兰阿姆斯特丹飞往美国底特律的客机上，一名乘客试图引爆爆炸装置，因爆炸装置失灵，只是燃放“烟花”，也造成多人轻伤。2009 年 11 月 27 日，俄罗斯一列从莫斯科开往圣彼得堡的客运列车，在特维尔州发生爆炸，十四节车厢的三节出轨，造成 39 人死亡，近百人受伤。2008 年 7 月 21 日上午，云南省昆明市先后发生两起公共汽车爆炸案，造成 2 人死亡，14 人受伤。交通场所一旦发生问题，社会影响大，危害严重。而防止此类事件发生的最有效的方法就是加强交通场所及乘客的安全检查。

2. 交通场所治安管理的基本措施

(1)建立和健全安全管理制度，落实安全防范措施。公共交通场所的保卫部门要根据场所安全管理规定，结合场所自身运营特点、规律、状况，制定内部安全防范制度、消防管理制度、安全运营制度、交通工具定检制度、司售(乘)人员治安岗位责任制度、情况报告制度等，并在日常工作运营中认真贯彻执行。治安管理部门要会同有关部门定期或不定期地检查制度的落实情况，及时发现和整改治安隐患。场所应根据客流量等实际情况配备足够的专职或兼职保安员或治安员，负责维护场所内部和运行交通工具上的治安秩序。治安管理部门在检查场所安全防范时，对场所建筑物和场地用火、用电等重点要害部位要特别重视。对发现的各类违章违规隐患必须及时指出，并提出整改意见，限期整改。对逾期不改者，必须严格依法处罚，绝不姑息迁就。

(2)加强对旅客安全宣传教育,提高治安防范能力。加强对旅客的安全宣传教育,是做好公共交通场所治安管理工作的前提和基础。宣传教育的内容、形式要有针对性,宣传教育的内容主要是:公民行为规范规定、公共安全规定、严禁携带危险物品和违禁物品规定、消防管理规定等;旅客应了解掌握的防盗、防骗、防抢、防火、逃生、自救等防范知识和技能;场所职工及交通工具的司售(乘)人员应具备的“防火、防盗、防破坏、防治安灾害事故”等知识和技能。宣传教育的形式要新颖、多样、生动、形象,使群众易于和乐于接受。其形式主要有:黑板报、宣传橱窗、广播电视、标语横幅、民警提示牌、发放宣传卡片等。通过有针对性的宣传教育,把“旅客须知”转化为广大旅客的自觉行为,确实提高旅客的“四防”意识和主动维护场所治安秩序的自觉性,共同维护交通场所的公共安全。交通场所的治安秩序不仅需要每个公民去自觉遵守和维护,而且需要人们同发生的违法犯罪行为作积极的斗争。

(3)加强公共场所安全巡视,严密场所秩序控制。加强交通场所巡视,维护场所秩序,严密场所控制,是场所行业管理的基本手段。交通场所要组织职工、场所保安员重点做好停车场、售票处、问询处、小件物品寄存处、行李房、旅客休息室、出入口等重点部位的巡视、控制工作。对检票口、出人口等重点部位要加强巡视,宣传乘客按顺序上下交通工具,以防止挤压伤亡等治安灾害事故的发生。治安管理部门要经常组织民警、保安队,协同场所的内部职工和保安员,加强对场所的巡视观察和盘查,注意发现可疑人、可疑物,注意发现旅客携带的枪支弹药和其他易燃易爆危险品,严禁将危险品带到交通工具上。在必要和可能的条件下,在车站、渡口码头、机场登机口配置防爆检测系统,对旅客携带物品进行防爆安全检查。同时,要针对交通场所人多拥挤易发生矛盾纠纷等特点,积极做好民间纠纷调解工作,以防争斗造成群众围观,影响交通秩序行为的发生。

(4)集中多种力量,抓住突出问题进行整顿。治安管理部门要针对不同季节、时间,不同路段、地形,不同类型的交通场所,发生的不

同治安问题，及时组织警力进行专项治理。对扒窃的具体整治措施有：在财物集中处和客流高峰时段加派公开警力震慑扒手，向司售（乘）人员传授反扒经验；在交通工具上张贴警示牌，提醒乘客提高自我防范意识；组织反扒队组，随车作业开展反扒工作等。整治车匪路霸犯罪活动主要措施有：向司售（乘）人员传授机智对付车匪路霸的经验和方法；利用固定治安卡站和临时堵截卡点加强治安检查、打击车匪路霸；组织专业打扒队和便衣队，发现、控制和抓获车匪路霸；在重点路段、路线上布建特情、耳目，收集、提供打击线索；利用现代科学技术手段，在公共交通工具上秘设各种报警设备并与“110”报警服务台联网，提高出警速度，提升打击精度，加大打击力度。

由于季节、时间的不同，不同路段、地形的差异，不同类型的交通场所，治安问题发生的规律、特点也各有所不同。公安机关要针对这些突出的治安问题适时整治。例如，打击车匪路霸。在车匪路霸多发区，公安机关应增派警力进行巡逻，加强对车辆和人员的检查。要采取各种手段，加大打击力度。可以发动群众检举和揭发有作案可疑的人，也可使用“秘密力量”和“治安耳目”为公安机关提供情报，将日常查缉与突击行动相结合，专门力量与群众力量协同作战，遏制车匪路霸的违法犯罪活动。例如，打击扒窃犯罪。长期以来，发生在交通工具上的扒窃案件不仅数量多，而且侦破难度大。公安机关应利用各种宣传教育形式，并在交通场所张贴警示标语及报警电话号码，加强旅客的自防意识和能力，以利于群众同扒窃作斗争；可以把售票、查票、检票人员组织起来传授一些识扒、反扒经验、方法、技巧，以利于乘务人员同扒窃行为作斗争，维护公共交通工具上的正常秩序。

二、游览场所管理

（一）游览场所概念和分类

游览场所是指向公众开放供公众参观、游玩、欣赏、休闲的经营性或非经营性游览区域和园林场所。游览场所往往融游玩、娱乐、文化、商品、现代科技为一体，场所内不仅各种物质实体多，而且空间大，人员多，给治安管理提出多元化、复杂化的要求。

1. 区域类。主要包括自然风景游览区、人文景观游览区、各式休闲度假村、自然保护区、宗教圣地、海滨浴场等。

2. 园所类。主要包括公园、动物园、植物园、名胜古迹等。

（二）游览场所治安特点

1. 人员流动频繁，成分各异。随着市场经济发展，国内政治、经济、文化的广泛交流和人民生活水平的不断提高，旅游业发展迅猛。在游览场所的文化、娱乐、体育等综合功能的吸引下，大量游人利用节假日、出差、外调、联系工作、洽谈商贸等时机，纷纷到游览场所观光、休闲，使得大量游人聚集游览场所，出现拥挤不堪的场面。其间，各种身份的人员都有，不乏一些不法人员混杂其中伺机进行违法犯罪。

2. 呈现出多元化、复杂化的特点。现代游览场所往往融游玩、娱乐、餐饮、购物等为一体，场所内不仅有可以观览的各种景点，一般还拥有各种特色商店、饮食服务项目及现代娱乐设施及游艺内容；游览场所还往往举办各种大型群众活动，如龙舟比赛、游园会、庙会、赏花节、图书节等，因此，游览场所内又包容了多种类型的公共场所，呈现出多元化、复杂化的治安特点。

3. 防范难度增大，工作负荷加重。由于游览场所的地域广，人员多而杂的自身特点，常出现各类纠纷、斗殴伤人、寻衅滋事、扒窃场所珍贵文物等治安问题；由于人多拥挤、天气多变、旅游设施不安全等，常引发挤压伤亡、火灾、爆炸、建筑物崩塌等意外事故和治安灾害事故，治安防范难度大，警力疲于奔波，治安工作不堪负荷。

（三）游览场所常见治安问题

1. 盗窃、诈骗等治安案件时有发生。特别是在知名度较高，中外游客较多的公园景区，扒窃、诈骗案件比较突出，违法犯罪分子多利用游客集中观看风景名胜、文物古迹的时候伺机进行扒窃。这些案件直接关系到群众的切身利益，影响了人民群众在游览场所的安全感。

2. 尾随兜售、强买强卖、无照揽客现象较为突出。在一些知名度高、外国游客涉足较多的公园景区及其周边，尾随兜售、强买强卖现象较为突出，有的甚至以兜售物品为掩护伺机进行盗窃活动。游览景区大门口，游客之中观赏、照相的景点附近成为此类问题发生的聚居地。利用兜售为掩护盗窃游客财物的案件，严重破坏了游览场所的治安秩序。

3. "黑车"、"黑导游"问题屡禁不止。游览场所的"黑车"以非法运营"一日游"为主要形式进行非法拉客活动，扰乱旅游客运市场的正常运营秩序。"黑导游"的违法活动伴随着"黑车"问题也应运而生。他们与"黑车"相互配合，为"黑车"招揽生意，主要分布在游览场所的景区门前，以前去参观的中外游客作为拉活对象。"黑车"、"黑导游"引发的游客向旅游部门投诉拉客欺诈问题突出，扰乱了旅游市场秩序，影响了旅游事业的健康发展。

4. 游客迷路走失事件发生频繁。在一些自然风景或以山岳风光为主的游览景区，常有部分游客在好奇、探险的心理驱使下，不做充分的探险准备，缺乏自我安全意识，不顾景区工作人员的警示、劝告，不按景区导向标志游览，经常迷路走失、遇险，影响游览区域的正常安全秩序。

5. 对新兴的"农家乐"民俗村缺乏管理力度。近年来，随着人民生活水平的日益提高，许多人利用周末或假期约上亲朋好友或举家一起到一些休闲度假型的游览景区游玩，并在周边"农家乐"旅游村住宿。"农家乐"民俗旅游村作为近几年新兴的旅游项目，游离于特种行业管理范围之外。卖淫嫖娼、赌博等社会丑恶现象时有发生，业主为争抢顾客、乱收费而引发的治安问题屡见不鲜，成为游览场所治安管理的盲区。

6. 恐怖暴力对游览场所的威胁不容忽视。当前国际形势严峻，国内各类矛盾复杂。国际恐怖主义分子、境内外民族分裂势力以及一些犯罪分子均有可能在人员聚集游览场所进行恐怖暴力活动，以制造事端、扩大影响，从而达到其政治、宗教等目的。而他们首选的必将是人、财、物相对集中，知名度高，社会影响大的地区。公园及风景名胜区近年来已成为“十一黄金周”等主要节假日游客旅游度假的必游场所。因此，我们绝不能有丝毫麻痹松懈思想，要居安思危，要充分估计恐怖活动给国家安全和社会稳定带来的威胁和影响，高度重视游览场所的反恐防暴工作。

7. 场所内陈列的珍贵物品，成为一些高级盗贼侵犯的目标。一些参观场所内往往陈列着国家级保护文物、珍贵的字画、珠宝等非常贵重的物品，虽然这些场馆的防盗措施比其他场所要严密得多，但由于这些物品具有惊人的价值，仍有一些胆大的、自认为是高明的盗贼在时刻“瞄准”这些场所，伺机作案。我国历史上也曾发生过多起珍贵文物被盗的案件，这说明我们一刻也不能放松，并且要不断加强对这些场所的安全防范工作。

8. 意外事故时有发生，影响场所的正常秩序。在游览场所的地势险峻处，或游人在参加一些带有惊险、刺激的娱乐项目时，由于游人不小心，或安全防范措施不力，或天气骤变等原因，有可能会发生一些意外事故。事故发生后，不仅会使受害者的身体受到伤害或死亡，而且会使受害者或其他游人产生巨大的心理恐慌，场所的秩序也会暂时出现混乱，甚至会由恐慌和混乱而导致挤、压、伤、亡等治安灾害事故。因此，对意外事故的预防工作应常抓不懈，它也给我们的预防措施和技术提出了更高的要求。

（四）游览场所管理措施

1. 公安机关应会同文物保护、园林管理和城建等部门，对场所建筑物、游艺设施等进行安全检查。凡经营游览场所的单位、个人，必须经主管部门审核同意，并由公安、文物保护、城建、交通、消防等部门对场所、设施分别或联合安检合格后，发给相应的许可证照方可开业经营。对重点部位如桥梁、涵洞、缆车、索道、滑道、蹦极塔台、游艺设施、坡陡弯急路段，要建立经常性的检查、季节性特查、临时性突查等安检制度。

2. 公安机关可视具体情况，根据需要和可能在游览场所设立治安派出所或治安岗亭，建立健全各种安全防范制度。首先，治安管理、防范机构要尽力落实，并配置足够的治安力量；其次，完善以场所“四防”为主要内容的各种安全防范制度；最后，保证严格许可证制度和治安岗位责任制的贯彻落实。

3. 加强巡逻值勤，查处违法行为。有的游览场所面积大、地形复杂，阴暗角落、偏僻处颇多，是违法犯罪分子易于作案的地方，同时公众在游览场所的活动本身是动态的，为了有效地预防和发现违法犯罪，必须加强游览场所的巡逻值勤，实现对场所的全方位动态控制。巡逻中要注意对可疑人、物、地、事的观察、识别，通过重点巡逻与普通巡逻、定线巡逻与乱线巡逻、白天巡逻和夜间巡逻、公开巡逻和秘密巡逻、步巡与车巡、舟巡、空巡等多种巡逻方法实现对场所的实际管控。有效地保护游客的人身、财产安全和场所设施安全。巡逻中发现问题，可以当场处理的应及时进行处理；当场不能处理需要支援或救助的，应及时请求支援；需要带回公安机关处理的，带回公安机关处理。

4. 监督和督促场所落实各项安全管理措施。公安机关可根据情况将游览场所内划分成不同的区域，交由游览场所内各单位落实各自区域内的治安责任。要帮助各单位落实场所内各项安全管理措施，使之负起责任，严抓本区域的安全工作。尤其一些带有危险性的设施和活动，如架空索道、缆车、滑道、游船、快艇、跳伞以及新近出现的蹦极运动等，公安机关要和承接这些服务或举办这些活动的单位签订安全责任协议书，按照“谁主管，谁负责”的原则，落实场所的安全责任，进行经常性的监督、检查和指导。

5. 配合游览部门以各种形式向游人进行宣传教育。游览场所单位及上级主管部门必须本着“安全第一”的指导思想，抓好安全防范工作的宣传教育，提高游客的自我保护意识和基本自救、互救、待救技能。宣传形式主要有：张贴、广播《游客须知》、《场所文明公约》、管理通告、民警提示牌等。使游客在进入场所前、游览过程中、发生事故后明确应做不应做、合法与非法、先做什么再做什么等基本要求。

6. 使用技术手段，增强防范能力。随着现代科学技术的高速发展，现代化的大型游艺设施和风景名胜区内的架空索道、超长缆车、电梯等不断增多，对这些场所的安全防范工作，只靠“人防”难以确保万无一失，要配备技术设备、应急设备和报警装置，以应付突发情况。要加大科技投入，编织科技防控网络。对于国际影响大，知名度高，游客流量大的名胜古迹、公园景区，应从安全防范上深入开展科技创安工程，在景区门前，主要景点及易发案地，安装监控探头，并与公园管理处及属地派出所联网，提高技防设施和监控系统的使用率，逐步建立和完善景区报警联网系统，切实将人防、物防、技防有机结合，形成全景区治安防控体系，以提高对违法犯罪活动查处的准确性。

7. 整合治安资源，发展流动协查协勤队伍。广布信息员，广开信息渠道，在公园景区内建立护园队，成立内部保卫组织，统一由公园管理处负责，规范巡逻工作机制，在游客集中出入园时间和易发生游客财物被盗被抢的地段加大巡视工作力度，为游客人身、财产安全提供保障。要在门卫、清洁工、旅游巴士司机、晨练人员，以及出售旅游商品人员中挑选物色治安信息员，通过定期培训、座谈等形式，增强其信息收集反馈意识，及时向公安机关反映治安问题和案件线索，严密社会面控制，提高预防控制和发现、打击违法犯罪的能力。

三、文体场所管理

（一）文体场所分类

随着我国对内搞活经济，对外实行开放的发展，人民生活水平的提高，各种类型的大型文体活动日益增多，目前在国内常见的大型文体活动有：

1. 国际型。即国际文体组织在中国举办的各项文体活动，国家与国家之间签署的文化体育交流互访或是邀请赛、锦标赛等组织形式，如世界杯足球赛、亚运会、奥运会等。

2. 国家型。即由国家举办的大型文体活动，如全运会、青运会、庆祝晚会等。或由国家举办的专业性文体比赛活动，如全国足球甲级赛、全国射箭锦标赛、举重赛、全国青年歌手大赛等。

3. 行业系统型。即全国各行各业举办的本行业本系统的文体活动。如大连市大专院校排球邀请赛等。

4. 地区型。即由本行政区域举办的文体活动，如各省市、区、县举办的运动会、各类文体项目比赛等。如北京市篮球锦标赛等。

5. 商业型。即由有关国家、单位和部门捐献资金或提供无偿场所、物质等所举办的文体活动。目前，国内外较为盛行这类文体比赛活动，如国际型的柯达杯足球锦标赛，日本的丰田杯足球赛，我国的长城杯、大连杯足球赛等大型体育比赛。

(二)文体场所治安特点

1. 易发生挤压伤亡事故等突发公共安全事件。发生这种事故的原因主要有两个：一是组织工作不周，安全措施不力。观众超员造成拥挤；赛事组织者或赛场相关工作人员处理问题不当造成拥挤；因赛场出入通道守护工作人员擅离职守或宣劝疏导措施不力而造成拥挤；赛场内外环境不安全，如出入通道狭小或无照明、通道有障碍物等造成拥挤发生事故。二是安全制度不健全，安保措施不得力，风险评估不充分。由于在制定文体活动安保方案过程中，对于可能发生的灾害性事故未做充分预测，留下挤压伤亡事故隐患。

2. 群体情绪失控肇事事件多发。国内外文体比赛、表演中经常发生群体情绪失控肇事事件。文体活动特别是足球赛事现场环境特殊，球迷闹事的发生、发展、变化，都取决于这种环境，这不仅是球迷主观选择的对象，也是球迷闹事的客观条件。赛场球迷主体有清晰的目的性——看球；聚集于体育场所，共同关注足球比赛的过程和结果，闹事概率高。对赛事的影响表现为：当球队正常或超水平发挥，踢出精彩、漂亮球时，球迷情绪高涨，会为之欢呼，甚至狂热；当球队发挥失常或出现裁判失误，场上队员冲突时，球迷会不满、愤怒；当球队表现平平，球迷兴趣低落，情绪冷淡，球迷主体情绪则处于稳定状态。如果对球迷主体现场情绪控制不当，对闹事苗头处置不及时、欠果断、失稳妥，极易激化球迷闹事情绪，导致赛事现场秩序失控，形成群体情绪失控肇事事件。

（三）文体场所管理措施

为了适应形势的发展，保障各类大型文体活动的顺利进行，公安机关要本着精心组织、严密实施、确保安全的原则，加强安全保卫工作。主要方法有：

1. 加强活动现场的安保指挥工作。文体活动涉及面广，情况复杂，一些活动不仅涉及活动现场秩序，还往往辐射、影响整个社会面的治安秩序。因此，文体活动的安全监管工作，必须建立统一组织领导下的多部门、多警种、多层次、重协同的指挥和工作系统，严密组织实施活动的安全监管。严密各部位的警力部署，尤其是活动现场的部署；首长、贵宾、演员和运动员从住地到赛场经由沿线的部署；首长、贵宾、演员和运动员住地的部署。

2. 制订周密的工作方案和各种应急预案。要本着“安全第一”的指导思想，精心设计，缜密制订安全保卫工作方案和相关应急预案。要按赛前、赛中、赛后的安全保卫全进程确定工作内容，对活动场地、住地划分区域和路线，确定单位，落实警力，明确责任，做到任务落实、人员落实、责任落实，并根据总体方案分别制定交通管理，车辆疏导及首长、运动员疏散等具体实施方案和应急预案，使保卫工作有条不紊。在实施过程中，根据情况的变化，合理调整警力，采取应变措施，使安全保卫工作既能依预定方案按部就班地进行，又能按实际情况灵活机动地调整。制订安全保卫工作方案的内容，一般应包括：指导思想，组织领导，任务职责，安全措施，警力部署，突发事件的预防与处置，纪律要求和警力部署图表等。

3. 落实安全措施，确保活动安全。为确保大型文体活动安全顺利进行，必须要及早动手，加强防范，有针对性地落实一整套安全措施。加强教育疏导，安全防范工作；开展安全检查，整改不安全因素。

4. 严格赛场的秩序控制。严密入场环节的安全监管。执勤民警提前上岗，适时在赛事活动外围实施真空警戒。入场时，主办单位工作人员严格验票，执勤民警认真监督，安检工作人员对入场观众认真安检，严防带入爆炸物品及其他危险品。组织足够便衣力量，掌握和控制赛场各看台观众“热点”和情绪。对球迷“热点”看台区专门组织力量进行监督，控制情绪，把握情况。重视与新闻媒体的沟通、合作，使舆论导向为赛场秩序控制服务。盯住散场环节。散场后观众急于出场，容易在看台通道和出入口通道滞留，形成人群的拥挤，要及时收缩集中安保力量于疏散通道部位，快速、安全疏导观众退场。需要注意的是，此时尤其要加强运动员、裁判员、演员的退场保卫，防止出现观众围观，冲闯警戒线签名或围攻运动员、裁判员、演员的事件发生。

5. 加强国际警务合作，共享情报信息资源，确保大型文体活动安全。对于国际型的大型文体活动，除积极同我国外事部门联系沟通外，还应积极与国际刑警组织和有关国家的警方加强警务合作，共同研究确定可能实施恐怖攻击活动的组织及成员，严密监控恐怖分子全程活动动态。在赛事进行期间，积极与外国随队的保安人员密切协作，确保绝对安全。

6. 妥善处置活动中出现的群体性事件。文体赛事期间，一些偶然因素都可能激发群体事件，特别是足球赛事，“职业球迷”和部分观众易受现场气氛的刺激，在比赛进行中或赛后借机宣泄、闹事。对此，必须充分做好防范和处置准备工作。一是严密防范措施，重点做好赛前预防。赛前预防是整个赛事防范工作的基础。对“足球流氓”要重点全程监控，适时抓获；对尾随、纠缠运动员、裁判员和演员的，要及时宣教、妥善疏导。必要时视情况采取强制措施，防止人群在场外聚集、围观、滞留，消除群体性事件发生的隐患。二是制定妥善处置对策。事件初起阶段，要坚持正面疏导，耐心说服，稳定观众情绪，不使事态蔓延扩大。一旦事态升级蔓延、扩大，要宣传、劝解、疏导，稳定大多数观众情绪。同时，要不失时机调集机动力量迅速插入闹事群体，使其脱离接触，隔离主要肇事者，保护被攻击者。公秘结合，收集固定违法犯罪的证据，适时抓获主要肇事人员。在处置过程中，要讲究策略，要果断决策，避免引发群众对立情绪，避免事态扩大。事件平息后，对参与事件的人员，要正确处理，区别对待。

四、商贸场所管理

（一）商贸场所的范围

商贸场所，主要指人们购买生产、生活用品和进行商品、物资展示、交易的大中小型商场、集贸市场、农贸市场、旧货交易市场等，这些场所都有长期的、专门的、固定的经营地点，一般称为商（市）场。商品展销、展览会等也是商贸活动，但由于展销、展览活动具有活动的临时性、经营地点的临时性和不固定性，因而公安机关将其列为群众性活动，按照 2007 年的《大型群众性活动安全管理条例》进行治安管理，而与公共场所治安管理相区别。

（二）商贸场所的治安特点

1. 非法无照经营，隐存治安问题。商贸场所由于场所多、经营活动多，主管部门难以全面监管，加之从业人员构成复杂、流动频繁，导致治安管理部门难以全面掌握情况，形成部分安全监督与治安管理的真空，非法无照经营者，难以纳入监管视线，使存在的治安问题不能及时发现和处理。

2. 部分经营场所存在严重火险隐患。由于部分经营单位或业主只重生产火爆，忽视安全防火，消防设施陈旧、失效，消防人员缺乏或不训练，致使场所内业已存在的火险隐患及后发的火险隐患难以及时整改，由此引发的诸如百货商场、服装商场、家具市场、集贸摊位市场火灾频繁发生，造成重大人员伤亡或财物损毁，严重危害公共治安秩序。

3. 强买强卖、欺行霸市、哄抬哄压物价，常引发相应治安问题。由于少数经营者不守市场经营秩序，恶性竞争，为获取暴利和争得顾客，常强行推销自己的产品，甚至少数人勾结在一起，形成商贸场所恶势力，强买强卖，欺行霸市，哄抬、哄压物价，强收保护费，甚至纠缠、追打顾客和其他守法经营者。

4. 扒窃问题突出。商贸场所侵犯公私财物的案件突出，这是由于商贸场所物资丰富，聚集和流通着大量商品和财物，这些商品和财物对违法犯罪分子产生极大的诱惑，成为被侵害的对象。因此，在商贸场所往往混迹了许多不法人员，伺机进行扒窃、偷盗、抢夺、欺诈等侵财行为，甚至用随身携带的管制刀具等凶器殴打顾客或场所工作人员。

5. 买赃卖赃时有发生。有些不法经营者在进货销售过程中，明知收购品是赃物，但为一己私利不顾法律而进赃销赃，或明知是违禁品而非法买卖。

6. 易发生挤压伤亡等治安灾害事故。常见问题是：场所单位或业主，为求利润擅自搞促销引发顾客相挤；摊物挤占正常通道酿成事故容易形成安全隐患；顾客争相抢购热点、流行商品引发拥挤；展览展销场所建筑结构不坚固引发墙倒屋塌而砸伤砸死顾客；消防措施不落实发生火灾后引发挤压伤亡等事故。

（三）商贸场所的管理措施

1. 定期对商贸场所员工进行有针对性的安全防范教育。公安机关应予以认真指导，积极引导，适时传授治安防范的相关知识和技能，宣传教育员工立足本岗位做好安全防范工作。在大型商业服务区，根据需要和可能设立商场治安派出所或治安岗亭或治安报警点，提高商场的治安防控能力。

2. 落实安全防范制度，积极防范违法犯罪活动。治安管理部门应会同商贸场所管理部门，根据实际需要建立相应的治安保卫组织，确定专门人员负责商贸场所的治安工作。治安管理部门应帮助、指导商贸场所建立健全现金保管制度、物资安全管理制度、营业安全制度、治安值班守护制度、消防管理制度、情况报告等安全防范制度，加强场所的安全防范工作。当日营业款必须存入银行，留存少量现金也应入保险箱。贵重商品柜台应设专人妥为看护，根据必要和可能应安装自动报警器。停业时，应组织员工认真清场，仔细巡视，以防违法犯罪嫌疑人预先潜伏，伺机夜间作案。商贸场所可根据需要和经济能力，采用现代高科技的安全防范及报警系统，加强基础防范设施的建设。

3. 加强场所内的巡逻和治安检查。治安管理部门可组织商贸场所的治保人员或保安人员组成巡逻队，对场所进行全方位的巡逻，并检查场所的安全防范制度落实情况，安全防范及报警系统是否正常运行，各个部位是否存在火险隐患，以及场所内是否有现行扒窃、偷盗、抢夺、欺诈、销赃、收赃等违法犯罪活动。

4. 依靠群众力量，维护市场内外秩序。公安机关可以依靠治保会、治安积极分子等群众力量，组织群众巡逻值勤队伍，对场所进行巡逻和监控，配合民警维护好场所内外秩序。在营业高峰期、节假双休日或出售“抢手商品”时，在热点柜台周边区域，要加强职守，预防扒窃等违法犯罪和挤压伤亡等事故发生。同时应以场内有线广播、张贴警示牌等多种方式，宣传教育顾客提高自我治安防范意识。公安人员还可以在商贸场所选定治安积极分子，布建治安耳目，密切注意场所的治安动向，为公安机关提供信息和情报。

5. 严格执法，及时打击违法犯罪活动。在商贸场所，一些人欺行霸市，哄抬物价或强压物价，强买强卖，故意扰乱市场秩序，他们往往形成帮派、流氓团伙和流氓恶势力，公安机关发现一个要打击一个，及时摧毁流氓团伙和流氓恶势力；对活跃在商贸场所进行扒窃、偷盗、抢夺、诈骗等侵财活动的不法分子，要及时组织力量进行打击，以保障商贸场所正常的商品交易活动。治安管理部门对商贸场所中拒绝、阻碍国家工作人员依法执行职务的行为，可依法给予治安管理处罚，情节严重者，依法追究其刑事责任。

五、饮食场所管理

（一）饮食场所的治安特点

饮食场所，是指为人们提供日常饮食服务的经营场所。近年来，我国饮食服务场所发展很快，一方面为丰富和方便人民群众的生活

起到了积极的作用;另一方面也出现了许多治安问题。酗酒闹事、寻衅滋事、打架斗殴一直是饮食场所易发生的问题;部分经营场所火险隐患严重,容易引起治安灾害事故;由于管理上的疏漏,目前无证经营、非法经营的情况还大量存在;近年来利用饮食场所搞色情活动、卖淫嫖娼、赌博等违法活动的情况也部分存在,给社会治安和社会主义精神文明建设带来不利影响。

(二)饮食场所的管理措施

1. 加强内部管理,保障经营内容合法、健康。协同场所负责人强化内部管理,反对不正当、违法的经营和竞争。严厉禁止色情服务内容,打击色情、赌博等违法活动。

2. 进行经常性的安全检查。对饮食场所要进行经常性的安全检查,适时采取突击检查方式,查处场所内的不法活动,发现问题及时责令整改。

3. 抓住突出问题,及时清理整顿。

第四章　特种行业管理

第一节 特种行业管理概述
- 一、特种行业含义和特点
- 二、特种行业管理范围
- 三、特种行业管理任务
- 四、特种行业管理基本方法

第二节 废旧金属收购业
- 一、废旧金属收购业管理法律依据
- 二、废旧金属收购业含义和范围
- 三、废旧金属收购业治安问题
- 四、废旧金属违规收购的主要原因
- 五、废旧金属收购业执行备案登记制度
- 六、废旧金属收购业制度要求
- 七、废旧金属收购业行为规范要求
- 八、民警工作内容和要求
- 九、公安机关日常检查规范
- 十、商务、工商、环保等部门管理职责
- 十一、废旧金属收购业法律责任
- 十二、废旧金属收购业管理文书

第三节 旅馆业
- 一、旅馆业管理法律依据
- 二、旅馆业含义和范围
- 三、旅馆业治安特点
- 四、旅馆业治安问题
- 五、旅馆业硬件要求
- 六、旅馆业制度要求
- 七、旅馆业行为规范要求
- 八、旅馆业消防要求
- 九、旅馆业应急预案
- 十、旅馆业特种行业许可证审批程序
- 十一、民警工作内容和要求
- 十二、公安机关日常检查规范
- 十三、旅馆业法律责任
- 十四、旅馆业管理文书

第四节 典当业
- 一、典当业管理法律依据
- 二、典当业含义和范围
- 三、当票，当期，续当、绝当，当金利率和月综合费率
- 四、典当业治安特点
- 五、典当业硬件要求
- 六、典当业制度要求
- 七、典当业行为规范要求
- 八、典当业特种行业许可证审批程序
- 九、商务部门管理职责
- 十、民警工作内容和要求
- 十一、公安机关日常检查规范
- 十二、典当业法律责任
- 十三、典当业管理文书

第五节 印章业
- 一、印章业管理法律依据
- 二、印章业含义和范围
- 三、印章规格、式样和制发
- 四、印章名称、文字和字体
- 五、识别假公章的一般方法
- 六、印章业治安特点和常见问题
- 七、公章刻制业条件
- 八、公章刻制业制度要求
- 九、公章刻制业特种行业许可证审批程序
- 十、准刻公章有关要求
- 十一、民警工作内容和要求
- 十二、公安机关日常检查规范
- 十三、印章业法律责任
- 十四、印章业管理文书

第六节 其他特种行业
- 一、印刷业管理
- 二、旧货流通业管理
- 三、机动车修理业管理
- 四、报废机动车回收业管理

【学习目标】通过教学，使学生了解特种行业的内涵和范围，特种行业包括废旧金属收购业、旅馆业、典当业、印章业、印刷业、旧货流通业、机动车修理业和报废机动车回收业等，其中旅馆业、典当业和公章刻制业需要办理《特种行业许可证》，其他行业只需备案。通过教学，使学生了解每类特种行业的突出治安问题和实施管理的法律依据，掌握各类行业在硬件、制度、行为和消防等方面的规范要求，掌握公安机关审批、备案和日常检查不同行业的内容、程序、要求和技巧等。

【专业术语】特种行业　废旧金属收购业　旅馆业　典当业　印章业　印刷业　旧货流通业　机动车修理业　报废机动车回收业　审批　备案　日常检查

第一节　特种行业管理概述

特种行业管理是治安管理的一个重要组成部分，是公安机关治安管理部门的一项重要职责，是公安机关发现、控制和打击违法犯罪活动的一个重要手段。特种行业致力于经济效益无可厚非，但部分经营者和从业人员为了追求经济效益而置行业经营规定于不顾，无照经营、超范围经营、违反规章制度经营，或者疏于管理，忽视防范，敷衍拒绝乃至对抗公安机关的监督和检查，或者借业务经营之便为违法犯罪活动提供条件，甚至与不法分子勾结进行违法犯罪活动等问题。因此，对特种行业的经营活动进行全面的监督、检查，及时发现并坚决取缔各种违法经营活动，成为公安机关特种行业管理的重要任务。特种行业管理在维护社会治安秩序，发展社会主义经济，保护合法经营，促进特种行业为人民群众提供良好服务中起着重要的保障作用。

一、特种行业含义和特点

(一)特种行业含义

根据《现代汉语规范词典》的解释,行业是指“职业的类别”,是一种社会分工,一种约定俗成的说法。我国自古就用“行业”来概括社会分工,有“三十六行”、“七十二行”和“三百六十行”等说法。当今社会,新行业越来越多,我国现行的职业门类众多,劳动和社会保障部编辑出版的《职业分类大典》将职业分为8大类,66个中类,413个小类,1895种细类。总之,有什么样的社会发展和社会需要,就会产生相应的新行业。人们有从事行业和职业的自由,这在各国根本法中都有规定和体现。但实际上,关于人们可以从事的行业或职业的种类、主体、处所、方法等,世界各国都因公共利益的要求予以法律上的限制。比如:规定某种人不得从事某种行业,某种行业在某个国家被绝对禁止等。因此,就有绝对禁止的行业(在我国,如赌博业、色情业等是绝对禁止的行业)、特许的行业、核准的行业等。

特种行业,指工商业中其经营的业务容易被利用而进行违法犯罪活动,国家和地方法律、法规和规章规定由公安机关对其实施特殊治安管理的行业。随着我国市场经济不断的深入发展,一些工商服务业发展迅速,不断增加。一方面满足了社会成员的生活、工作需要,活跃和发展了市场经济;另一方面也带来了一系列的矛盾和问题,直接表现为其中一些行业所经营的业务内容和性质容易被违法犯罪人员利用作为落脚藏身、销赃、诈骗、盗窃、走私贩毒、伪造证件等违法犯罪活动的据点,严重地危害了社会治安秩序。为了维护社会治安秩序,保护人民群众的生命财产安全,促进经济建设和社会发展,公安机关必须依法对这些行业实施特殊的治安管理。这些由公安机关实施特殊治安管理的行业,我们称之为特种行业,简称“特业”或“特行”。

特种行业,原是一种特许的行业,无论是否需要其他业务主管部门审核,都必须通过公安机关许可。2002年11月国务院行政审批制度改革以后，只有旅馆业、典当业和公章刻制业须取得公安机关的特别许可，其他特种行业只需在取得工商部门许可，取得营业执照之后到公安机关备案即可。

特种行业成为一个公开使用的公安业务术语有其演变过程。1985 年公安部《关于改革和加强特种行业管理工作的通知》规定“特种行业的名称只在内部使用”。因此，新中国成立后至 20 世纪 80 年代中期，特种行业一直是一个公安机关的内部称谓。一般的看法，认为我国公安部门多年来内部使用的特种行业的概念与国际上惯用的概念在含义上差异较大，容易造成误解，对外不宜称特种行业，因此，公安部《关于改革和加强特种行业管理工作的通知》又规定：“旅馆、刻字、收购生产性废旧金属和信托寄卖行业，今后对外按其行业属性该称什么就称什么行业，不再统称为特种行业。”直至 1995 年《中华人民共和国人民警察法》颁布实施，特种行业作为一个公安业务术语在法律上被明确。《人民警察法》第 6 条关于人民警察的职权第六项明确规定，公安机关人民警察依法“对法律、法规规定的特种行业进行管理”。自此，特种行业不再是一个仅限于公安机关内部使用的称谓，而是成为一个可以公开使用的治安管理专业术语。

（二）特种行业特点

1. 特种行业是工商业中的小部分行业。工商业是国计民生所必需的，是社会发展和经济建设不可缺少的行业。特种行业仅仅是工商业中的一小部分行业，尽管有些行业同样不可避免地被违法犯罪分子利用进行违法犯罪活动，但未经国家和地方的法律法规规章确定，仍不属于特种行业。

2. 特种行业是容易发生各种违法犯罪活动和治安问题的行业。特种行业在客观上具有被违法犯罪分子利用和存在产生各类治安问题的条件。特种行业的业务内容和经营活动的复杂性，容易被利用作为进行违法犯罪活动的环境和条件；易诱发经营者和从业人员从事具有行业特点的违法犯罪活动；治安灾害事故隐患突出。这些是公安机关实行特殊治安管理，禁止一般不符合治安条件的人从事这

些行业的实质原因。

3. 特种行业是由法律法规规章明确确定的行业。在现实生活中，某些行业也具有易被违法犯罪分子利用的特点，但法律法规规章没有把其纳入特种行业管理范围，这种行业就不是特种行业。哪些行业是特种行业必须由国家和地方政府根据当时、当地的治安形势通过法律法规规章加以明确规定。因此，特种行业具有法定性。

4. 特种行业是由公安机关实行治安管理的行业。特种行业由国家和地方政府通过法律法规规章加以确定，并明确由公安机关执行治安管理。公安机关对特种行业实行一系列的治安管理制度，例如：开业许可或备案制度、行业内部安全制度、安全培训制度、监督检查制度、年度审核制度等。公安机关通过执行治安管理法律法规规章，行使审查、检查、教育、取缔、处罚等行政管理权。

二、特种行业管理范围

（一）特种行业管理范围的历史沿革

特种行业管理范围是一个国家根据不同的历史时期政治、经济状况和各个时期社会治安形势的需要，以法律法规规章的形式加以规定的，不同国家、不同的历史时期，特种行业管理范围是不同的。

目前，世界上许多国家都规定有“特种行业”或“特种营业”，但因社会制度以及具体国情的差异，其包含的范围与我国的“特种行业”有一定区别。在西方国家，特种行业主要包括风俗业、赌博业、娼妓业、照相业、汽车旅馆业、旧车买卖与拆装业、舞场、酒馆、咖啡馆、浴室等。

我国的特种行业管理范围也经历了一个历史演化过程。我国古代就对兵器铸造业、钱币铸造业、旅馆业、盐茶业、印刷业等实施了严格管理。例如：司马迁《史记・商君列传》就有这方面的记载：“商君亡之关下，欲舍客舍。客人不知其是商君也，曰：‘商君之法，舍人无验者坐之’。”这是关于“旅馆”管理的较早实例。中国先秦时期的政治家、思想家，为了追求消极的治安平衡，已能充分认识到某些特殊行业易被违法犯罪分子利用破坏统治秩序的特点，曾提出废除、禁绝这些行业的过激主张，例如：商鞅曾提出“废逆旅，则奸伪、躁心、私交、疑农之民不行，逆旅之民无所于食，则必农。农则草必垦矣。”（《商君书·垦令》）近代警察意义上的行业管理直至清末才出现，清朝末年、北洋政府和国民党政府为了强化社会治安秩序管理，把烟馆、妓院、赌场、公共娱乐业、旅店业、无线电器材业等纳入了特种行业的范围。

新中国成立后，在“稳定社会秩序”这个指导思想下，按照“原封不动，整套接收”的原则，把旧警察机关的“特种营业”接收过来，并对其逐步改造，开始形成新中国的“特种行业”管理制度。中华人民共和国成立初期的十多年，根据当时的社会政治、经济以及治安形势的需要，公安机关曾经把火药制造业、硫黄制造业、公共娱乐场所（包括舞场、歌厅、电影剧院、说书场、球场、杂耍场）、茶社、酒吧、旅馆业、印铸刻字业、废旧物资收购业以及修理业（包括修理电器、自行车、钟表、照相机）等纳入特种行业进行治安管理。后在20世纪50年代末60年代初取消了对火药制造业、硫黄制造业、公共娱乐场所等行业的特殊管理。1978年8月公安部修改的《城市治安管理工作细则》以及1979年6月公安部和其他六个中央部门联合下发的《关于特种行业企业进行登记管理的通知》规定，特种行业管理范围是旅馆业、旧货业、印铸刻字业、修理业。1984年12月公安部规定特种行业的范围是旅馆业、刻字业、生产性废旧金属收购业和信托寄卖业，而不再把修理业、一般的废旧物品收购业、印铸业列入特种行业，1985年3月公安部发布的《关于改革和加强特种行业管理工作的通知》取消对上述三种行业的特行管理，把旅馆业、刻字业、信托寄卖业、生产性废旧金属收购业列入特种行业管理范围。1988年以后，又相继把典当业、印刷业、拍卖业纳入了特种行业。1999年3月又将机动车修理业和报废机动车回收业纳入特种行业管理。

（二）当前特种行业管理范围

目前，根据国家有关法律法规规章的规定，全国性特种行业治安

管理的范围包括旅馆业、印章业、典当业、印刷业、旧货业、机动车修理业以及其他依法列入特种行业管理的行业。2002 年 11 月，国务院行政审批制度改革后，只有旅馆业、公章刻制业和典当业仍须公安机关核准，领取特种行业许可证，其余特种行业无须公安机关核准，在领取《营业执照》后，到公安机关登记备案即可。

1. 旅馆业。包括经营旅客住宿的所有旅馆、饭店、宾馆、招待所、客货栈、车马店、浴池等行业。

2. 印章业。包括刻字厂、刻字店、流动刻字摊等使用机械或手工工艺刻制公章、印章、戳记、钢印和个人名章的行业。

3. 典当业。典当业是指依法设立的专门从事典当活动的企业法人，其组织形式与组织机构适用《中华人民共和国公司法》的有关规定。

4. 印刷业。主要包括从事出版物、包装装潢印刷品和其他印刷品的经营性的排版、制版、印刷、装订、复印、影印、打印等活动的行业。

5. 旧货业。包括废旧金属收购业、信托寄卖业、旧货流通业、报废机动车回收拆解业等行业。

6. 机动车修理业。包括承修汽车、摩托车、农用车等机动车辆的所有行业。

此外，根据公安部《关于改革和加强特种行业管理工作的通知》“各地公安机关根据实际情况，认为其他有必要列入特种行业管理的，可报省、自治区、直辖市人民政府批准”和《人民警察法》第 6 条有关特种行业“由法律、法规规定”的精神，各地根据本地经济发展和社会治安管理的需要，可以把当地容易被违法犯罪分子利用的工商服务行业，通过地方性立法和颁布规章形式纳入特种行业治安管理范围，如开锁业、出租汽车行业等。

三、特种行业管理任务

公安机关对特种行业实行治安管理，主要是依据国家法律、法规和规章对特种行业进行治安监督检查和治安业务指导。特种行业管理的基本任务是：依据国家的法律规范，依靠特种行业从业人员，严格行业治安秩序管理，保障公共安全，为社会主义经济建设服务。具体任务可分为以下几个方面：

（一）预防、发现和控制违法犯罪活动

特种行业的业务特性决定了其易被不法分子利用进行违法犯罪活动，治安管理的首要任务就是预防、发现和控制违法犯罪活动。对特种行业的治安管理应充分发动和依靠特种行业从业人员和行业服务对象，通过贯彻执行各项安全管理制度，加强安全防范措施，减少可资违法犯罪人员利用的条件，并通过日常服务和经营管理，发现利用特种行业进行违法犯罪活动的不法分子和可疑人员。为此，要增强从业人员的法律意识和安全意识，提高同违法犯罪分子作斗争的能力，以落实各项安全防范措施，预防、控制和打击各种违法犯罪活动，维护行业内部的正常秩序。

（二）预防和查处治安灾害事故

治安灾害事故造成的经济损失和人员伤亡往往较为严重，是社会主义现代化建设和人民群众生命财产安全的大敌。由于特种行业服务对象的构成复杂、流动频繁，加之行业本身可能存在房屋危险、通道阻塞、电器设备陈旧、消防器材短缺、明火管理不严或带入易燃易爆危险品等问题，在一定条件下会引起爆炸、火灾和中毒等治安灾害事故。因此，对特种行业进行治安管理必须从行业和行业服务对象的安全出发，建立健全各项规章制度，落实安全措施，严密安全防范工作，防止治安灾害事故的发生。对发生的重大治安灾害事故，要认真查明原因，严肃查处，直至追究本行业有关领导和当事人的刑事责任。对违反安全规定屡教不改者，要按照《治安管理处罚法》的有关规定进行处罚，对蓄意制造事故的犯罪分子，要会同有关部门查明原因，取得证据，严厉打击。

（三）保障合法经营活动

治安管理部门应当把维护特种行业内部治安秩序，保障特种行业及其服务对象的正当活动和合法权益，发展经济，便利群众，放在工作的首要位置。在治安管理过程中，运用法律、行政、教育、公安专业等手段，对特种行业从业人员及其服务对象的行为加以规范和引导，在特种行业内部建立一种安全有序的正常秩序状态。一方面，通过贯彻执行有关法律规范建立健全各项管理制度，规范特种行业及其服务对象的行为，对行业内从事的非法活动必须一律取缔，打击违法经营；另一方面，要依法保护特种行业的合法经营和行业服务对象的正当活动。

（四）收集治安信息

特种行业的服务对象广泛，有条件收集和掌握大量社会成员的活动状态等主要的信息，例如，通过旅客登记工作，既可以掌握流动人口的流量流向，职业构成情况，分析社会动态；也可以为查证控制违法犯罪人员，缉捕犯罪嫌疑人提供信息和依据。因此，特种行业治安管理必须注重收集、分析有关社会动态的信息资料，以信息引导警务，及时为党和政府的决策提供依据。

四、特种行业管理基本方法

特种行业管理的基本方法，是指特种行业管理普遍适用的一般工作方法。由于不同行业的性质、特点不同，公安机关管理的方法也有所差异。但是，特种行业又具有某些共性，因而在管理上具有共同适用的基本方法，主要归纳为以下几点。

（一）严格审批与备案制度

对目前仍保留的旅馆业、公章刻制业、典当业治安行政审批，公安机关应当严格按照《中华人民共和国行政许可法》的规定，坚持公开、公正、便民和效率的原则，做好相关行业的行政许可。

对公安机关不再审批，只需登记备案的特种行业，如印刷业、废旧金属收购业等行业应建立登记备案制度。公安机关应在政府的协调下，主动与工商行政部门沟通协商，希望工商行政部门在企业设立的最后一道环节，明确告之特种行业的经营者在领取工商营业执照后，需在规定的时间内将特种行业所在位置、经营者的基本情况、经营范围、安全状态等主要情况向当地公安机关备案。为了避免事后整改的困难，公安机关应及时将法律、法规以及对特种行业的软、硬件及其他标准的要求发布在当地刊物及其他媒体上，或者委托相关审批部门预先告知，使经营者能及时了解特种行业开业时应具备的治安安全防范条件和违反规定时将承担的法律责任。

（二）强化特种行业自律

特种行业的从业人员，特别是企业法人和经营管理者，对特种行业管理负有主要责任，特种行业管理必须依靠行业的从业人员，只有普遍调动起从业人员的治安保卫工作积极性，强化从业人员的治安责任意识和技能本领，才能做好特种行业的管理工作。公安机关应当通过法律规范明确特种行业法人代表、经理责任，明确特种行业经营业主为第一责任人，明确他们在治安管理过程中的职责、权限和工作失职时应承担的相应责任。另外，可将治安管理的部分管理职能向行业协会转移，让行业协会承担起维护行业利益、实行行业自律的责任。公安机关定期或不定期召开协会例会，了解行业情况。

（三）督促行业内部建立安全规章制度

特种行业治安管理制度，是特种行业管理法律、法规具体的表现形式，是规范特种行业经营行为、维护良好秩序的依据。公安机关一方面要按照法规和行业实际，帮助特种行业建立健全切实可行的各项规章制度；另一方面要采取灵活方式，通过各种工作渠道，监督、检查特种行业贯彻执行规章制度的情况，指导特种行业把治安保卫工作落到实处。

（四）强化公安机关的监督检查

改革审批制度后，加强对特种行业事中和事后监督的一个重要手段就是要加强检查。确实做好特种行业的管理防范工作，一要制定检查工作的标准及规范，细化检查内容；二要明确派出所对辖区内特种行业日常检查的责任，做到底数清、情况明；三要建立行业业主和从业人员档案，明确规定凡受到公安机关处理、被取消经营资格的人员，今后不得从事此类经营活动。

（五）推进行业管理信息化

在特种行业治安管理中进行信息化建设，是建立公安机关“打、防、控”一体化建设的重要内容，是特种行业防控体系有效运转的前提和基础。目前，特种行业治安管理中已建立、推广了旅馆业、印章业、机动车修理业、报废机动车回收业和印刷业等治安管理信息系统，从而建立了管理者与被管理者之间信息畅通交流的便捷渠道，实现了对特种行业的实时监控、动态管理，增强了工作针对性和实效性，提高了工作效率。因此，我们应继续提高系统覆盖率，强化数据采集，规范系统运行，实现系统升级，加强行业信息制度建设。

（六）教育培训行业从业人员

要实现有效的管理，人是关键。特种行业的从业人员常与犯罪分子直接接触或交易。各类刑事犯罪嫌疑人在逃亡过程中要找地方住宿，就会与旅馆业从业人员接触；在典当行、旧货市场内与从业人员交易的对象经常有可能就是抢劫、盗窃的犯罪嫌疑人。因此对特种行业从业人员开展教育和培训是强化安全管理的重要组成部分。公安机关要对从业人员开展教育与培训，以此提高从业人员的法制观念和业务素质，强化他们的大局意识、责任意识和防范意识，增强行业的整体安全防范能力。

（七）建立考核评比制度

取消行政审批后，对特种行业可以采取记分考核、星级评审、挂牌警示等方式实施监督管理。通过实行等级评定制度，可以提高业主抓治安的责任心和积极性，实现执法公开化和日常检查的规范化；改变民警检查随意性大的局面，使检查工作有章可循、有据可依。与此同时，将考核制度与工商年检诚信制度挂钩，对为牟取利益而进行违法活动情节较重的特种行业，通报工商部门，给予降低信用等级，暂缓年检、注册或吊销营业执照等处理。同时，对经营守法好的单位进行表彰，对存在治安隐患和漏洞的单位，要责令其限期整改。

（八）打击行业内的违法犯罪活动

防范和打击始终是公安机关的两个“拳头”，公安机关既要运用日常检查等日常防范的“拳头”，也要运用国家赋予公安机关依法打击的“拳头”，加大对特种行业违法犯罪活动的查处力度。要广辟信息来源，及时收集掌握违法犯罪信息；严厉打击行业内的违法犯罪活动的组织者、策划者、为首者和保护伞；对违法经营业主应追究刑事责任的要坚决予以追究；适时开展专项斗争和专项整治行动，保障特种行业健康有序地发展。同时引入激励机制，根据从业人员提供嫌疑对象及嫌疑物品等线索的价值，特种行业在协助侦查破案中起到的作用，给予奖励，充分调动特种行业从业人员参与预防打击犯罪的积极性。

第二节　废旧金属收购业

每回收利用一吨废钢铁，就可以节省挖掘各种矿石 20 吨，节约 1.2 吨炼钢标准煤；废易拉铝罐溶化后可无数次循环再造成新罐，并且还可以制成汽车和飞机零件，甚至家庭用具，循环再造铝罐可节省新造铝罐所需资源的 95%；手机中很多零部件由金、银、铜、锡等金属构成，3.1 吨废手机赛过 30 吨金矿石，一吨废弃手机中能提取至少 150 克黄金。我国每年产生总值上千亿元的废弃物，循环则为宝，弃之则为害。由此可见，再生资源废旧金属回收利用是循环经济的重要途径。

一、废旧金属收购业管理法律依据

1.《再生资源回收管理办法》（2006 年 5 月 17 日商务部第 5 次部务会议审议通过，经发展改革委、公安部、建设部、工商总局、环保总局同意，自 2007 年 5 月 1 日起施行，以下简称《办法一》）。

2.《废旧金属收购业治安管理办法》（1994 年 1 月 25 日公安部发布，以下简称《办法二》）。

3.《公安派出所正规化建设规范》（2007 年 5 月 17 日公安部印发施行，以下简称《规范》）。

4. 地方性规范，如《福建省特种行业和公共场所治安管理办法》（2004 年 7 月月 2 日福建省第十届人民代表大会常务委员会第十次

会议通过,2004年10月1日起施行,以下简称《办法三》)

二、废旧金属收购业含义和范围

废旧金属是一类重要的再生资源,是指黑色金属和有色金属的废旧成品、半成品、残品、次品、部件及其边角余料。按其原使用价值可以划分为生产性废旧金属和非生产性废旧金属两大类。1994年9月,国内贸易部、公安部联合制定的《生产性废旧金属和非生产性废旧金属分类》对废旧金属进行了详细的划分。

生产性废旧金属是指用于建筑、铁路、通讯、电力、水利、油田、市政设施及其他生产领域,已失去原有全部或部分使用价值的金属材料和金属制品,包括用于上述材料与制品的废钢铁、废合金钢、废有色金属、废稀贵金属。非生产性废旧金属是指城乡居民及单位在工作和生活中淘汰的已经失去原使用价值后的金属制品,包括用于上述制品的废钢铁、废合金钢、废有色金属。

废旧金属收购业主要是指物资部门、商业(供销)部门下设的从事废旧金属收购的公司、分公司、站、分站、点以及个体工商户。生产性废旧金属由有权经营生产性废旧金属收购业的企业收购,收购废旧金属的其他企业和个体工商户只能收购非生产性废旧金属,不能收购生产性废旧金属。

三、废旧金属收购业治安问题

近年来,废旧金属收购业经营单位日益增多,市场竞争日趋激烈,由于收购的是“废品”,社会不大关注,一些企业和个体工商户无照经营、违规经营现象严重。废旧金属收购业部分从业人员利欲熏心,为赚取高额利润,违规收购生产性废旧金属,甚至从违法犯罪分子手中收购偷来的金属设施。

(一)废旧收购站对收购的废旧金属不问来源,来者不拒

此种情况是废旧金属收购环节的普遍现象,他们根本不顾及废旧金属的来路是否正当,只要能赚钱就一应照收。例如,杨某原系某

汽车维修部的店员，被老板解雇而心怀不满，为泄私愤，杨某多次潜入该维修部，将千斤顶、空气压缩机、扒胎机等维修工具盗出，分批以废品卖于区内三家废品收购站，这三家收购店没有一位业主对废旧金属的来源进行查问及登记，一手交钱，一手交货，给盗窃分子提供了便利的销赃渠道。

（二）盗窃案犯实施犯罪之前与废旧收购站预约，有针对性地实施盗窃

此类案件事先有目标。例如，车某为了能够在盗窃后顺利脱手，在行窃电缆线前先到区外一废品收购店联系好买主，双方谈定价格后车某才下手，盗得的电线直接送至收购站，因收购环节的畅通无阻，车某肆无忌惮，连续作案四次，直至被现场抓获，造成经济损失二十余万元。

（三）废品收购人员上门“服务”，为犯罪分子提供便利

此类案件多为流动收购人员所为，他们走街串巷，到处张贴联系电话，“服务”热情。例如，邹某等合伙盗窃铝合金窗一案，邹某得手后，联系废品收购流动人员闫某，闫某上门“服务”，在盗窃现场对赃物进行收购。

（四）收购人员与盗窃分子勾结，利用收购行业的便利条件，合伙盗窃

例如，某收购点收购人员范某勾结赵某等人预谋盗窃铝合金门窗，有范某如数收购的“后盾”支持，赵某等人将无人住的整栋楼房的铝合金窗一气儿全部盗走。

四、废旧金属违规收购的主要原因

从目前废品收购业存在问题的分析来看，造成废旧金属乱收购的主要原因有：

（一）收购人员贪心重，心存侥幸

有的明知废旧金属来路不正，却经不住暴利诱惑，冒险收购，因为这类东西收购价格往往相对较低，利润可观，于是为了金钱不惜以

身试法；有的认为只要对赃物来源采取消极态度，不闻不问，对收购的废旧金属不作登记，就可以在日后被查时，以推说不知是赃物或未曾收过赃物来蒙混过关。

（二）收购人员法律意识淡薄

有些从业人员根本不知道该行业还有法律约束，对于废旧金属收购的法律规定更一概不知，对自己的收购业务范围也不了解，以致越权收购或违法收购了违禁物资和有赃物嫌疑的物品。

（三）有关部门对废品收购行业的管理上存有薄弱环节和漏洞

表现在对生产性废旧金属的收购管理不严，出现个体工商户和无权经营企业越权收购生产性废旧金属的情况；对废品收购从业人员缺乏必要的治安培训和督导检查，使得从业人员的法律意识淡漠，对该行业的法规一无所知或一知半解；对流动废品收购人员的管理疏漏，他们只要有一辆车、一杆秤，就可以做生意，根本不管什么东西该收，什么东西不该收，对其管理的不严直接造成了废品收购业的混乱。

五、废旧金属收购业执行备案登记制度

2002 年国务院行政审批制度改革后，生产性废旧金属收购业的设立取消了公安机关的审批发证，与非生产性废旧金属收购业一样，只需到公安机关备案登记。

（一）备案权限和时限

《办法一》第 8 条规定："回收生产性废旧金属的再生资源回收企业和回收非生产性废旧金属的再生资源回收经营者，除应当按照本办法第七条规定向商务主管部门备案外，还应当在取得营业执照后 15 日内，向所在地县级人民政府公安机关备案。备案事项发生变更时，前款所列再生资源回收经营者应当自变更之日起 15 日内（属于工商登记事项的自工商登记变更之日起 15 日内）向县级人民政府公安机关办理变更手续。"

有些省有自己的规定，是到公安派出所备案，如根据福建省《办法三》第 15 条规定："开办除应当办理许可证以外的特种行业……应

当在取得营业执照后十五日内向所在地公安派出所备案。”

(二)备案项目(参考××省公安机关规定)

1.《××市特种行业公共场所备案登记表》;

2. 工商营业执照原件及复印件;

3. 经营业主身份证原件及复印件,经营业主基本情况;

4. 场所管理人员情况登记表,从业人员花名册,所有人员身份证原件及复印件;

5. 经营场所平面图和地理位置图;

6. 治安安全管理制度(包括各项治安管理规章制度、岗位责任制、紧急情况处置预案);

7. 房屋产权证明或租赁合同。

(三)备案程序和要求(参考××市公安机关规定)

经营业主向属地县(区)级公安机关治安大队受理窗口备案时,由受理窗口向报备经营业主发放《特种行业、公共场所备案须知》、《××市特种行业、公共场所备案登记表》、《××市特种行业、公共场所从业人员基本情况登记表》。备案经营业主应在7日内将备案所需材料送派出所受理窗口,并填写《××省特种行业、公共场所备案存根》;由受理窗口发给《××省特种行业、公共场所备案回执》和相应的《治安管理告知书》。辖区内民警应在7日内对场所进行治安检查。

受理窗口在接受行业停业或者变更名称、法定代表人、经营范围、经营地点备案时由经营业主填写《××省特种行业、公共场所变更情况备案存根》,受理窗口发给《××省特种行业、公共场所变更备案回执》,接到变更备案后,辖区民警应在7日内对场所变更情况进行核查。

公安机关应在接待窗口公示行业备案时限、备案须提交的材料。窗口接待民警应及时将受理备案的行业相关材料移交责任民警。责任民警应及时进行治安检查,建立行业场所档案。

(四)禁止设立废旧金属收购站点的区域

公安部规定,要以大中型钢铁、油田等企业为重点,以管得住为

原则，在企业周边明确划定禁止设立废旧金属收购站点的区域，一般应在 3000 米以上。对电力、通讯、铁路等设施周边也要采取适合其特点的禁设措施。对禁设区内的废旧金属收购站点一律取缔。

六、废旧金属收购业制度要求

（一）合同收购

根据《办法一》第 9 条规定，生产企业应当通过与再生资源回收企业签订收购合同的方式交售生产性废旧金属。收购合同中应当约定所回收生产性废旧金属的名称、数量、规格，回收期次，结算方式等。生产性的废旧金属，按照 1991 年国务院《关于加强再生资源回收利用管理工作的通知》的有关规定，由有权经营生产性废旧金属收购业的企业收购。收购废旧金属的其他企业和个体工商户只能收购非生产性废旧金属，不得收购生产性废旧金属。

（二）验证登记

验证登记是指收购废旧金属的企业在收购生产性废旧金属的时候，应当查验出售单位开具的证明，对出售单位的名称、经办人的姓名、住址、身份证号码以及物品的名称、数量、规格、新旧程度等情况如实进行登记。出售人为个人的，应当如实登记出售人的姓名、住址、身份证号码。

（三）货物查验

收购废旧金属的企业和个体工商户对预收购的废旧金属应当进行查验，不得收购下列金属物品：枪支、弹药和爆炸物品，剧毒、放射性物品及其容器，铁路、油田、供电、电信通讯、矿山、水利、测量、城市公用设施等器材，公安机关通报寻查的赃物或有赃物嫌疑的物品。发现有出售公安机关通报寻查的赃物或有赃物嫌疑的物品以及违禁物品的，应当立即报告公安机关，并采取相应的措施，严密控制，防止发生逃跑、行凶等事件。

七、废旧金属收购业行为规范要求

1. 废旧金属收购业经营者在经营活动中发现有公安机关通报

寻查的赃物或有赃物嫌疑的物品时，应当立即报告公安机关；

2. 废旧金属的收集、储存、运输、处理等全过程应当遵守相关国家污染防治标准、技术政策和技术规范；

3. 废旧金属收购业经营者从事旧货收购、销售、储存、运输等经营活动应当遵守旧货流通的有关规定；

4. 废旧金属回收可以采取上门回收、流动回收、固定地点回收等方式。废旧金属回收经营者可以通过电话、互联网等形式与居民、企业建立信息互动，实现便民、快捷的回收服务。

八、民警工作内容和要求

（一）民警工作内容

1. 及时了解掌握辖区废旧金属收购业底数及基本经营状况，建立、健全废旧金属收购业的基础台账，并根据要求将采集的数据输入信息管理系统；

2. 建立废旧金属收购业治安管理工作责任制，明确工作任务和措施；

3. 检查、指导废旧金属收购业内部治安保卫工作，制订安全防范制度。指导、督促废旧金属收购业从业人员落实登记、情况报告、通缉协查、消防安全、值班巡查、安全防范宣传等规章制度；

4. 物建治安信息员等，做好阵地控制工作；

5. 认真受理、查证群众举报线索和上级交办案件，查处发生在场所内应当由治安部门管辖的案(事)件；

6. 开展法制宣传教育。通过上门指导、以会代训、典型案例示教等方式做好相关法律、法规的宣传教育工作，明确告知废旧金属收购业的法定代表人或者主要责任人应当对废旧金属收购业的消防安全和其他安全负责，不断提高经营者和从业人员遵纪守法意识，自觉规范经营行为；

7. 完成上级公安机关交办的工作；

8. 做好其他相关工作。

（二）民警工作要求

1. 熟悉有关废旧金属收购业治安管理的法律、法规，接受形式多样的治安业务培训工作，做到依法行政；

2. 加强与地区商务、工商等职能部门联系，确保信息渠道畅通；

3. 应当对收购废旧金属的企业和个体工商户进行治安业务指导和检查。收购企业和个体工商户应当协助公安人员查处违法犯罪分子，据实反映情况，不得知情不报或者隐瞒包庇；

4. 对废旧金属收购业经营者在经营活动中发现的赃物或有赃物嫌疑的物品应当依法予以扣押，并开列扣押清单。有赃物嫌疑的物品经查明不是赃物的，应当依法及时退还；经查明确属赃物的，依照国家有关规定处理。

九、公安机关日常检查规范

废旧金属收购业日常检查规范参照第三章第二节“娱乐场所管理”。

十、商务、工商、环保等部门管理职责

1. 商务主管部门是再生资源回收的行业主管部门，负责制定和实施再生资源回收产业政策、回收标准和回收行业发展规划。从事再生资源回收经营活动，应当在取得营业执照后30日内，按属地管理原则，向登记注册地工商行政管理部门的同级商务主管部门或者其授权机构备案。备案事项发生变更时，再生资源回收经营者应当自变更之日起30日内（属于工商登记事项的自工商登记变更之日起30日内）向商务主管部门办理变更手续。违者由商务主管部门给予警告，责令其限期改正；逾期拒不改正的，可视情节轻重，对再生资源回收经营者处500元以上2000元以下罚款，并可向社会公告。

2. 发展改革部门负责研究提出促进再生资源发展的政策，组织实施再生资源利用新技术、新设备的推广应用和产业化示范。

3. 工商行政管理部门负责再生资源回收经营者的登记管理和再生资源交易市场内的监督管理。从事再生资源回收经营活动，必须符合工商行政管理登记条件，领取营业执照后，方可从事经营活动。未依法取得营业执照而擅自从事再生资源回收经营业务的，由工商行政管理部门依照《无照经营查处取缔办法》予以处罚。凡超出工商行政管理部门核准的经营范围的，由工商行政管理部门按照有关规定予以处罚。

4. 环境保护行政管理部门负责对再生资源回收过程中环境污染的防治工作实施监督管理，依法对违反污染环境防治法律法规的行为进行处罚。

5. 建设、城乡规划行政管理部门负责将再生资源回收网点纳入城市规划，依法对违反城市规划、建设管理有关法律法规的行为进行查处和清理整顿。

十一、废旧金属收购业法律责任

1. 根据《治安管理处罚法》第 59 条规定，有下列行为之一的，对行为人处 500 元以上 1000 元以下罚款；情节严重的，处 5 日以上 10 日以下拘留，并处 500 元以上 1000 元以下罚款：

(1)违反国家规定，收购铁路、油田、供电、电信、矿山、水利、测量和城市公用设施等废旧专用器材的；

(2)收购公安机关通报寻查的赃物或者有赃物嫌疑的物品的；

(3)收购国家禁止收购的其他物品的。

2. 明知是赃物而窝藏、转移或者代为销售的，依照《治安管理处罚法》第 60 条规定，对行为人处 5 日以上 10 日以下拘留，并处 200 元以上 500 元以下罚款。

3. 回收生产性废旧金属的再生资源回收企业和回收非生产性废旧金属的再生资源回收经营者，应当在取得营业执照后 15 日内，向所在地县级人民政府公安机关备案。备案事项发生变更时，应当自变更之日起 15 日内(属于工商登记事项的自工商登记变更之日起

15日内)向县级人民政府公安机关办理变更手续。违者根据《办法一》第22条规定,由县级人民政府公安机关给予警告,责令其限期改正;逾期拒不改正的,可视情节轻重,对再生资源回收经营者处500元以上2000元以下罚款,并可向社会公告。

4. 在铁路、矿区、油田、港口、机场、施工工地、军事禁区和金属冶炼加工企业附近,不得设点收购废旧金属。违者根据《办法二》第13条第4款规定,依法予以取缔,没收非法收购的物品及非法所得,可以并处5000元以上10000元以下的罚款;

5. 收购生产性废旧金属时未如实登记的,根据《办法二》第13条第5款规定,视情节轻重,依法处以2000元以上5000元以下的罚款、责令停业整顿。登记资料保存期限不得少于两年,违者根据《办法一》第24条规定,由公安机关责令改正,并处500元以上1000元以下罚款。

6. 收购禁止收购的金属物品的,根据《办法二》第13条第6款规定,视情节轻重,依法处以2000元以上10000元以下的罚款、责令停业整顿。构成犯罪的,依法追究刑事责任。

7. 发现赃物或有赃物嫌疑的物品而未向公安机关报告的,根据《办法一》第25条规定,由公安机关给予警告,处500元以上1000元以下罚款;造成严重后果或屡教不改的,处以1000元以上5000元以下罚款。

十二、废旧金属收购业管理文书(参考××市公安机关规定)

1. 公共场所、特种行业备案须知
2. ××市废旧金属收购业备案登记表
3. ××市特种行业从业人员基本情况登记表
4. ××省特种行业、公共场所备案回执
5. ××省特种行业、公共场所变更情况备案回执
6. ××市废旧金属收购业治安管理告知书

特种行业、娱乐场所备案须知

一、备案范围。根据《福建省特种行业和公共场所治安管理办法》等有关规定，开业后须到公安机关办理备案登记的有：印章刻制业（除公章刻制业外），印刷业、旧货交易业、废旧金属收购业、拍卖业、报废机动车回收业、机动车维修业，歌舞、游戏游艺等营业性娱乐场所和设置按摩项目的服务场所。

二、备案时限。须备案的特种行业、公共场所应当在取得营业执照后十五日内向县级公安机关治安大队或辖区派出所备案；停业或者变更名称、法定代表人、经营范围、经营地点的，经营单位或者个人应当在向工商行政管理部门办理注销或者变更手续后十五日内，向县级公安机关治安大队或辖区派出所备案。

三、备案内容。须备案的特种行业或者公共场所经营业主在向所在地派出所备案时，应提供身份证件和特种行业或者公共场所的营业执照以备查验，同时还要向派出所提供特种行业或公共场所的名称、地址、经营范围、平面图、各项涉及治安管理的规章制度，以及经营者、从业人员、治安保卫人员的基本情况。

派出所（分局）

××市废旧金属收购业备案登记表

年　　月　　日

<table>
<tr><td>单位名称</td><td></td><td>经营地址</td><td></td><td>经济性质</td><td></td></tr>
<tr><td></td><td>姓名</td><td>身份证号码</td><td colspan="2">现住址</td><td>联系电话</td></tr>
<tr><td>法人代表人</td><td></td><td></td><td colspan="2"></td><td></td></tr>
<tr><td>治安负责人</td><td></td><td></td><td colspan="2"></td><td></td></tr>
<tr><td rowspan="5">从业人员情况</td><td colspan="2" rowspan="5">从业人员　　人
其中：
管理人员　　人
服务人员　　人
其他人员　　人</td><td>本县（市、区）</td><td colspan="2">人</td></tr>
<tr><td>本省外县（市区）</td><td colspan="2">人</td></tr>
<tr><td>外省（市）</td><td colspan="2">人</td></tr>
<tr><td>境外</td><td colspan="2">人</td></tr>
<tr><td>已申领暂住证</td><td colspan="2">人</td></tr>
<tr><td>工商营业执照号码</td><td></td><td>发证机关</td><td></td><td>有效期限</td><td>年　月　日</td></tr>
<tr><td>备案理由</td><td colspan="5"></td></tr>
<tr><td>经办人意见</td><td colspan="5">经办人签名
年　　月　　日</td></tr>
<tr><td>备案机关意见</td><td colspan="5">（公章）
年　　月　　日</td></tr>
<tr><td>备案回执号码与回执时期</td><td colspan="5"></td></tr>
<tr><td>备注</td><td colspan="5">备案提供材料应附后</td></tr>
</table>

××市特种行业从业人员基本情况登记表

<table>
<tr><td>姓名</td><td colspan="2"></td><td>性别</td><td></td><td>年龄</td><td></td><td rowspan="4">照片</td></tr>
<tr><td>出生年月</td><td colspan="2"></td><td colspan="2">籍贯(国籍)</td><td colspan="2"></td></tr>
<tr><td>户籍所在地</td><td colspan="6"></td></tr>
<tr><td>现居住地址</td><td colspan="3"></td><td colspan="2">暂住证号</td><td></td></tr>
<tr><td>从业时间</td><td colspan="3"></td><td colspan="2">解聘时间</td><td></td><td></td></tr>
<tr><td colspan="2">身份证号或护照号</td><td colspan="6"></td></tr>
<tr><td colspan="2">工作岗位</td><td colspan="6"></td></tr>
<tr><td colspan="2">工作职责</td><td colspan="6"></td></tr>
<tr><td colspan="2">工作经历</td><td colspan="6"></td></tr>
<tr><td colspan="2">奖惩记录</td><td colspan="6"></td></tr>
<tr><td colspan="8">居民身份证、外国人就业许可证复印件张贴处</td></tr>
</table>

NO:00000

××省特种行业、公共场所备案存根

名称:______________________

地址:______________________

经营范围:____________________

注册资金:____,营业面积:____,

法人代表:______,电话:______,

从业人员数:____人,治保人员数:____人,

已于____年____月____日到____派出所(分局)办理了备案手续。

业主签字:

____年____月____日

NO:00000

××省特种行业、公共场所备案回执

__________:

根据《××省特种行业和公共场所治安管理办法》规定,你企业已于____年____月____日到____派出所(分局)办理了备案手续。请严格遵守有关法律、法规和规章规定。

________派出所(分局)(盖章)

____年____月____日

NO:00000

××省特种行业、公共场所
变更情况备案存根

名称:____________________

地址:____________________

经营范围:____________________

法人代表:______,电话:______,

变更项目(停业):____________________

____

已于____年____月____日到______派出所(分局)办理了变更(停业)备案手续。

业主签字:

____年____月____日

NO:00000

××省特种行业、公共场所
变更情况备案回执

____________:

根据《××省特种行业和公共场所治安管理办法》规定,你企业已于____年____月____日到____派出所(分局)办理了变更(停业)备案手续。请严格遵守有关法律、法规和规章规定。

________派出所(分局)(盖章)

____年____月____日

××市废旧金属收购业治安管理告知书(存根)

编号：

行业名称：

法人代表：　　　　　　　　联系电话：

______(治安部门)于　　年　　月　　日向业主告知,从业应遵守的规定。

业主签字：　　　　　　　　　　　　年　　月　　日

废旧金属收购业治安管理告知书

为了进一步加强废旧金属收购业治安管理,维护社会治安秩序,保障公共安全,保护公民、法人和其他组织的合法权益,根据《福建省特种行业和公共场所治安管理办法》和《废旧金属收购业治安管理办法》(公安部令第16号)等有关规定,经营废旧金属收购业应遵守以下规定：

一、执行国家有关法律、法规和规章。

二、法定代表人为治安责任人,承担本单位的治安责任。

三、收购废旧金属的企业应当有固定的经营场所。根据场所规模,配备专(兼)职治安保卫人员或者按照有关规定配备保安人员,并做好保安人员、治安保卫人员的教育管理工作。

四、营业场地和设施符合治安安全管理要求。不得在铁路、矿区、油田、港口、机场、施工工地、军事禁区和金属冶炼加工企业附近设点收购废旧金属。

五、组织本单位的经营负责人、保安人员、治安保卫人员接受治安业务培训。

六、制订符合国家有关规定的治安管理制度，整改治安隐患，组织落实治安安全措施。

七、收购生产性废旧金属时，应当查验出售单位开具的证明，对出售单位的名称和经办人的姓名、住址、身份证号码以及物品的名称、数量、规格、新旧程度等如实进行登记。

八、不得收购下列金属物品：

（一）枪支、弹药和爆炸物品；

（二）剧毒、放射性物品及其容器；

（三）铁路、油田、供电、电信通讯、矿山、水利、测量和城市公用设施等专用器材；

（四）公安机关通报寻查的赃物或者有赃物嫌疑的物品。

九、及时向公安机关报告本单位的治安情况，配合公安机关查处刑事、治安案件。发现有出售公安机关通报寻查的赃物或者有赃物嫌疑的物品的，应当立即报告公安机关。

十、停业或者变更名称、法定代表人、经营范围、经营地点的，经营单位或者个人应当在向工商行政管理部门办理注销或者变更手续后十五日内，向所在地公安派出所备案。

十一、违反上述规定的，依照《中华人民共和国刑法》、《中华人民共和国治安管理处罚法》、《福建省特种行业和公共场所治安管理办法》、《废旧金属收购业治安管理办法》等有关法律法规给予处罚。

派出所（治安管理部门）

年　　月　　日

第三节　旅馆业

一、旅馆业管理法律依据

1.《旅馆业治安管理办法》(1987 年 9 月 23 日国务院批准,1987 年 11 月 10 公安部发布施行,以下简称《办法一》)。

2.《公安派出所正规化建设规范》(2007 年 5 月 17 日公安部印发施行,以下简称《规范》)。

3. 各地自行规定,如《福建省特种行业和公共场所治安管理办法》(2004 年 7 月 22 日福建省第十届人民代表大会常务委员会第十次会议通过,2004 年 10 月 1 日起施行,以下简称《办法二》)。

4.《人员密集场所消防安全管理》(中华人民共和国公共安全行业标准 GA 654-2006,2006 年 10 月 25 日公安部发布,2007 年 1 月 1 日施行,以下简称《标准》)。

5.《消防监督检查规定》(2009 年 4 月 30 日中华人民共和国公安部令第 107 号发布,根据 2012 年 7 月 17 日《公安部关于修改〈消防监督检查规定〉的决定》修订,以下简称《规定》)。

二、旅馆业含义和范围

(一)旅馆业含义

旅馆业是指经营接待旅客住宿,为旅客提供住宿条件和其他服务项目的行业。旅馆业是社会服务性行业,其通过出租客房或床位的形式,为社会成员提供住宿、饮食、文化娱乐、商务洽谈等项服务,是社会生活中必不可少的组成部分,是随着社会生产力的发展和商品流通的扩大而出现和发展的一种行业。

我国是一个有着悠久历史和灿烂文化的文明古国,也是世界上最早出现旅馆的国家之一,据考证,远在距今 3000 多年以前的殷商时期,我国就出现了供官方传递文书和往来官吏居住的“驿置”、“驿站”、“驿亭”。这是中国历史上最古老的一种官方住宿设施。公元前2000多年前，即传说中的尧、舜、禹时期。许田奉帝尧之命，建旅馆以待四方首领，我们不妨称之为最早的“国宾馆”。随着朝代的更迭，政令的变化，疆域的展缩以及交通的疏塞等诸多原因，“驿站”、“驿亭”与政府的官吏及民间的旅行者之间的联系越来越广泛，形成了古老旅馆的雏形。周朝时，我国的旅馆已经有了相当的规模。据《周礼》记载：“凡固野之道，十里有庐，庐中有饮食；三十里有宿，宿有路室，路室有委；五十里有市，市有侯馆，侯馆有积。”可见在周朝时期，不仅有了旅馆，而且官方还明确规定了旅馆的设置，在不同的距离上，沿大路分别设置了“庐”、“路室”、“侯馆”，备有相应的食宿条件，供过路的官吏和传递统治者的政令、各级政府间公文的信使与邮卒之用。此外，周朝时期官府还专门设置了招待外国宾客的地方，称“主国待客，出入三积，讫客于舍”。春秋战国时期，各国的诸侯和奴隶主为了发展自己的势力，兼并天下，争相拉拢邻国，广罗客卿，政治、军事和外交斗争尖锐、复杂。为此，各国不仅争相设立“诸侯馆”和“传舍”等形式的迎宾馆，用以接待外国宾客住宿。而且一些大奴隶主也争相建立了我国历史上最早的民办旅馆，专门用以招待和留宿投奔他和他罗织的“士”（即政客或食客），如我国历史上春秋战国时期著名的齐国大奴隶主孟尝君就曾“养士三千”，可见其开设的“民间旅馆”规模之大。秦汉时期，旅馆开始纳入管理，司马迁的《史记·商君列传》中记载“商君亡至关下，欲舍客舍。客人不知其是商君也，曰：商君之法，舍人无验者坐之。”

进入封建社会以后，随着社会生产力和商品经济的发展，我国的旅馆在有了进一步发展的情况下，随着社会的分工，逐渐形成了一个专门的服务性行业。唐朝是我国封建社会最鼎盛的时期，文化昌盛，经济发达，旅馆业已经逐渐发展成为三大系列，即从“驿站”沿袭、演化而成的“馆驿”、“驿馆”、“驿楼”等；从“诸侯馆”、“传舍”发展形成的“四方馆”和其他地方馆舍；从“逆旅”、“客舍”演变、发展而成的民间“旅馆”、“旅店”、“旅社”、“客店”等。为了适应当时十分频繁的中外文化交流和商业贸易往来的需要,唐朝不仅在首都长安设立了招待各国来客和各民族商人居住的“四方馆”,还在楚州(今江苏淮安)设立了专门接待日本客人的“扶桑馆”,并且沿陆路的“丝绸之路”和商州、宁波等海上口岸设立了“番坊”,供海外商客膳宿。到了元代,“站赤”是驿站蒙古语的名字,本意为司驿者,兼站官及站户。成吉思汗时仿效中原驿馆传舍的制度,在其境内设置驿站,到窝阁台时,还增设了从蒙古本土通往察合台和拔都等地,从和林通往中原等地的驿站。元代以后的历朝虽然因政治、经济、军事以及外交等需要而不断变换旅馆的称谓,但基本上都没有脱离这三大系列的范畴。只是民办的旅馆、客店、旅社不断增多。清朝设立治安管理机构,将旅馆业纳入治安管理。

1912 年至 1918 年是以西式饭店的仿效经营为主的初创时期,民族资本开始投资旅馆业,经营者着力于改进建筑设计、设施设备及服务项目;1919 年至 1927 年间为发展时期,公寓、寄宿舍等长住型接待设施应运而生,新式旅馆的数量、规模都有较大的发展,旧式旅馆也不断提高服务质量,整个行业的发展水平提升;1928 年至 1937 年间,国内涌现了一批规模宏大、设施一流、管理先进的民族资本投资和管理的旅馆企业,各地景区旅馆服务更加完善,公寓及交通旅馆发展迅速,整个行业实现了由传统旅馆业向近代旅馆业的转变。

目前我国旅馆数量多,档次多,服务功能多,按照国际星级标准可分为一至五星级旅馆,按照国际规模标准可分为大、中、小型饭店;按照我国档次标准可分为高、中、低和简易四档。就其经营构成而言非常复杂,从所有制讲,有国有企业、集体企业、私营企业、外商独资企业、中外合作企业、中外合资企业(后三者称为“三资”企业);从经营内容讲,专营与兼营并存;从经营方式讲,有常年开办的,也有季节性经营的;从经营或所有单位来看,从中央国家机关到地方各级政府,各类机关、团体、部队、学校、企事业单位,都可兴办旅馆。

(二)旅馆业管理范围

根据《旅馆业治安管理办法》第 2 条的规定,“凡经营接待旅客住宿的旅馆、饭店、宾馆、招待所、客货栈、车马店、浴池等，不论是国营、集体经营，还是合伙经营、个体经营、中外合资、中外合作经营，不论是专营还是兼营，不论是常年经营，还是季节性经营，都必须遵守本办法。”只要是经营接待旅客住宿的行业，包括新兴的家庭旅馆、汽车旅馆等，均纳入旅馆业并入特种行业进行治安管理，其设立和经营活动必须遵守《旅馆业治安管理办法》和其他相关规定。部分地市将提供住宿的桑拿业也纳入旅馆业管理。由于桑拿经营成本低，若提供住宿，对旅馆业的经营带来冲击，也有些地方不允许桑拿提供住宿，在凌晨两点前必须关门。

三、旅馆业治安特点

旅馆业的治安特点体现在旅馆、旅客和旅馆经营者三个方面，从治安防范和打击违法犯罪活动的角度考察，主要表现在以下几个方面：

(一)旅馆的开放性与封闭性并存，容易被不法分子利用进行违法犯罪活动

旅馆是长期对社会开放，为过往旅客提供食宿服务的企业，所有的人，只要按章履行住宿登记手续并给付住宿费，都可以合法地在旅馆租住，违法犯罪分子也不例外。而旅馆的每一个住宿单元一旦被合法租住，就成为只供租住者使用的起居空间，无关人员不得随意进入。这就使得旅馆客房可能成为违法犯罪分子落脚、藏身以及进行不法活动的“庇护所”。

(二)旅客构成复杂，流动频繁，不利于防范和发现违法犯罪活动

一是各种身份的人都可能以各种目的进住旅馆。旅客在旅馆内外所从事的各种活动，既不可能预作统一规定，也难以确认其是否必要，更不可能逐一核查其是否合法。所以，违法犯罪分子容易混迹其中。二是同在旅馆住宿的旅客之间互不熟识、更不了解，旅客和旅馆工作人员之间也没有过多的交往，所以旅馆内相互关照、相互监督的社会防范机制相对减弱。三是旅客只身在外，在原来生活环境中的

自我约束意识可能弱化，社会责任感可能降低，容易产生“匿名心理”而从事平时所不敢为的行为，从而加大了旅馆中发生违法犯罪行为的几率。四是住宿旅客中的经商人员、企业管理人员、旅游人员和国外、境外人员大量增加，旅客的消费水平大大提高，消费要求不断增多，因此诱发了以满足部分旅客非法需求的违法犯罪活动。

（三）旅馆从业人员易成为影响旅馆治安秩序的负面因素

由于不法分子利用旅馆的环境条件进行的违法犯罪活动，对旅馆自身的经营效益往往并无直接影响，有的还能带来额外的非法收益。因此，当旅馆的从业人员为了片面追求经营的经济利润，而姑息、包庇身边的不法行为，甚至为之提供方便，或者直接参与、从事违法犯罪活动时，就会转化成危害旅馆治安的重要因素。旅馆从业人员在经营中的违法犯罪活动，因地区和旅馆档次的不同而表现不同。常见的是以敲诈、盗窃等方式侵害旅客财物，侵犯旅客人身权利，参与或组织聚众赌博，贩卖、传播淫秽物品，贩卖、吸食毒品，从事色情陪侍或卖淫嫖娼等活动。

四、旅馆业治安问题

（一）违反开业审批制度，擅自开设、改建旅馆

主要表现有：一是大量中小旅馆、简易旅馆、临时旅馆，不经公安机关和工商行政部门审查批准，擅自开业；二是改建、扩建旅馆，不申请消防监督检查，或敷衍、搪塞公安机关的监督检查，强行违章改建、装修；三是不经公安机关备案，随意改变旅馆的经营范围、经营项目或擅自歇业、转业、合并或自行迁移企业地址、改换企业名称、更换法人代表等。

（二）违反旅馆安全管理规定，冒险营业

部分旅馆经营者出于片面追求经济效益的需要，无视旅馆经营的安全规定，抱侥幸心理冒险经营，出现了随意改变旅馆结构和布局，扩大营业面积等问题。特别是在营业旺季，擅自拆改危旧房屋、搭盖棚房或挤占库房、将营业用房改为客房，以及挤占、堵塞消

防通道、通风孔道等,加房、加床的现象较为严重。不仅造成了公私财物丢失、损毁,更加重了旅馆火灾、房屋坍塌等治安灾害事故的隐患。

(三)不严格执行旅馆安全管理制度,治安漏洞多

较为突出的是不认真执行验证登记制度、门卫守护制度、财物保管制度和客房安全制度等。不严格执行管理制度的现象,在不同档次规格的旅馆中都有反映,但是表现不同。一般地讲,中小旅馆、简易旅馆和季节性旅馆不执行旅客住宿验证登记制度的问题较为严重。有的中小旅馆甚至把不验证、不登记非法留客住宿,当作招徕旅客的一种方法。有的还允许旅客将携带的各种危险物品在旅馆里随意存放,造成严重的治安隐患。中高档次的旅馆,一般能够较为严格地执行旅客住宿验证登记制度,但在对门卫守护、会客登记等客房安全制度的执行上,存在各种漏洞,不仅使客房成为藏污纳垢的场所,而且发生在客房里的盗窃、抢劫等严重危害旅客生命、财产安全的恶性案件,明显增多。

(四)不重视治安保卫组织建设,旅馆的安全保卫机制被削弱

由于转换企业经营机制,旅馆业被推向市场,一些旅馆经营者把旅馆安全管理同经营利益对立起来,把建立治安保卫组织机构,增强治安保卫力量当成负担。旅馆的业务骨干都被充实到业务岗位,削弱了旅馆治安保卫建设,致使旅馆的治安保卫组织机构涣散,治安保卫工作名存实亡。另外,适合新时期旅馆治安保卫需要的工作体制和工作方式,还有待于进一步研究探讨,在现阶段,这也一定程度地影响了旅馆治安保卫工作的开展。

(五)忽视对从业人员的教育培训,旅馆经营者和职工的整体素质不高

有的旅馆主管部门或经营者,不重视旅馆从业人员的素质建设,对招聘人员不做认真审查,甚至随意招聘不知底细的流动人口,使一些不法人员和品行不端的人混入旅馆工作。由于劳动就业双向选择等客观原因,旅馆从业人员的流动性加大,使得对旅馆从业人员的培

训教育工作相对困难。因此，从总体看，旅馆经营者和从业人员的法律观念、法规知识水平和治安保卫技能普遍下降。又由于部分旅馆管理松散，监督不严，使得旅馆经营者和从业人员中的违法犯罪问题增多。

五、旅馆业硬件要求

旅馆业硬件方面要求主要是根据《旅馆业治安管理办法》和公安部的《关于加强旅馆业治安管理工作的通知》及地方性规定来综合的。

1. 有固定营业场所，房屋建筑质量及消防设施必须符合国家有关规定；

2. 具备必要的技防和物防措施。三星级或者相当于三星级以上旅馆应当安装安全防范监控系统，对大堂、电梯、楼层及其他重要部位进行全天候监控，并配备专人值班。客房房门逐步改用电子锁，发生过盗窃案的必须予以更换；

3. 设置旅客贵重物品存放室，并在客房内配备贵重物品保险柜（箱）；

4. 50个床位以上以及其他有条件的旅馆应当建有符合公共安全强制性标准的旅馆业治安管理信息系统。（此条为福建省地方性规定）

六、旅馆业制度要求

（一）验证登记制度

《办法一》第6条第1款规定："旅馆接待旅客住宿必须登记。登记时，应当查验旅客的身份证件，按规定的项目如实登记。"对入住旅客，旅馆要严格检验其有效身份证件，做到人证相符，登记内容齐全、准确，不漏登、错登，旅客入住、退宿登记率达到100%。验证主要是查验身份证件真伪，登记主要包括旅客姓名、证件号码、户籍住址以及入住时间等项目。

旅客住宿验证登记要求如下:(1)旅馆要指定专人负责旅客住宿登记;(2)登记时,应按照公安机关的要求,认真查验旅客的身份证件。根据旅客的不同身份,其证件种类有居民身份证,港澳居民来往内地通行证,台湾居民来往大陆通行证,护照,劳改、劳教人员请假证明,结婚证等;(3)《住宿登记表》由旅客自己按规定项目如实填写;(4)对外国人、华侨、港澳台同胞,应到指定的旅馆住宿(涉外宾馆),旅馆应负责查验护照或有关证件,填写《境外旅客住宿登记表》;(5)持无效身份证件或没有身份证件住宿的,必须及时向公安机关和有关部门报告,领取公安机关开具的确认身份的证明住宿;(6)《旅客住宿登记表》应按日按月装订成册,定期报送当地公安机关查验,并由查验的公安民警签名盖章。各旅馆旅客住宿登记表应保存 3 年,以备查验。

(二)使用治安管理信息系统制度

近年我国旅馆业发展迅猛,但多数地方一直沿用手工登记、手工往管理部门送报表、人工查询等原始的管理手段,工作效率低下。面对繁重的治安管理任务,公安部把建设旅馆治安管理信息系统作为全国“金盾工程”的重要内容,并以此为突破口,全面推进治安管理信息系统建设。《旅馆业治安管理信息系统》是结合二代证的应用,系统通过自动及时的信息上传,加强对流动人口中入住旅馆人员和社区借住人员的管理,既简化了旅馆自身的工作、方便了管理,同时通过实时监控和及时报警,配合了公安部门、安全部门充分发挥旅馆业维护社会治安、打击犯罪的作用。旅馆业治安管理信息系统下设权限管理、旅馆业管理、信息查询、统计分析和通知管理五个模块。

1999 年 12 月,公安部发布了《旅馆业治安管理信息系统标准》和贯彻执行的通知,目前,旅馆业已普遍安装治安管理信息系统,已安装治安管理信息系统的旅馆须在验证登记环节将旅客的身份情况及相片录入系统上传。

1. 及时录入、修改、传送旅馆地址、名称、经营范围等基本情况和旅馆法人、负责人,安保部和客房部、前厅部等部门负责人,客房、总台、安保部门的从业人员花名册；

2. 及时录入、传送行李寄存、现金及贵重物品寄存、拾物登记等情况；

3. 及时录入、传送可疑情况报查信息、骚扰登记情况；

4. 及时录入、传送发生的各种治安案件、刑事案件和治安灾害事故的情况，以及系统设置的其他信息；

5. 及时浏览接收各种通知、通缉、通报、协查，并录入、传送接收回执；

6. 因故不能及时录入旅客住宿信息的，应在 1 小时内补录、传送。交接班时要检查计算机登记的信息，对未传送的录入信息按规定传送。其他相关信息或信息变更要及时录入、即时传送；

7. 建立系统管理使用日志，将每天入退宿人员信息、录入数量与传输情况如实登记。如遇计算机无法录入和传输故障时，应在 30 分钟内与系统维修单位联系，同时告知当地派出所。

（三）值班巡查制度

旅馆应根据场所规模，配备专（兼）职治安保卫人员或者按照有关规定配备保安人员，负责门卫、内部安全保卫和停车场所等重要部位安全管理。旅馆安保人员要加强对消防安全、治安安全检查，建立安全检查登记簿。按规定应安装监控系统的旅馆监控室，要明确专人值班，并建立监控室值班记录簿。

（四）客房安全制度

客房安全涉及经营者和旅客两个方面，其中，旅馆经营者居主导地位。因此，客房安全制度应包括对客房服务和旅客住宿两方面的要求，涉及多项具体的制度规定和管理措施。

1. 客房安全服务要求。对客房安全服务的要求主要有两方面：一是旅馆经营者和客房服务员、旅馆保安员、值班员等负有客房安全责任的人员，要认真执行客房钥匙管理、门卫值班、会客登记、巡逻守护等有关客房安全的管理制度，认真履行所承担的岗位安全保卫责任。公安机关对各项客房安全制度的执行情况要进行监督检查并予以指导；二是加强客房安全服务工作。客房服务应结合安全服务，提醒旅客遵守住宿规定和安全事项，指导旅客正确使用客房设施设备和掌握紧急自救、求救的方法。及时处理客房中的安全隐患，劝阻和制止不规范的住宿行为，发现可疑情况及时报告。

2. 旅客安全住宿要求。住宿旅客必须遵守《旅客须知》等有关旅馆住宿的制度规定，增强公民意识，讲究公共道德，积极配合旅馆的管理，协助旅馆维护良好的住宿秩序。

3. 查房工作可与房内服务结合进行。旅客离房外出或离店，客房服务员可到房间查看。查房内容有“五看”：看旅客是否按登记的房、床号住宿，看旅客是否冒名、会客留宿；看旅客是否乱窜客房或男女混居一室；看有无危险物品；看各部位有无其他不安全因素。发现回店较晚或夜不归宿的旅客，分析发现有违法犯罪行迹的人。

（五）财物保管制度

《办法一》第7条规定：“旅馆应当设置旅客财物保管箱、柜或者保管室、保险柜，指定专人负责保管工作。对旅客寄存的财物，要建立登记、领取和交接制度。”

1. 旅客财物保管的具体要求

（1）旅馆应设立旅客财物寄存处，保管室要符合安全要求，并确定专人负责保管工作，寄存处夜间值班不得少于2人。旅馆应专门设置旅客财务保管箱、保险柜或保管室，并专人负责对寄存物品检查、登记，寄存物品管理人员要做好交接班登记；

（2）钱物存放要分开，严格存取手续；

（3）保管员交接班时，要严格办理交接手续，做到件数清、情况明、有记录；

（4）必须实行“三对号、一签收”制度，即房号、床号、牌号一致，领取登记物品时要签名。

2. 旅馆不得或不易保管的物品

（1）国家依法管制的枪支、弹药、管制刀具、危险物品以及机要文件等，旅馆不得保管；旅客携带的枪支弹药一律按规定交当地军事部门或公安机关保管，严禁存放在寄存处，发现可疑的持枪人员，应当立即报告公安机关；

(2)鸦片、海洛因、吗啡、大麻、可卡因、"摇头丸"等各类毒品，旅馆不得保管；

(3)易变质腐烂的鲜活物品和怕挤压、倾倒的易碎易损物品，以及较大件包装货物，旅馆条件所限，一般不予保管；

(4)洗漱用具、换洗衣物及其他日常零用品，因为旅客随时取用，也不宜交柜台保存，一般由旅客自行保管。

3. 旅客遗留物品、携带违禁品处理

《办法一》第8条规定："旅馆对旅客遗留的物品，应当妥为保管，设法归还原主或揭示招领；经招领三个月后无人认领的，要登记造册，送当地公安机关按拾遗物品处理。对违禁物品和可疑物品，应当及时报告公安机关处理。"这就是旅馆必须普遍施行的旅客遗留物品处理制度的基本内容。严禁侵占挪用旅客遗留物品，严禁擅自处理违禁品。

七、旅馆业行为规范要求

1. 安全责任。旅馆业的法定代表人或者主要负责人为治安责任人，负责组织本单位员工切实贯彻执行相关法律法规和旅馆业治安管理的各项规章制度；加强对内部保卫组织的领导，教育员工提高警惕，遵纪守法，落实各项安全防范措施。

2. 安全防范宣传。旅馆从业人员应当主动向旅客宣传住宿旅馆遵守的相关法律法规规定，提醒旅客加强自身安全防范。

3. 可疑情况报告和通缉协查核对。旅馆从业人员应当及时报告本旅馆的可疑人员、可疑情况和违法犯罪情况，并注意公安机关的通缉、通报，及时配合公安机关开展协查工作。

八、旅馆业消防要求

旅馆业设置在多种用途建筑内的应采用耐火极限不低于1.0 h

的楼板和 2.0 h 的隔墙与其他部位隔开，并应满足各自不同工作或使用时间对安全疏散的要求。设有旅馆业的建筑内的疏散楼梯宜通至屋面，且宜在屋面设置辅助疏散设施。防火巡查宜采用电子寻更设备。设有消防控制室的旅馆或其所在建筑，其火灾自动报警和控制系统宜接入城市火灾报警网络监控中心。旅馆业可按规定设置自动喷水灭火局部应用系统或简易自动喷水灭火系统。设置火灾自动报警系统时，可设置点式火灾报警设备。旅馆业需要控制人员随意出入的安全出口、疏散门，或设有门禁系统的，应保证火灾时不需使用钥匙等任何工具即能易于从内部打开，并应在显著位置设置"紧急出口"标识和使用提示。

高层旅馆的客房内应配备应急手电筒、防烟面具等逃生器材及使用说明，其他旅馆的客房内宜配备应急手电筒、防烟面具等逃生器材及使用说明。客房内应设置醒目、耐久的"请勿卧床吸烟"提示牌和楼层安全疏散示意图。客房层应按照有关建筑火灾逃生器材及配备标准设置辅助疏散、逃生设备，并应有明显的标志。

九、旅馆业应急预案

旅馆业的应急预案，是根据当前旅馆业突出的治安问题，结合本店的具体实际而制定的处置突发案件或事故的方案。一般包括火灾、爆炸、中毒、暴力犯罪、盗窃等几种应急预案。有了应急预案，一旦发生紧急情况，就可以有条不紊地进行处置。

(一)应急预案的要求和内容

1. 制订应急预案的要求。预案要有针对性，符合本店的实际情况，组织要严密，分工要明确，职责要分明，措施要具体，并应当进行预演。

2. 应急预案的内容

第一部分：前言。简要阐明预案的目的和作用。

第二部分：组织领导。包括组织机构的设置和办公所在地以及正副总指挥的姓名、职责等。

第三部分：各专业战斗小组的负责人、组成人员以及他们的任务和联络方式。一般成立有：(1)抢险抢救组，负责救人和灭灾工作；(2)现场保护组，负责维护秩序；(3)组织疏散组，负责旅客安全；(4)伤员救护组，负责抢救运送伤员；(5)通讯联络组，负责上报下达；(6)后勤保障组，负责饮食和交通保障等。

第四部分：可以采取的具体应急方法和应当运用的处置手段。如封锁现场、下达旅客疏散指令、切断电源、关闭通道、限制人员外出等。

第五部分：纪律和要求。

(二)发生刑事案件后的处置

1. 及时有效地保护犯罪现场。犯罪现场是发生违法犯罪活动的地点、场所和一定的地带，在现场可能遗留的各种痕迹和物品都可能为公安机关侦破案件提供重要线索和证据。因此，一旦发现犯罪现场，任何公民都有义务、有责任及时、有效地加以保护。保护现场要做到以下四点：(1)必须明确现场的范围，及时布置警戒。不准无关人员围观，更不准擅入。(2)应当明确现场内有无需要救护的人员，需要关闭控制的水、电、气管道或仪器、机器，以免造成更大损失。如果确实需要进入现场，应尽量先做必要的记录(拍照、摄像等)，同时，事先明确好进入人员、路线、方法，尽量减少对现场的变动。(3)现场范围与旅客活动和旅馆经营发生矛盾的，可根据现场的重要性作相应处置。特大、重大案件的现场，应劝阻和重新安置有关旅客，甚至部分停止营业，改变道路路线，确保不破坏现场。(4)保护现场，必须指派忠实可靠、认真负责的人员，要根据需要确保人力安排充足。能以关闭等技术或设施性保护的，应关闭后再加守候。

2. 在控制事态的前提下查找知情人。旅馆内人口密集，发生违法犯罪前后很可能有人发现一些有价值的情况，应当尽量广泛地寻找有可能知情的人。了解、记载并具体、准确地向人民公安反映情况；重要知情人和其他相关人员，应劝其留待公安机关进行现场调查取证后，再离开旅馆；确实非走不可又不便依法监控的人，应详细了解其住址、身份、来地去处、活动日程，以利于公安人员寻找。有些人，一时无法判断其是嫌疑者还是知情人，则应暗中注意，不必惊动，更不要擅自采取强制措施，以免侵害公民合法权益或引起不测事变。

3. 及时、准确、详尽地报告公安机关。各种案件一旦发生，在赶往现场、保护现场的同时，应迅速报告旅馆保安人员和公安机关，一时不知电话号码的，可打 110 报警，甚至可通过 119 火警转报，还可请电话接线员帮助接通公安机关。报告情况一定要及时、准确，尽可能详尽，一时不清楚的可随后再报。

（三）发生火灾等治安灾害事故时的处置

1. 及时、准确地报告灾情。各种治安灾害事故都有一个发展过程。要及早报警，同时也要组织实施有效的抢救措施。

2. 预测灾情，安全迅速地撤离人、财、物。旅馆人口密集，财物集中，而且财物类型混杂，甚至可能会出现易燃易爆、易传染疾病或放出毒气、毒液等物品。所以，灾情出现后，在扑救的同时，也要稳住阵脚，有秩序地组织人、财、物的撤离。

3. 抓好善后工作，协助查找原因。在进行上述措施的同时，有两方面工作必不可少：必须尽快安置受灾旅客，恢复照明、交通、通讯和饮水、食品等供应，安定人心，稳定局势；协助公安机关查找事故原因。

十、旅馆业特种行业许可证审批程序（部分参考福建省规定）

1987 年的《办法一》第 4 条规定："申请开办旅馆，应经主管部门审查批准，经当地公安机关签署意见，向工商行政管理部门申请登记，领取营业执照后，方可开业。""如有歇业、转业、合并、迁移、改变名称等情况，应当在工商行政管理部门办理变更登记后三日内，向原审批开业的公安机关备案。"根据规定，旅馆业是必须经过公安机关审核的行业之一，应当依法取得公安机关颁发的特种行业许可证。

（一）申请开设旅馆应提交的材料

关于申请开设旅馆应提交哪些材料，《办法一》没有详细说明，主要根据各地的规定，下面以福建省为例，根据福建省的规定，申请开设旅馆需要提供以下材料：

1. 申请报告（说明资金来源、股份组成、安防设施建设等情况）和《福建省旅馆业特种行业许可证审批表》（一式两份）；

2. 工商部门出具的《企业名称预先核准通知书》及复印件；

3. 法定代表人、主要负责人的身份证件及复印件，法人代表无故意犯罪记录证明；

4. 营业场所产权证明或租赁协议书及复印件；

5. 有关部门出具的房屋建筑质量、消防安全审查合格证明文件及复印件。其中，50个床位以下或者建筑面积在500平方米以下的旅馆，应提交合格的《建筑工程消防验收意见书》或经实地检查符合消防安全条件的证明文件；50个床位以上或者建筑面积在500平方米以上的旅馆，应提交合格的消防安全检查意见书；

6. 50个床位以上的旅馆还应提交旅馆业治安管理信息系统建设合同书及复印件；

7. 经营场所平面图；三星级或者相当于三星级以上的旅馆，还应提交安全防范监控系统安装示意图或系统安装合同书及复印件或承诺书；

8. 联营或承包经营的，应提交联营或承包协议书及复印件；

9. 验证登记、贵重物品寄存、值班巡查等治安安全制度；

10. 建立治安保卫组织，配备治安保卫人员、保安人员情况说明。

（二）受理权限

在《办法一》中国家没有明确由哪一级公安机关负责特种行业许可证申请受理工作。各地公安机关有自己的内部分工，根据《办法二》规定，福建省的旅馆业特种行业许可证申请受理工作由县级公安机关负责。

（三）审批权限

根据《办法二》，福建省的旅馆业特种行业许可证申请审批工作，

40 间(套)以上(含本数)的旅馆业由设区市公安局审批,40 间(套)以下旅馆业由县级公安机关负责。

(四)审批时限

1. 以福州 40 个床位以下的旅馆为例,需在 10 个工作日内办结

(1)受理:县级公安机关治安大队受理申请人的申请材料,经办人当场审查申请材料是否齐全,对申请材料符合要求的,填写福州市公安局受理承诺单。

(2)初审:经办人在 1 个工作日内对受理材料的实质内容进行初审。

(3)现场审验:初审材料符合要求的,经办人在 5 个工作日内进行现场审验。对现场不符合要求的,提出限期整改意见,直至整改符合要求。

(4)审核:现场审验符合要求的,县级公安机关治安大队领导在 1 个工作日内签署审核意见。

(5)审批:县级公安机关治安大队领导审核后,由本级公安机关领导在 2 个工作日内作出准予许可或不予许可的决定。

(7)办结:1 个工作日内办结发证。

填写关于××纳入日常治安管理的通知,将发证情况告知所在地派出所纳入日常治安管理。

2. 以福州 40 个床位以上的旅馆为例,需在 10 个工作日内办结

(1)受理:县级公安机关治安大队将申请人的申请材料及初步审查意见提交市公安局治安支队,经办人当场审查申请材料是否齐全,对申请材料符合要求的,填写福州市公安局受理承诺单。

(2)初审:经办人在 1 个工作日内对受理材料的实质内容进行初审。

(3)审核:市公安局治安支队职能大队领导在初审合格后 1 个工作日内进行复审。

(4)现场审验:对复审符合要求的,在 5 个工作日内进行现场审验。对现场不符合要求的,提出限期整改意见,直至整改符合要求。

(5)审核:市公安局治安支队领导在现场审验合格后1个工作日内签署审核意见。

(6)审批:市公安机关领导在审核合格后1个工作日内做出准予许可或不予许可的决定。

(7)办结:1个工作日内办结发证。

填写关于××纳入日常治安管理的通知,将发证情况告知所在地县级公安机关治安大队纳入日常治安管理。

(五)重点审核材料

根据《办法一》和各地较为一致的做法,公安机关对旅馆业的申请应重点审核主管部门或相当主管部门的意见,房屋建筑鉴定或验收资料,消防审核意见,安全防范设备(防盗、报警、通讯、监控)配置资料,旅馆建筑平面图,安全保卫机构和人员配备资料,其他从业人员资料等。

1. 选址定点的审查。首先,注意地理环境的影响,防止发生治安灾害事故;其次,应与堆放危险物品的场所保持安全距离(如煤气站、燃油库、危险物品仓库);再次,应避开各种污染源(如化工厂、造纸厂、垃圾站、污水池、牲畜饲养厂);最后,某些规定区域不得开设旅馆(如军事禁区、重要仓库等要害部门的周围地区)。

2. 建筑设施及内部布置的审查。房屋建筑安全方面应有建筑监理部门的验收证书或房管部门出具的鉴定证书;消防安全应审查消防安全审核证书;防盗安全主要审查客房、库房、财会室等部位的防盗、防抢劫等设施的配备情况,门窗结实情况,关锁严密情况,中高档旅馆应设置技术性强的防盗预警设备。

3. 从业人员的审查。公安机关主要对从业人员(经理、门卫及保卫人员、验证登记员、客房服务员、财务保管员、炊事员、电气管理人员)的公共安全方面进行审查,尤其是对保卫人员的审查。审查应注意:(1)身份应明确。(2)一般应无违法犯罪记录,一般人员可适当放宽,但对登记员、财物保管员、保卫人员必须严格把关;旅馆的从业人员,尤其是登记员、会计、保管员、保卫人员应保持相对稳定。(3)

所有从业人员的基本情况应详细登记造册，载明姓名、性别、出生年月、家庭现住址、身份证号码等情况。

4. 规章制度的审查。对旅馆业来说，没有基本制度，就无法进行治安管理。不仅旅馆的合法经营和旅馆安全没有保障，而且影响整个社会治安。旅馆内安全规章制度主要有：(1)验证登记制度，(2)值班巡逻制度，(3)财物保管制度，(4)客房安全制度，(5)宣传教育制度，(6)协查报告制度。

（六）验收内容

1. 总服务台。(1)应配备有专门用于住宿客人信息登记上传的计算机设备；(2)应配备二代身份证读卡器和专用证件扫描仪；(3)在专供住宿人员存放大宗现金或贵重物品的保管室内设保险柜（箱）；(4)贵重物品储存室（柜）应安装牢固安全的铁门、铁柜；(5)住客信息登记上传符合规定要求。

2. 监控系统。(1)出入口、大堂、电梯、楼道、楼梯位、停车场、贵重物品储存室等部位应安装监控视频设施；(2)主要出入口和总台等部位的回放图像效果能清晰显示客人面部特征；(3)其他部位的回放图像能显示客人体貌特征；(4)录像资料保存时间应达 30 天以上。

3. 硬件设施。(1)客房门窗应符合防盗要求；(2)客房二楼以下应安装防盗网；(3)客房二楼以上无安装防盗网的，窗户开启应小于 15 厘米；(4)客房内应张贴逃生示意图；(5)消防设施符合要求；(6)消防安全通道保持畅通。

（七）受理审批工作规范

公安机关在受理特种行业许可证申请时，对不属于本机关职权范围或者不符合规定条件的，受理公安机关应当即时出具不予受理通知书；对申请材料不齐全或不符合法定形式的，应当场一次性告知申请人必须补正的全部内容；材料齐全、符合法定形式的，公安机关必须受理，并向申请人出具受理通知书。

公安机关应当派出两名以上民警对申请事项的实质内容进行现场核实。经核查，符合条件的，发给特种行业许可证；不符合条件的，

发出整改通知书，经重新核查合格的，发给特种行业许可证；或直接发给不予许可通知书。

旅馆业法定代表人、经营地址等重要事项变更，由原发证公安机关受理。公安机关应在接到申请之日起10日内进行审查，符合条件的进行变更登记，换发特种行业许可证或在原证件上作变更签注。

公安机关对旅馆业的设立应严格审核，符合条件的，才能发给特种行业许可证。

十一、民警工作内容和要求

（一）民警工作内容

民警对未经批准营业的旅馆予以取缔，对通过审批已开业的旅馆要经常进行检查，日常治安安全检查的主要内容：

1. 旅馆业持有特种行业许可证以及项目变更情况。

2. 住宿登记是否合乎要求；是否将旅客住宿登记单按抵店日期依次装订归档保存2年；是否规范使用交接登记簿。

3. 旅馆前台登记系统能否正常工作；前台服务员是否经过相关培训、通过派出所政审，能熟练操作前台系统；适时对旅馆使用系统情况进行检查，是否按规定全面、及时、准确地通过旅馆业治安信息系统登记、录入、上传旅客住宿信息和相关信息，并在检查结束后2个工作日内将检查情况录入信息系统。

4. 旅馆业值班巡视、贵重物品寄存制度、访客登记制度、可疑情况报告和通缉通报协查核对等各项安全管理制度的落实情况。监控人员是否脱岗、监控图像是否清晰、是否按规定保存电脑监控记录或录像带。

5. 旅馆经营者、从业人员及住宿客人是否违反规定擅自增加客房或床位。

6. 旅馆的客房、寄存室等是否存放易燃、易爆、腐蚀、剧毒、放射等性质的物品。

7. 消防设施是否齐全；通道出入口、应急疏散楼梯是否畅通，是否违反规定在通道内堆放物品；疏散指示标志是否按规定进行张贴和摆放；应急照明设备能否正常使用。

8. 对旅馆内行迹可疑人员进行审查。

9. 火灾、爆炸、地震、生化恐怖袭击等紧急事件的各项应急预案制订和演练是否健全、落实。

10. 总机是否落实防电话骚扰措施。

11. 旅馆业单位承办重要接待任务或举办大型活动时，公安机关应结合治安安全检查的内容，检查贵宾住宿楼层或举办活动场地控制情况，摸排、控制旅馆内部不安定因素，加强旅馆周边治安状况巡查。

(二)民警工作要求

1. 熟悉有关旅馆业治安管理的法律、法规，接受形式多样的治安业务培训工作，做到依法行政。

2. 加强与地区卫生、工商等职能部门联系，确保信息渠道畅通。

3. 根据旅馆业实际状况和当地公安机关规定，确定检查频率，详细记录检查结果、整改情况。监督检查记录应当包括：执行监督检查任务的人员姓名、单位、职务；监督检查的时间、地点、场所名称、检查事项；发现的问题及处理结果。监督检查记录一式两份，由监督检查人员签字，并经旅馆业负责人签字确认。旅馆业负责人拒绝签字的，监督检查人员应当在记录中注明情况。

十二、公安机关日常检查规范

旅馆业日常检查规范参照第三章第二节“娱乐场所管理”。

十三、旅馆业法律责任

(一)关于旅馆业违反开业、变更有关规定行为的认定和处理

1. 旅馆业经营单位未经所在地公安机关许可擅自营业的，无论其是否领取工商营业执照，对其直接负责的主管人员和其他直接责任人员，按照《治安管理处罚法》第 54 条第 3 款的规定，处 10 日以上

15日以下拘留，并处500元以上1000元以下罚款；情节较轻的，处5日以下拘留或者500元以下罚款。

对旅馆业经营单位，可以按照《无照经营查处取缔办法》第17条的规定予以处罚。

酒店式公寓、内部招待所、洗浴场所未经许可，擅自提供住宿服务的，按照前款规定予以处罚。

2. 依法设立的旅馆有歇业、转业、合并、迁移、改变名称等情况，在办理工商变更登记后未按时向公安机关备案并变更特种行业许可证的，按照《办法一》第15条的规定予以处罚，酌情给予警告或者处以200元以下罚款。

3. 经公安机关批准开办的旅馆未领取工商营业执照的，或者有歇业、转业、合并、迁移、改变名称等情况，未到工商部门办理变更登记且未向公安机关备案的，函告工商部门处理。

（二）关于不按规定登记住宿旅客信息行为的认定和处理

1. 有下列行为之一的，可以认定为“不按规定登记住宿旅客信息”，按照《治安管理处罚法》第56条第1款的规定，处200元以上500元以下罚款。

（1）未登记住宿旅客信息的；

（2）登记的住宿旅客姓名、身份证件种类和号码多次有错漏的或造成不良后果的；

（3）发现住宿旅客冒用他人身份证件或者使用假身份证件登记住宿，未予制止或者未及时报告公安机关，仍按照旅客提供的证件登记的；

（4）对不录和不传境外住宿人员信息的旅馆，可依据《中华人民共和国外国人入境出境管理法》、《中国公民往来台湾地区管理办法》等法律法规予以行政处罚。

2. 旅馆前台登记人员按规定登记后，住宿人员擅自留宿他人，而旅馆业经营单位未及时制止，或者未及时向公安机关报告的，按照《治安管理处罚法》第56条第1款的规定，处罚旅馆经营者或者有关主管人员，处 200 元以上 500 元以下罚款。

（三）关于违反《居民身份证法》有关行为的认定和处理

住宿旅客在办理住宿登记时，冒用他人居民身份证件或者使用骗领的居民身份证的，以及使用伪造、变造的居民身份证的，依照《居民身份证法》第 17 条的规定予以处罚，由公安机关处 200 元以上 1000 元以下罚款，或者处 10 日以下拘留，有违法所得的，没收违法所得。

（四）关于违反内部治安保卫规定行为的认定和处理

有下列行为之一，存在治安隐患的，可以认定为违反单位内部治安保卫规定，按照《企业事业单位内部治安保卫条例》第 19 条的规定，公安机关应当责令限期整改，并处警告；单位逾期不整改，造成公民人身伤害、公私财产损失，或者严重威胁公民人身安全、公私财产安全或者公共安全的，对单位处 1 万元以上 10 万元以下的罚款，对单位主要负责人和其他直接责任人员处 500 元以上 5000 元以下的罚款，并可以建议有关组织对单位主要负责人和其他直接责任人员依法给予处分；情节严重，构成犯罪的，依法追究刑事责任。

1. 未设置治安保卫机构或者配备专职、兼职治安保卫人员的；

2. 治安保卫机构、人员未依法履行职责的；

3. 未建立并执行值班巡查、财物保管、消防安全、治安防范教育培训等制度的；

4. 治安防范措施不落实的；

5. 其他违反《企业事业单位内部治安保卫条例》的行为。

（五）关于旅馆工作人员阻碍国家工作人员依法执行职务行为的认定和处理

旅馆业工作人员阻碍公安民警依法执行职务，依照《治安管理处罚法》第 50 条的规定，从重处警告或者 200 元以下罚款；情节严重的，处 5 日以上 10 日以下拘留，可以并处 500 元以下罚款。构成犯罪的，依照《刑法》第 277 条的规定追究刑事责任。旅馆业主管人员指使工作人员阻碍公安民警依法执行职务的，同时处罚该主管人员。

在公安民警依法开展治安检查、侦办案件时，拒不提供登记簿等相关资料的，可以认定为“阻碍国家工作人员依法执行职务”。

（六）关于吊销许可证

旅馆业经营单位有下列行为之一的，公安机关可以按照《治安管理处罚法》第54条第3款的规定，吊销其特种行业许可证：

1. 旅馆业的工作人员不按规定登记住宿旅客信息、不制止旅客带入危险物质、明知住宿旅客是犯罪嫌疑人不报告，或者经营管理人员违反安全管理规定，被公安机关处罚3次以上，经告知仍不改正，又因同一行为应当受到公安机关处罚的；

2. 旅馆业的工作人员不制止住宿旅客带入危险物质，导致发生重特大安全事故的；

3. 旅馆业的经营管理人员违反安全规定，致使该旅馆发生重特大安全事故的，或者有发生重特大安全事故危险，足以严重威胁公民人身安全、公私财产安全或者公共安全，经公安机关通知不加改正的；

4. 旅馆业经营单位违反管理规定，导致发生重特大案件，造成恶劣社会影响的；

5. 其他违反管理规定，情节严重的情形。

（七）关于取缔

取缔无证经营旅馆，是公安机关依照法定权限和程序，依法终止未经公安机关许可从事旅馆非法经营活动的行政强制措施。根据《治安管理处罚法》、《公安机关执行〈中华人民共和国治安管理处罚法〉有关问题的解释》等有关规定精神，公安机关在取缔无证经营的旅馆时，可以进入无证经营的旅馆进行检查，向无证经营的旅馆工作人员、住宿旅客等调查、了解有关情况，查阅、复制、扣押与无证经营行为有关的票据、账簿以及其他资料，扣押与案件有关的需要作为证据的设备等财物。违法事实清楚、证据确凿的，依法作出以下处理：

1. 责令停止旅馆经营活动；

2. 收缴专门用于从事旅馆非法经营活动的设备等财物；

3. 追缴违法所得。

情节严重，构成犯罪的，依照《刑法》的规定追究刑事责任。

(八)关于适用行政处罚的旅馆业范围和简易程序的适用

适用行政处罚的旅馆，既包括经批准开办、证照齐全、合法经营的旅馆，也包括证照不全、无证无照，实际从事接待旅客住宿经营活动的旅馆。其中，未经公安机关批准擅自开办的旅馆存在其他违反治安管理行为的，对其“擅自经营需经公安机关许可的行业”和其他违法行为，分别裁决处罚。

违反旅馆管理行为事实清楚、证据确凿，对违反治安管理的个人处警告或者 200 元以下罚款，以及对旅馆处 1000 元以下罚款或者警告，可以由公安民警当场处罚。

十四、旅馆业管理文书(参考××市公安机关规定)

1. 特种行业行政审批受理或不予受理通知书
2. 旅馆业特种行业许可证审批表
3. 特种行业审批事项不予许可通知书
4. 特种行业许可证变更申请登记表
5. 关于＿＿＿＿＿＿＿＿＿＿纳入治安管理的通知
6. 检查记录簿
7. 特种行业限期整改通知书
8. 行业场所无照经营抄告函

特种行业行政审批受理或不予受理通知书(存根)

(　　)公特受字[　　]　　号

经审查，____(经办人)代表________(申请单位)于____年____月____日提出________的申请，____(符合或不符合)受理条件，____(予以或不予)受理。

不予受理的理由：________________

决定机关：

年　　月　　日

特种行业行政审批受理或不予受理通知书

(　　)公特受字[　　]　　号

贵单位于____年____月____日提出________的申请，经审查，____(符合或不符合)受理条件，____(予以或不予)受理。

不予受理的理由：________________

特此告知。

决定机关：

年　　月　　日

联系人：　　　　联系电话：

旅馆业特种行业许可证审批表

申请单位______________________________

受理公安机关____________________________

受理申请时间____________________________

××省公安厅制

<table>
<tr><td>拟设单位</td><td colspan="4"></td><td>单位性质</td><td></td></tr>
<tr><td>单位地址</td><td colspan="4"></td><td>邮政编码</td><td></td></tr>
<tr><td>经营范围</td><td colspan="4"></td><td>联系电话</td><td></td></tr>
<tr><td>注册资金</td><td colspan="4"></td><td>建筑结构</td><td></td></tr>
<tr><td>营业面积</td><td colspan="2"></td><td>客房数</td><td></td><td>床位数</td><td></td></tr>
<tr><td>从业人数</td><td colspan="4"></td><td>保卫人数</td><td></td></tr>
<tr><td></td><td>姓名</td><td>性别</td><td colspan="2">家庭住址</td><td>身份证号</td><td>文化程度</td></tr>
<tr><td>法人代表</td><td></td><td></td><td colspan="2"></td><td></td><td></td></tr>
<tr><td>主要负责人</td><td></td><td></td><td colspan="2"></td><td></td><td></td></tr>
<tr><td>保卫负责人</td><td></td><td></td><td colspan="2"></td><td></td><td></td></tr>
<tr><td colspan="5">房屋建筑质量审验合格证明</td><td colspan="2"></td></tr>
<tr><td colspan="5">消防安全审查情况</td><td colspan="2"></td></tr>
<tr><td colspan="5">旅馆业治安管理信息系统建设合同书号</td><td colspan="2"></td></tr>
<tr><td colspan="5">拟设三星级以上旅馆安全防范监控系统安装合同书号</td><td colspan="2"></td></tr>
<tr><td>建立制度</td><td colspan="6"></td></tr>
</table>

续表

<table>
<tr><td rowspan="2">县级公安机关意见</td><td>主办部门(人)意见：

签名：　　　　　　　　　　　　年　　月　　日</td></tr>
<tr><td>审批人意见：

签名：　　　　　　　　　　　　年　　月　　日</td></tr>
<tr><td rowspan="2">设区市公安局意见</td><td>主办部门(人)意见：

签名：　　　　　　　　　　　　年　　月　　日</td></tr>
<tr><td>审批人意见：

签名：　　　　　　　　　　　　年　　月　　日</td></tr>
</table>

本表由申请单位填写一式两份，审批公安机关作出决定后，受理、审批公安机关各留一份存档。

特种行业审批事项不予许可通知书(存根)

(　　)公特决字[　　]　号

______(申请单位)于____年____月____日提出____ ______的申请,经审查,决定不予许可。

不予许可的主要理由:______________________________

决定机关:

年　　月　　日

特种行业审批事项不予许可通知书

(　　)公特决字[　　]　号

______:

贵单位于____年____月____日提出______________的申请,经审查,决定不予许可。

不予许可的主要理由:______________________________

决定机关:

年　　月　　日

特种行业许可证变更申请登记表

<table>
<tr><td>企业名称</td><td colspan="3"></td><td>法人代表</td><td></td></tr>
<tr><td>地　址</td><td colspan="3"></td><td>联系电话</td><td></td></tr>
<tr><td>原证号码</td><td colspan="3"></td><td>发证日期</td><td></td></tr>
<tr><td>变更项目</td><td colspan="2">变更前</td><td colspan="3">变更后</td></tr>
<tr><td></td><td colspan="2"></td><td colspan="3"></td></tr>
<tr><td></td><td colspan="2"></td><td colspan="3"></td></tr>
<tr><td></td><td colspan="2"></td><td colspan="3"></td></tr>
<tr><td></td><td colspan="2"></td><td colspan="3"></td></tr>
<tr><td>变更理由</td><td colspan="5"></td></tr>
<tr><td>主办部门(人)意见</td><td>年　月　日</td><td colspan="2">审批人意见</td><td colspan="2">年　月　日</td></tr>
</table>

存　根

____年____月____日已将______________________________

发证情况通知____治安大队。

签收人：　　　　时间：

关于________纳入治安管理的通知

____________治安大队：

________________________已于____年____月____日经我局行政许可，根据属地管理原则，请将该单位纳入日常治安管理。

年　　月　　日

行业场所日常治安检查记录簿

单位：＿＿＿＿＿＿＿＿＿＿

编号：＿＿＿＿＿＿＿＿＿＿

××市（县）公安局印制

—10—

检查记录存根

第×页

单位名称				地址				
法人代表	姓名		性别		出生日期		联系电话	
被检查单位存在问题	被检查单位负责人签字： 年　月　日							
处理意见								
检查单位	检查单位全称： 检查人员： 检查时间：							

（检查单位留存）

—12—

检查记录第×页

检查记录存根

第×页

单位名称				地址				
法人代表	姓名		性别		出生日期		联系电话	
被检查单位存在问题	被检查单位负责人签字： 年　月　日							
处理意见								
检查单位	检查单位全称： 检查人员： 检查时间：							

（检查单位留存）

特种行业限期整改通知书(存根)

(　　)公特限字[　　]　　号

我局于____年____月____日派____前往________进行现场核实检查，发现该单位在安全管理工作中存在以下问题：____。

根据__________规定，限定于____年____月____日前整改完毕，整改情况应及时反馈。

承办人：　　　　　　批准人：

年　　月　　日

被检查单位__________

负责人：　　　　　　(签名)

年　　月　　日

填发时间：　　　　　年　　月　　日

特种行业限期整改通知书

(　　)公特限字[　　]　　号

__________：

我局于____年____月____日派____前往你单位进行现场核实检查，发现在安全管理工作中存在以下问题：____。

根据________规定，限定你单位于____年____月____日前整改完毕，并将结果函告我单位。在期限届满之前，你单位必须______________________________________。

特此通知。

__________(市、县治安管理部门)

年　　月　　日

行业场所无照经营抄告函(存根)

公函[　　]　　号

______：

我单位在对辖区行业场所治安检查中,发现____等____家未取得________。属无证照经营,现按照国务院《无照经营查处取缔办法》规定抄告贵单位。

接受单位:

接受人:

接收时间:　　　年　　　月　　　日

年　　　月　　　日

行业场所无照经营抄告函

公函[　　]　　号

______：

我单位在对辖区行业场所治安检查中,发现____等____家未取得________。属无证照经营,现按照国务院《无照经营查处取缔办法》规定抄告贵单位。

年　　　月　　　日

第四节　典当业

一、典当业管理法律依据

1.《典当管理办法》(中华人民共和国商务部、公安部 2005 年第 8 号令,自 2005 年 4 月 1 日起施行,以下简称《办法》)。

2.《公安派出所正规化建设规范》(2007 年 5 月 17 日公安部印发施行,以下简称《规范》)。

二、典当业含义和范围

(一)典当业含义和范围

典当,是指当户将其动产、财产权利作为当物质押或者将其房地产作为当物抵押给典当行,交付一定比例费用,取得当金,并在约定期限内支付当金利息、偿还当金、赎回当物的行为。典当业又称典当行,俗称当铺,是以实物占有权转移形式提供临时性质(抵)押贷款的工商企业。商务主管部门对典当业实施业务监督管理,公安机关对典当业进行治安管理。

典当行的名称应当符合企业名称登记管理的有关规定,典当行名称中的行业表述应当标明“典当”字样。其他任何经营性组织和机构的名称不得含有“典当”字样,不得经营或者变相经营典当业务。

典当行注册资本最低限额为 300 万元;从事房地产抵押典当业务的,注册资本最低限额为 500 万元;从事财产权利质押典当业务的,注册资本最低限额为 1000 万元。典当行的注册资本最低限额应当为股东实缴的货币资本,不包括以实物、工业产权、非专利技术、土地使用权作价出资的资本。

(二)新中国典当业发展历程

中国典当业源于南北朝的佛寺质贷,发端于宗教事业,名为“寺库”、“长生库”,在我国已有一千多年的历史。按典当业产权拥有者的社会身份来区别,历史上典当业分四大类型,即佛寺的"寺库"、"长生库",皇帝、皇室贵族的"皇当",官府或官僚资本的"官当",商贾经营的"民当"等。"典当"、"当铺"是民清以来对各类典当业的一般性通称。

众所周知,典当业植根于旧社会,浑身上下的污泥浊水自然是不少。然而,它以小额短期质押贷款为主,居然在人类历史上存在和发展了上千年的时间,这不能不成为一个十分值得注意和研究的社会现象。从中国来看,新中国建立不久,典当业在中国大陆便寿终正寝、荡然无存。但是,随着改革开放的实现,特别是社会主义市场经济体制的逐步形成,典当这个古老而又神秘的行业却悄然复活,得以新生。这说明典当业的存在和发展的确有其充分的合理性;典当业的性质、特点、功能和作用,完全适合社会主义市场经济的需要;典当业是当前和今后都应当给予支持和促进的一个行业。

1949 年中华人民共和国的成立,宣告了中国半封建半殖民地社会制度的彻底结束。新中国成立后,典当业并没有马上被铲除,只是随着资本主义工商业的社会主义改造运动逐步兴起,这才使典当业的日子开始越来越不好过。1954 年 11 月 23 日,中国人民银行总行召开了一次反高利贷座谈会,指出社会主义和资本主义在借贷方面的斗争日益尖锐化,明确了在农村应以信用社的利率作为借贷利率的合法标准,从而对坐落在一般村镇的典当业构成了一种新的限制。1956 年初,中国的私人典当业完全实行了全行业公私合营。在一些城市中,它成为中国人民银行有关分支行领导下的专门办理小额质押贷款的独立经营机构,至此,典当行才开始在中国大陆彻底绝迹。但此时的小贷处仍有典当行的影子,基本上沿用典当模式运作,故实际上是旧式典当业的一种转型或改造,尚属于旧式典当业向典当空白期的过渡形式。斗转星移,沧桑巨变,20 世纪 80 年代末期,曾被定性为剥削制度残渣余孽的典当在中国大陆消亡 30 余年之后,竟又奇迹般地死灰复燃了。1987 年 12 月,四川省成都市开办了新中国第一家典当行——成都市华茂典当服务商行,率先恢复了古老的典当业，这好比提起一道泄洪的闸门，兴办典当行的大潮迅即随之而来，不久就遍及全国，其中浙江温州跟风最紧。1988 年兴办典当的还有辽宁、山西、广东、福建、海南、吉林、贵州等省，5 月，沈阳市商业典当行挂牌亮相，成为东北地区最早成立的典当行之一，其服务宗旨是“发展经济，服务群众，诚实守信，方便快捷”，其经营范围包括服装、家用电器和金银饰品等。当时，由于北方地区社会上对典当认知和了解的人比较少，典当业务难于很快拓展，故其年度典当总额仅为 100 多万元。7 月，山西省运城地区稷山县典当商行露面，这是一家由几个农民合伙成立的典当行，它除从事典当外，还有违法超范围经营的情节，后来在清理整顿非金融机构的过程中被停办。8 月，广州长寿典当行成立，它是广州市改革开放后设立最早的典当行，一开始就以发展经济为目标，贯彻执行“忠诚守信，方便群众”的宗旨，日常服务对象的重点是公民个人，经营范围以黄金饰品、高档手表、家用电器为主。由于广州地区经济比较发达，人们的思想意识比较开放，故利用典当方式融资的很多，致使该行每天从早到晚客流如云，员工忙得不亦乐乎，全天连续营业 12 个小时，节假日也不休息。上海也在 1988 年重新兴办典当，那里的第一家典当行是上海恒源当铺，该当铺由上海市虹口区商业服务公司组建。他们得知成都等地出现典当行后，便很快设立了典当筹备组，一方面赶赴四川等地调研考察，设计方案；另一方面派出人马奔走于所在区人大、工商局、公安局、银行等有关主管部门。得到的回答，有赞成试点的，有心生疑虑的，更多的是问：“什么店不好开，却要开当铺？”有的干脆拒绝，明确表态不允许。然而毕竟是在改革开放的年代，几经周折和等待，1988 年秋天，上海恒源当铺终于开张营业了。恒源当铺的诞生，标志着典当业在中国最大城市的复出。它无疑对国内其他大中城市产生了更加重大和深远的影响，为促进日后新中国典当业的强劲发展，贡献了自己的力量。

（三）典当与抵押的区别

质押和抵押都可以用于借贷中的债权担保。然而，质押最核心的标志是典当标的占有权转移，而抵押则不转移抵押标的的占有权，即抵押人对作为债权担保的抵押物仍占有、使用和收益。在一定的抵押期内，抵押人无权处分抵押物，否则抵押权人有权干预和追索。债务届期已受清偿，抵押权消灭；债务届期未受清偿，抵押权人可通过一定的途径和方式实现抵押权。这与质押转移质押标的的占有权，致使当户在当期内实际上已不能对其使用、收益和处分完全不同。

(四)典当的基本类型

1. 应急型。典当当户融资的目的是为了应付突发事件，如天灾人祸、生老病死等。这类当户以广大普通社会公众居多。

2. 投资型。典当当户融资的目的是为了从事生产或经营，如做生意用钱、上项目调头寸等。这类当户通常是个体老板、一些中小企业。他们往往利用手中闲置的物资、设备等，从典当行押取一定量的资金，然后投入到生产或经营中，将死物变成活钱，利用投融资的时间差，获得明显的经济效益。

3. 消费型。典当当户融资的目的既不为应急也不为赚钱，而纯粹是为了满足某种生活消费，如出差典当些路费、旅游典当些零花钱。

4. 保管型。典当当户的目的是将贵重物品、汽车临时寄存在典当行。

(五)“当”与“卖”的主要区别

典当并非当金越高越好，典当行的收费标准由国家统一规定，每月需支付一定的综合手续费，借得越多，交得越多。典当费用为综合手续费加利息，对于借贷者尤其是高额借贷者来说，这也是一笔可观的费用。所以，千万不要把“当东西”与“卖东西”两个概念混淆。如果你只需要 1000 元，即便你押给当铺的是价值 3000 元的物品，也不必非借 3000 元，否则要多交费用。

(六)典当与银行贷款的取舍

银行融资的优势是典当行难以替代的，融资成本上的差额尤为明显。到典当行贷款当期不宜过长，一般两三个月比较合适，提供短期借贷是当铺融资的一个特点，时间越长，支付的综合手续费也就越多。如果贷款时间比较长，如一年两年，那最好还是到银行。

三、当票，当期，续当、绝当，当金利率和月综合费率

（一）当票

当票是典当行与当户之间的借贷契约，是典当行向当户支付当金的付款凭证。典当行和当户就当票以外事项进行约定的，应当补充订立书面合同，但约定的内容不得违反有关法律、法规和本办法的规定。当票应当载明下列事项：

1. 典当行机构名称及住所；
2. 当户姓名（名称）、住所（址）、有效证件（照）及号码；
3. 当物名称、数量、质量、状况；
4. 估价金额、当金数额；
5. 利率、综合费率；
6. 典当日期、典当期、续当期；
7. 当户须知。

典当行和当户不得将当票转让、出借或者质押给第三人。典当行和当户应当真实记录并妥善保管当票。当票遗失，当户应当及时向典当行办理挂失手续。未办理挂失手续或者挂失前被他人赎当，典当行无过错的，典当行不负赔偿责任。

注意背面
典当须知

全 国 统 一

当 票

福建省经贸委监制
No. 0351300

<table>
<tr><td rowspan="2">典当行</td><td>名　称</td><td colspan="2"></td><td colspan="2">电　话</td><td colspan="10"></td></tr>
<tr><td>地　址</td><td colspan="2"></td><td colspan="2">经营许可证编码</td><td colspan="10"></td></tr>
<tr><td rowspan="3">当户</td><td>名　称</td><td colspan="2"></td><td colspan="2">电　话</td><td colspan="10"></td></tr>
<tr><td>地　址</td><td colspan="2"></td><td colspan="2">联 系 人</td><td colspan="10"></td></tr>
<tr><td>证件名称</td><td colspan="2"></td><td colspan="2">证件号码</td><td colspan="10"></td></tr>
<tr><td rowspan="2">序号</td><td rowspan="2">当物名称</td><td rowspan="2">规格和状况</td><td rowspan="2">数量</td><td rowspan="2">估价</td><td rowspan="2">折当率%</td><td colspan="10">典当金额</td></tr>
<tr><td>千</td><td>百</td><td>十</td><td>万</td><td>千</td><td>百</td><td>十</td><td>元</td><td>角</td><td>分</td></tr>
<tr><td colspan="3">典当金额(大写)</td><td colspan="3">合计</td><td></td><td></td><td></td><td></td><td></td><td></td><td></td><td></td><td></td><td></td></tr>
<tr><td colspan="3">综合费用(大写)</td><td colspan="3">小写金额¥</td><td colspan="5">月费率　%</td><td colspan="5">月利率　%</td></tr>
<tr><td colspan="3">实付金额(元)</td><td colspan="3">小写金额¥</td><td colspan="5" rowspan="3">当户签章</td><td colspan="5" rowspan="3">典当行签章</td></tr>
<tr><td colspan="6">典当局限：由　年　月　日起至　年　月　日止</td></tr>
<tr><td colspan="4">备注：</td><td colspan="2">除当票外
双方
其他约定</td></tr>
</table>

第一联 存根

复核：　　经办：　　保管：　　制单时间：　　年　　月　　日

补入当票信息确认窗口

补入的当票号为：00Q04_0010152　　预览　　确认补入信息　　退出

上海恒通典当行
当　票

日期：2002/02/25　　　　NO. 00Q04-0010152

当户	当户名称	......				联系电话											
	当户地址	沈阳市黄姑区辽河街16号3717				邮政编码											
	证件名称	身份证	证件号码	....		联系人											
序号	当物名称	规格	数量	估价	折当率(%)	利率(‰)	费率(‰)	典当金额									
								千	百	十	万	千	百	十	元	角	
01	宾得照相机	宾得105	1		0	6.000	45.00										
02	金手链	24K;6.2g	1		0	6.000	45.00										
01	黄金项链	24K;5G	1		0	6.000	45.00						5	0	0	0	
典当金额	伍佰零拾零圆整						小写：¥						5	0	0	0	
综合费用	贰拾贰圆伍角零分						小写：¥							2	2	5	
实付金额	肆佰柒拾柒圆伍角零分						合计：¥						4	7	7	5	
典当期限	自 2002/02/25 至 2002/03/26 止					当物封签号	00Q04_0010152										

本票外与本典当行 有 约定。 共收到典当行计人民币：
肆佰柒拾柒圆伍角零分

注意背后典当须知！　当户签章：

典当行签章：

地址：上海市茅台路357号
邮编：200051　联系电话：62736600

备注　1500773

（二）当期

典当期限由双方约定，按规定最长不得超过6个月。典当期内或典当期限届满后5日内，经双方同意可以续当，续当一次的期限最长为6个月。续当期自典当期限或者前一次续当期限届满日起算。

（三）续当和绝当

典当期内或典当期限届满后5日内，经双方同意可以续当。续当时，当户应当结清前期利息和当期费用。逾期不赎当也不续当的，为绝当。典当行应当按照下列规定处理绝当物品：

1. 当物估价金额在3万元以上的，可以按照《中华人民共和国担保法》的有关规定处理，也可以双方事先约定绝当后由典当行委托拍卖行公开拍卖。拍卖收入在扣除拍卖费用及当金本息后，剩余部分应当退还当户，不足部分向当户追索。

2. 绝当物估价金额不足3万元的，典当行可以自行变卖或者折价处理，损益自负。

3. 对国家限制流通的绝当物，应当根据有关法律、法规，报有关管理部门批准后处理或者交售指定单位。

4. 典当行在营业场所以外设立绝当物品销售点应当报省级商务主管部门备案，并自觉接受当地商务主管部门监督检查。

5. 典当行处分绝当物品中的上市公司股份应当取得当户的同意和配合，典当行不得自行变卖、折价处理或者委托拍卖行公开拍卖绝当物品中的上市公司股份。

（四）当金利率和月综合费率

典当当金利率，按中国人民银行公布的银行机构6个月期法定贷款利率及典当期限折算后执行。典当当金利息不得预扣。典当综合费用包括各种服务及管理费用。动产质押典当的月综合费率不得超过当金的42‰，房地产抵押典当的月综合费率不得超过当金的27‰，财产权利质押典当的月综合费率不得超过当金的24‰。当期不足5日的，按5日收取有关费用。

（五）典当须知

“典当须知”是关于典当的注意事项，一般印在当票的背面，是典当行与出质人的约定，具有合同效力。各典当行的“须知”不尽相同。

1. 典当财物应提交的资料。出质人（抵押人，下同）属法人的应提交企业法人营业执照副本复印件、企业法人代码证、法人代表身份证复印件。经办人非法人代表的，应提交法人代表委托书和经办人身份证复印件。出质人属个人的，应提交身份证复印件。所有复印件均需出示原件核对。

2. 质物评估。采用现值评估法，由专业评估师进行价值评估，价格较高的物品，亦可由权威部门评估核定。

3. 当金的支付和当期的确定。当金支付一般按评估价格的50%即付，变现率较高的质物，当金可支付至评估价值的90%。设定当期为一至三个月不等，供出质人选择。到期不能回赎的，出质人应于期满前5日内持当票来申请续当，每次续当期限最长不能超过原当期。

4. 典当利息和费用。(1)典当贷款月利息按人民银行公布的金融机构同档次法定贷款利率（含上浮）执行。(2)典当质押贷款的综合服务费、保管费、保险费，由遵照国家的政策和金融法规制定综合费率，在支付当金时一次性扣收。(3)典当抵押综合费用包括服务费和保管费。

5. 质物保管。典当行对质物有妥善保管的责任。质物如由毁损、遗失（自然毁损除外），应以评估价值为限酌情赔偿。

6. 回赎与死当。当期未满，出质人若提前清偿当金，可持原证件及当票来典当行提前办理回赎。当期届满，出质人应及时如数清偿当金，持当票来典当行回赎质物。当期届满或续当期满后，过期赎当每日加收典当当金0.5%的服务费，10天后仍未清偿当金回赎的质物，视为死当，典当行对死当物品依法享有处置权。

7. 当票挂失。当票是出质人回赎质物的重要依据，不得伪造、变造、涂改。发现遗失应及时持有关证件来典当行办理挂失，若挂失前质物已被冒领，典当行不负赔偿责任。

(六)典当流程

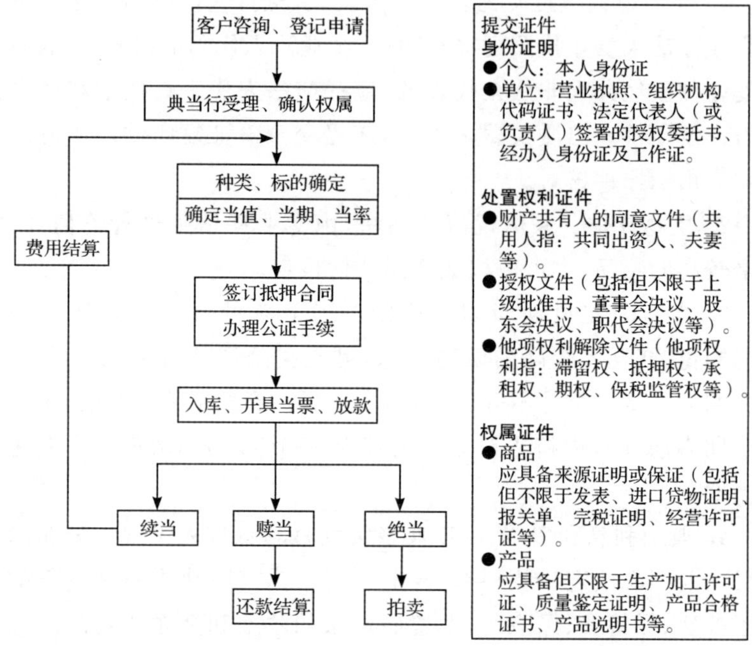

四、典当业治安特点

(一)出当人的复杂性

典当业是以实物占有权转移形式提供临时性贷款的特殊企业。这就决定了典当行的经营活动可以面向社会,为不特定的众多企业和个人提供临时性质押或抵押贷款。

(二)经营范围的广泛性

典当业的经营范围,除法律有明确规定不得经营、受理的业务、当物外,珠宝玉器、金银饰品,名人书画、古玩、艺术品,高档服装,家用电器,生产资料、机械设备,机动车辆,房地产等有一定价值的物品都可以经营,经营范围十分广泛。

(三)易被利用进行销赃犯罪活动

典当业经营的业务,受理的当物面很宽,且具有现金交易性质,除国家明文规定不准经营、受理的业务、当物外，从金银饰品、古董文物，到生产、生活资料，机动车辆，房地产，通讯设备等有价值的物品，都可以出当支取现款。有的盗窃、抢劫犯罪分子就利用典当行经营业务特点，将盗、抢所得的赃物拿到典当行来销赃。从业人员如果素质不高，识别不了赃物，与公安机关在控制销赃方面又配合不力，犯罪分子进行销赃活动就有机可乘。

(四)从业人员易受腐蚀

典当业直接与社会各方面接触，从事钱物交易，从业人员若没有一定的政治思想基础，唯利是图的情况很容易发生，例如，不顾经营范围的规定，随意扩大经营范围，进行变相经营；明知是赃物不拒收、不报告；直接为犯罪分子销赃提供方便等。

(五)从业人员不负责任易造成严重后果

某年 8 月下旬至同年 9 月上旬，孙某连续三次将其利用合同诈骗所得的三辆帕萨特轿车(分期付款车辆)向北京某典当公司典当，典当公司的张某由于工作严重不负责任，不认真向车辆管理机关核实典当车辆的具体情况即支付当金。在典当期限届满后，该典当公司严重违反关于处理绝当的规定，对上述车辆没有按照《担保法》的有关规定处理，也没有委托拍卖行进行公开拍卖。据该公司经理称，次年 2 月，其让朋友李某(重庆人)将三辆帕萨特轿车开走卖掉。现李某及价值人民币 50 余万元的三辆帕萨特轿车均去向不明，给案件的追赃工作造成了困难，增加了被害人的损失。

五、典当业硬件要求

根据规定，典当业房屋建筑和经营设施应当具备下列安全防范设施：

1. 经营场所内设置录像设备(录像资料至少保存 2 个月)；
2. 营业柜台设置防护设施；
3. 设置符合安全要求的典当物品保管库房和保险箱(柜、库)；
4. 设置报警装置；

5. 门窗设置防护设施；

6. 配备必要的消防设施及器材。

六、典当业制度要求

(一)验证登记制度

这里的证件是指出当人、委托出当人的身份证件和单位的证明文件等。个人典当物品，必须出具本人居民身份证、临时身份证或能证明自己真实身份的其他证明；属于单位典当的，应当出具单位证明和经办人的身份证件；属于委托典当的，应当出具典当委托书和委托人、被委托人的身份证件。典当行承接典当物品，必须认真查验这些证明，对符合规定的，才能准予典当，并出具当票。对出当人没有证件、证明的，18 岁以下的未成年人和没有行为能力的人来典当的，或是典当物品按规定不得作为质押的，均不能受理。典当者续当、赎取物品，典当行凭典当者的当票和其身份证件办理续当、赎取手续。

典当行承接物品时，应对典当者的姓名、单位名称、住址、居民身份证号码等事项进行认真登记。

(二)验物登记制度

典当业承接典当时，应对典当物品进行查验，并逐一登记典当物品的名称、数量、规格、新旧程度、当据编号。严禁承接赃物和来历不明的物品；依法被查封、扣押和采取其他保全措施的财产；管制刀具、枪支、弹药，军、警用标志、制式服装和器械；易燃、易爆、剧毒、放射性物品及其容器；法律、法规和国家有关规定禁止典当的其他物品。

(三)当物保管制度

凡是质押品都应进行登记，并由专人负责，妥善保管。夜间应有人值班看守，防止被盗或火灾。禁止典当企业使用质押品。因典当企业保管不善，造成典当物品遗失、被盗、损坏的，应当按绝对当价赔偿。

(四)配备保安人员

根据《办法》第 9 条规定，典当行应当配备保安人员。至于配备途径没有细节规定。

七、典当业行为规范要求

1. 典当行应当如实记录、统计质押当物和当户信息，并按照所在地县级以上人民政府公安机关的要求报送备查。

2. 典当行不得收当的财物

(1)依法被查封、扣押或者已经被采取其他保全措施的财产；

(2)赃物和来源不明的物品；

(3)易燃、易爆、剧毒、放射性物品及其容器；

(4)管制刀具，枪支、弹药，军、警用标志、制式服装和器械；

(5)国家机关公文、印章及其管理的财物；

(6)国家机关核发的除物权证书以外的证照及有效身份证件；

(7)当户没有所有权或者未能依法取得处分权的财产；

(8)法律、法规及国家有关规定禁止流通的自然资源或者其他财物。

3. 典当行发现公安机关通报协查的人员或者赃物以及《办法》第27条所列其他财物的，应当立即向公安机关报告有关情况。

八、典当业特种行业许可证审批程序

申请设立典当行或者典当行申请设立分支机构应当具备《办法》规定的条件，并取得商务主管部门核发的典当经营许可证。《办法》第16条规定："申请人领取《典当经营许可证》后，应当在10日内向所在地县级人民政府公安机关申请典当行《特种行业许可证》，……"典当业是必须经过公安机关审核的行业之一，应当依法取得公安机关颁发的特种行业许可证。

(一)申请开设典当业应提交的材料

1. 申请报告；

2. 典当经营许可证及复印件；

3. 法定代表人、个人股东和其他高级管理人员的简历及有效身份证件复印件；

4. 法定代表人、个人股东和其他高级管理人员的户口所在地县级人民政府公安机关出具的无故意犯罪记录证明；

5. 典当行经营场所及保管库房平面图、建筑结构图；

6. 录像设备、防护设施、保险箱（柜、库）及消防设施安装、设置位置分布图；

7. 各项治安保卫、消防安全管理制度；

8. 治安保卫组织或者治安保卫人员基本情况。

（二）受理权限

所在地县级人民政府公安机关受理，设区的市（地）级人民政府公安机关亦可直接受理。

（三）审批权限和时限

所在地县级人民政府公安机关受理后应当在10日内将申请材料及初步审核结果报设区的市（地）级人民政府公安机关审核批准，设区的市（地）级人民政府公安机关应当在10日内审核批准完毕。经批准的，颁发特种行业许可证。设区的市（地）级人民政府公安机关直接受理的申请，应当在20日内审核批准完毕。经批准的，颁发特种行业许可证。

设区的市（地）级人民政府公安机关应当在发证后5日内将审核批准情况报省级人民政府公安机关备案；省级人民政府公安机关应当在5日内将有关情况通报同级商务主管部门。

（四）典当行及其分支机构重要事项变更

典当行及其分支机构重要事项变更的，按照《办法》第18条规定执行。

典当行变更机构名称、注册资本（变更后注册资本在5000万元以上的除外）、法定代表人、在本市（地、州、盟）范围内变更住所、转让股份（对外转让股份累计达50%以上的除外）的，应当经省级商务主管部门批准。省级商务主管部门应当在批准后20日内向商务部备案。商务部于每年6月、12月集中换发典当经营许可证。

典当行分立、合并、跨市(地、州、盟)迁移住所、对外转让股份累计达50%以上,以及变更后注册资本在5000万元以上的,应当经省级商务主管部门同意,报商务部批准,并换发典当经营许可证。

申请人领取典当经营许可证后,依照本办法第17条的有关规定申请换发特种行业许可证和营业执照。

(五)受理审批工作规范

公安机关在受理特种行业许可证申请时,对不属于本机关职权范围或者不符合规定条件的,受理公安机关应当即时出具不予受理通知书;对申请材料不齐全或不符合法定形式的,应当场一次性告知申请人必须补正的全部内容;材料齐全、符合法定形式的,公安机关必须受理,并向申请人出具受理通知书。

公安机关应当派出两名以上民警对申请事项的实质内容进行现场核实。经核查,符合条件的,发给特种行业许可证;不符合条件的,发出整改通知书,经重新核查合格的,发给特种行业许可证;或直接发给不予许可通知书。

九、商务部门管理职责

1. 商务部对典当业实行归口管理,履行的监督管理职责是:制定有关规章、政策;负责典当行市场准入和退出管理;负责典当行日常业务监管;对典当行业自律组织进行业务指导。

2. 商务部参照省级商务主管部门拟定的年度发展规划对全国范围内典当行的总量、布局及资本规模进行调控。典当经营许可证由商务部统一印制。典当经营许可证实行统一编码管理,编码管理办法由商务部另行制定。当票由商务部统一设计,省级商务主管部门监制。省级商务主管部门应当每半年向商务部报告当票的印制、使用情况。任何单位和个人不得伪造和变造当票。

十、民警工作内容和要求

(一)民警工作内容

民警对未经批准营业的典当业予以取缔,对通过审批已开业的

典当业要经常进行检查,日常治安安全检查的主要内容:

1. 典当业持有特种行业许可证以及项目变更情况;

2. 典当时对人和物的登记是否合乎要求,注意发现化整为零销赃;

3. 典当业值班巡视、可疑情况报告和通缉通报协查核对等各项安全管理制度的落实情况。监控人员是否脱岗、监控图像是否清晰、是否按规定保存录像资料至少2个月;

4. 典当业的各种安全设施和消防设备是否完好,能否正常运转;

5. 典当业是否收当按规定不能典当的物品,对属于赃物或者有赃物嫌疑的当物,公安机关应当依法予以扣押,并依照国家有关规定处理;

6. 贵重物品保险库是否安全;

7. 行业从业人员变动情况。

(二)民警工作要求

1. 熟悉有关典当业治安管理的法律、法规,接受形式多样的治安业务培训工作,做到依法行政;

2. 加强与地区商务、工商等职能部门联系,确保信息渠道畅通;

3. 及时了解掌握辖区典当业底数及基本经营状况,并根据要求将典当业基本信息录入到信息管理系统;

4. 物建治安信息员等,做好阵地控制工作;

5. 根据典当业实际状况和当地公安机关规定,确定检查频率,详细记录检查结果、整改情况。监督检查记录应当包括:执行监督检查任务的人员姓名、单位、职务;监督检查的时间、地点、场所名称、检查事项;发现的问题及处理结果。监督检查记录一式两份,由监督检查人员签字,并经典当业负责人签字确认。典当业负责人拒绝签字的,监督检查人员应当在记录中注明情况。

十一、公安机关日常检查规范

典当业日常检查规范参照第三章第二节“娱乐场所管理”。

十二、典当业法律责任

1. 典当业经营单位未经所在地公安机关许可擅自营业的，无论其是否领取工商营业执照，对其直接负责的主管人员和其他直接责任人员，按照《治安管理处罚法》第 54 条第 3 款的规定，处 10 日以上 15 日以下拘留，并处 500 元以上 1000 元以下罚款；情节较轻的，处五日以下拘留或者 500 元以下罚款。

对典当业经营单位，可以按照《无照经营查处取缔办法》第 17 条的规定予以处罚。

2. 取得公安机关许可的典当业经营者，违反国家有关管理规定，情节严重的，依照《治安管理处罚法》第 54 条之规定，公安机关可以吊销许可证。

3. 典当业工作人员承接典当的物品，不查验有关证明、不履行登记手续，或者明知是违法犯罪嫌疑人、赃物，不向公安机关报告的，依照《治安管理处罚法》第 59 条之规定，处 500 元以上 1000 元以下罚款；情节严重的，处 5 日以上 10 日以下拘留，并处 500 元以上 1000 元以下罚款。

4. 典当行应当查验当户出具的当物的来源及相关证明材料；典当行违反上述规定的，根据《典当管理办法》65 条规定，由县级以上公安机关责令改正，并处 200 元以上 1000 元以下罚款。

5. 典当行应当如实记录、统计质押当物和当户信息，并按照所在地县级以上人民政府公安机关的要求报送备查。违者由县级以上人民政府公安机关责令改正，并处 200 元以上 1000 元以下罚款。

6. 典当行违反规定收当不得收当的财物，由县级以上人民政府公安机关责令改正，并处 5000 元以上 3 万元以下罚款；构成犯罪的，依法追究刑事责任。

7. 典当行发现公安机关通报协查的人员或者赃物以及不应收当的其他财物的，应当立即向公安机关报告有关情况。违者由县级以上人民政府公安机关责令改正，并处 2000 元以上 1 万元以下罚款；造成严重后果或者屡教不改的，处5000元以上3万元以下罚款。对明知是赃物而窝藏、销毁、转移的，依法给予治安管理处罚；构成犯罪的，依法追究刑事责任。

8. 典当行采用暴力、威胁手段强迫他人典当，或者以其他不正当手段侵犯当户合法权益，构成违反治安管理行为的，由公安机关依法给予治安管理处罚；构成犯罪的，依法追究刑事责任。

9. 经公安机关批准开办的典当行未领取工商营业执照的，或者有歇业、转业、合并、迁移、改变名称等情况，未到工商部门办理变更登记且未向公安机关备案的，函告工商部门处理。

十三、典当业管理文书(参考××市公安机关规定)

1. 特种行业行政审批受理或不予受理通知书
2. 典当行(分支机构)特种行业许可证审批表
3. 特种行业审批事项不予许可通知书
4. 特种行业许可证变更申请登记表
5. 关于________________纳入治安管理的通知
6. 检查记录簿
7. 特种行业限期整改通知书
8. 行业场所无照经营抄告函

特种行业行政审批受理或不予受理通知书(存根)

（　　）公特受字[　　]　　号

经审查，____（经办人）代表____________（申请单位）于____年____月____日提出__________________的申请，________（符合或不符合）受理条件，________（予以或不予）受理。

不予受理的理由：____

决定机关：

年　　月　　日

特种行业行政审批受理或不予受理通知书

（　　）公特受字[　　]　　号

贵单位于____年____月____日提出__________________的申请，经审查，________（符合或不符合）受理条件，________（予以或不予）受理。

不予受理的理由：____

特此告知。

决定机关：

年　　月　　日

联系人：　　　　　　　　　　　　联系电话：

典当行(分支机构)
特种行业许可证审批表

申请单位______________________________

县级公安机关受理申请时间________________

设区市公安局受理申请时间________________

××省公安厅制

<table>
<tr><td>拟设单位</td><td colspan="3"></td><td colspan="2">单位性质</td><td colspan="2"></td></tr>
<tr><td>单位地址</td><td colspan="3"></td><td colspan="2">邮政编码</td><td colspan="2"></td></tr>
<tr><td>经营范围</td><td></td><td>注册资金</td><td colspan="2"></td><td colspan="2">联系电话</td><td></td></tr>
<tr><td>建筑结构</td><td></td><td>营业面积</td><td colspan="2"></td><td colspan="2">从业人员</td><td></td></tr>
<tr><td>保卫人数</td><td></td><td colspan="5">《典当经营许可证》号</td><td></td></tr>
</table>

<table>
<tr><td rowspan="2">法人代表
或负责人</td><td>姓名</td><td>性别</td><td>家庭住址</td><td>身份证号</td><td>文化程度</td></tr>
<tr><td></td><td></td><td></td><td></td><td></td></tr>
</table>

<table>
<tr><td rowspan="4">高级
管理
人员</td><td>职务</td><td>姓名</td><td>性别</td><td>身份证号</td><td>文化程度</td></tr>
<tr><td></td><td></td><td></td><td></td><td></td></tr>
<tr><td></td><td></td><td></td><td></td><td></td></tr>
<tr><td></td><td></td><td></td><td></td><td></td></tr>
</table>

<table>
<tr><td>建立
制度</td><td></td></tr>
<tr><td colspan="2">申请设立典当行分支机构的还应填写以下内容</td></tr>
</table>

<table>
<tr><td>典当行名称</td><td colspan="3"></td><td>行业资金</td><td></td></tr>
<tr><td>地　址</td><td colspan="5"></td></tr>
<tr><td>法人代表</td><td colspan="2"></td><td colspan="2">联系电话</td><td></td></tr>
<tr><td colspan="2">《典当经营许可证》号</td><td></td><td colspan="3"></td></tr>
</table>

续表

<table>
<tr><td rowspan="2">县级
公安
机关
意见</td><td>主办部门(人)意见：

签名:年　　月　　日</td></tr>
<tr><td>审批人意见：

签名:年　　月　　日</td></tr>
<tr><td rowspan="2">设区
市公
安局
意见</td><td>主办部门(人)意见：

签名　　年　　月　　日</td></tr>
<tr><td>审批人意见：

签名:年　　月　　日</td></tr>
</table>

申请设立典当行分支机构的，在表格的“申请设立典当行分支机构的还应填写以下内容”填写典当行的基本情况，其他栏中填写拟设分支机构的情况。

本表由申请单位填写一式三份，由县级公安机关受理审核后，报设区市公安局审批。省公安厅、设区市、县级公安机关各留一份存档。

特种行业审批事项不予许可通知书(存根)

(　　)公特决字[　　]号

______(申请单位)于____年____月____日提出______
__________的申请,经审查,决定不予许可。

不予许可的主要理由:______________________________
____

决定机关:

年　　月　　日

特种行业审批事项不予许可通知书

(　　)公特决字[　　]号

______:

贵单位于____年____月____日提出__________的申请,经审查,决定不予许可。

不予许可的主要理由:______________________________
____

决定机关:

年　　月　　日

特种行业许可证变更申请登记表

<table>
<tr><td>企业名称</td><td colspan="2"></td><td>法人代表</td><td></td></tr>
<tr><td>地　址</td><td colspan="2"></td><td>联系电话</td><td></td></tr>
<tr><td>原证号码</td><td colspan="2"></td><td>发证日期</td><td></td></tr>
<tr><td>变更项目</td><td colspan="2">变更前</td><td colspan="2">变更后</td></tr>
<tr><td></td><td colspan="2"></td><td colspan="2"></td></tr>
<tr><td></td><td colspan="2"></td><td colspan="2"></td></tr>
<tr><td></td><td colspan="2"></td><td colspan="2"></td></tr>
<tr><td></td><td colspan="2"></td><td colspan="2"></td></tr>
<tr><td></td><td colspan="2"></td><td colspan="2"></td></tr>
<tr><td></td><td colspan="2"></td><td colspan="2"></td></tr>
<tr><td>变更理由</td><td colspan="4"></td></tr>
<tr><td>主办部门(人)意见</td><td>年　月　日</td><td>审批人意见</td><td colspan="2">年　月　日</td></tr>
</table>

存　根

＿＿年＿＿月＿＿日已将＿＿＿＿＿＿＿＿＿＿＿＿＿＿＿＿

发证情况通知＿＿治安大队。

签收人：　　　　时间：

关于＿＿＿＿＿纳入治安管理的通知

＿＿＿＿＿＿治安大队：

＿＿＿＿＿＿＿＿＿＿＿＿＿已于＿＿年＿＿月＿＿日经我局行政许可，根据属地管理原则，请将该单位纳入日常治安管理。

年　　月　　日

行业场所日常治安检查记录簿

单位：________________

编号：________________

××市（县）公安局印制

—10—

—12—

检查记录存根

第×页

单位名称				地址				
法人代表	姓名		性别		出生日期		联系电话	
被检查单位存在问题	被检查单位负责人签字： 年　月　日							
处理意见								
检查单位	检查单位全称： 检查人员： 检查时间：							

（检查单位留存）

检查记录第×页

检查记录存根

第×页

单位名称				地址				
法人代表	姓名		性别		出生日期		联系电话	
被检查单位存在问题	被检查单位负责人签字： 年　月　日							
处理意见								
检查单位	检查单位全称： 检查人员： 检查时间：							

（检查单位留存）

特种行业限期整改通知书(存根)

(　　)公特限字[　　]　　号

我局于____年____月____日派____前往________进行现场核实检查,发现该单位在安全管理工作中存在以下问题:____。

根据__________规定,限定于____年____月____日前整改完毕,整改情况应及时反馈。

承办人:　　　　　　批准人:

年　　月　　日

被检查单位__________

负责人:　　　　　　(签名)

年　　月　　日

填发时间:　　　　　年　　月　　日

特种行业限期整改通知书

(　　)公特限字[　　]　　号

__________:

我局于____年____月____日派____前往你单位进行现场核实检查,发现在安全管理工作中存在以下问题:____。

根据________规定,限定你单位于____年____月____日前整改完毕,并将结果函告我单位。在期限届满之前,你单位必须____。

特此通知。

__________(市、县治安管理部门)

年　　月　　日

行业场所无照经营抄告函(存根)

公函[　　　]　　号

__________：

我单位在对辖区行业场所治安检查中，发现____等____家未取得________________。属无证照经营，现按照国务院《无照经营查处取缔办法》规定抄告贵单位。

接受单位：

接受人：

接收时间：　　　年　　　月　　　日

年　　　月　　　日

行业场所无照经营抄告函

公函[　　　]　　号

__________：

我单位在对辖区行业场所治安检查中，发现____等____家未取得________________。属无证照经营，现按照国务院《无照经营查处取缔办法》规定抄告贵单位。

年　　　月　　　日

第五节　印章业

一、印章业管理法律依据

1.《印铸刻字业暂行管理规则》(1951 年 8 月 15 日政务院政治法律委员会批准,公安部发布,以下简称《规则》)。

2.《公安派出所正规化建设规范》(2007 年 5 月 17 日公安部印发施行,以下简称《规范》)。

3.《国务院关于国家行政机关和企业事业单位社会团体印章管理的规定》(国发[1999]25 号,以下简称《规定》。

4.《福建省特种行业和公共场所治安管理办法》(2004 年 7 月 22 日福建省第十届人民代表大会常务委员会第十次会议通过,2004 年 10 月 1 日起施行,以下简称《办法》)。

二、印章业含义和范围

(一)印章业含义

1. 印章。印章是指以固体为原料制成的,底面刻有姓名或单位名称、图案等用来印在文件、书面证明等上面作为标记或凭证的物品。

2. 印章业。印章业是指使用机械、手工或其他技术,对外经营刻制公章、名章、戳记等的行业。印章业有着广泛的服务对象,是一项必不可少的社会服务性行业。根据《规则》规定,凡对外经营刻制各种印章的工厂、店、摊,“不论专营、兼营、公营、私营(国家机关专用不以营业为目的者例外),或属何国籍,除法令另有规定者外,均依本规则管理之”。

(二)印章演变史

印章在我国由来已久,印章的产生源于制陶,中国陶器产生于新石器时代早期,距今有八千多年历史,而最原始的制陶即模制法,就是在模子里置竹篮条或绳子，接着用泥涂在模子里，待半干后取出，陶坯的表面就留下清晰的篮或绳的印纹。受如此印纹的启示，先民们后来直接在陶拍上刻纹饰。陶拍原先是以拍打方式弥合泥坯裂缝的简单工具，其上雕纹饰之后，就成为我国装饰图案和印章艺术的渊源，陶印即由此脱胎而出。

陶玺应该有两种含义。其一指玺印的质地为陶，由黏土的混合物经成型、干燥、烧结而成；其二指用以戳压泥陶上文字或徽记的印模。这些文字或徽记往往是器物主人或家族的名称或标记。印玺是私有制出现以后的产物。印玺的形成与货物、与属于私有财产的奴隶密切相关。《后汉书·祭祀志》指出："三皇无文，结绳以治，自五帝始有书契。至于三王，俗化雕文，诈伪渐兴，始有印玺以检奸萌，然犹未有金玉银铜之器也。""三王"指夏禹、商汤、周文王。"诈伪"、"奸萌"显然是私有制出现后的诈骗、冒认、偷盗、侵夺等不正当的行为。因此，能在器物上戳压记号，以证明物归谁主的印章便应运而生。殷商时代的经印就仅仅起到了这样的作用。到了西周，随着"工商食宫"为特征的商品经济（即工匠和商贾都是贵族的奴仆，他们主要为封建领土贵族的政治或生活需要而从事工商活动。由于商品经济不发达，当时独立经营的手工业和商业极少）的出现，玺印跻身于符节一类行列，才有了凭信的作用。

历史上的"印章"有各种称谓，主要有章、玺、宝、印等。

章，即"印章"。据史料记载，汉代沿袭秦制，当时除玺、印名称外，开始有"印章"二字。印章就其作用看有信印、闲章之分。闲章是指斋馆印、收藏印、肖形印、吉语印等。如宋代就有人刻某某图书字样的印章，盖在自己所藏的图书上，以示所有。当人们普遍使用时，人们把一般印章叫"图书"了。现在我们把印章也称为"图章"，这个名词就是由此来的。

玺，即印章。战国时期不论官印、私印都不叫印，而称为"玺"这个字在秦以前尊卑通用，官、私印均可称"玺"。秦以后只有皇帝的印方可称"玺"。沿袭有秦制并略有放宽，如汉代皇帝有六玺：(1)皇帝

行玺，(2)皇帝之玺，(3)皇帝信玺，(4)天子行玺，(5)天子之玺，(6)天子信玺。诸侯王、皇后之印也可以称"玺"。

宝，即印信符玺。秦以后，帝、后之印称玺。至唐代因武后(武则天)厌恶玺字(玺与"息"字音通)将玺字改为"宝"字。当时天子有八宝：(1)神宝，(2)授命宝，(3)皇帝行宝，(4)皇帝之宝，(5)皇帝信宝，(6)天子行宝，(7)天子之宝，(8)天子信宝。唐中宗时复称玺。唐玄宗时复称宝。自宋、元、明、清各朝则"玺"、"宝"并用。如乾隆时有玉宝 25 方，其中一件称玺。此时亲王的印章也称宝。

印，即图章，印信。最早的有战国"上师之印"等。隋、唐时官、私印一般都称印，秦始皇统一中国后，为了提高中央专政地位，对印章也制定了一套制度，规定只有皇帝的印章才能称玺。一般官吏和老百姓的印章，只能称"印"。在封建社会中历代王朝沿袭这一制度，如元代除沿袭旧制一般称"印"之外，又把印章称为"押"。有人在印章上刻花押(画一个符号，使别人难以模仿)来代替姓名。其实押字印章起于唐，宋代也有，但不普及，元代盛行汉字参以蒙文、符号等，形式多样。

历史上的印就其质地来看，有金、银、铜、玉、石、木等之别；就其形制来看，有半通、方、长方、圆、椭圆等不同；就印面文字体格看，有缪篆、小篆等，繁复多样。

(三)当前印章材质及应用范围

当前，刻制印章的材质也多样，有金属、石头、木头、橡胶、象牙、塑料等。金属常见的有铜、金、银等。随着社会的进步，制作印章的工艺也发生了变化，由以前的手工向机械化和数字化发展，印章品种主要有：

1. 原子印：紫、红、蓝、黑、绿五种颜色，印迹清晰、永不褪色、自带印油、使用方便，可用万次，不可加油。适用于各类部门章：如发票专用章、合同专用章、业务专用章、报关专用章及其他工作用章等，不适用银行印鉴印章。

2. 渗透印：紫、红、蓝、黑、绿五种颜色，印迹较原子印略次、自带印油、使用方便，可反复加油使用。适用于各类部门章：如发票专用章、合同专用章、业务专用章、报关专用章及其他工作用章等，不适用银行印鉴印章。

3. 回墨印：紫、红、蓝、黑、绿五种颜色，字迹清晰、自带印油、使用方便，易干易盖，一壳多用、节约成本，适用于各类部门章，由于章面材料有热胀冷缩的特性，不适用于银行印鉴印章。

4. 铜面印章：质地坚硬、永不变形、印迹清晰、外表美观，适用于各类印章特别是银行印鉴印章。

5. 牛角印章：质地坚硬、经久耐用、印迹清晰，适用于各类印章，由于材料为天然产品，具有热胀冷缩的特性可能产生误差。

6. 胶印：易盖好用、印迹清晰，适用于各类部门章：如发票专用章、合同专用章、业务专用章、报关专用章等，由于材料具有热胀冷缩的特性而易产生误差，不适用于银行印鉴印章。

7. 塑料印：易盖好用、印迹较胶印略次，适用于各类部门章：如发票专用章、合同专用章、业务专用章、报关专用章等，由于材料具有热胀冷缩的特性而易产生误差，不适用于银行印鉴印章。

8. 钢印：适用于各种证件，如工作证等。

9. 日期印：又叫号码章，特殊印章架结构使其号码或日期可以变动，适用于银行用章，检验用章等日期或号码需变动的印章。其号码及章面有金属、胶皮两种。

10. 光敏印章：其基本原理是利用特殊材料的感光性，在印章表面不需要印迹的地方形成一层不能渗透的膜，从而达到印章的效果。使用光敏印章技术制作印章速度快。光敏印章的工艺特点是印面相对比较平整，印面字迹是由光敏橡胶垫上的微孔组成的，印油在压力作用下，通过印面文字微孔渗出形成印文。

三、印章规格、式样和制发

印章就其形制来看，有方、长方、圆、椭圆等不同；就其印面文字看，有隶书、篆体、宋体等，繁复多样。在我国，印章印文是权力和财富的标志。近几年来，国内外犯罪分子和团伙，为了盗用权力，谋取暴利，诈骗巨款，利用印章行业管理不严，印章刻制技术落后，缺乏有效的防伪措施等机会，大肆伪造各级行政机关、海关、税务、公安等执法部门，银行、保险等金融机构，以及企事业等单位和法人的印章印文，扰乱社会和经济秩序，已给国家、集体和个人造成严重的经济损失。

为了便于和加强管理，国家通过《规定》规范了国家行政机关、企业事业单位和社会团体印章的规格、式样和制发。

一、国家行政机关和企业事业单位、社会团体的印章为圆形、中央刊国徽和五角星。

二、国务院的印章，直径 6 厘米，中央刊国徽，国徽外刊机关名称，自左而右环形，由国务院自制。

三、各省、自治区、直辖市人民政府和国务院办公厅、国务院各部委的印章，直径 5 厘米，中央刊国徽，国徽外刊机关名称，自左而右环形，由国务院制发。

四、国务院直属机构、办事机构的印章，正部级单位的直径 5 厘米，副部级单位的直径 4.5 厘米，中央刊国徽，国徽外刊机关名称，自左而右环形，由国务院制发。(如外事办公室、侨务办公室……特区办公室、国务院研究室)

五、国务院直属事业单位的印章，正部级单位的直径 5 厘米，副部级单位的直径 4.5 厘米，经国家机构编制管理部门认定具有行政职能的单位的印章中央刊国徽，没有行政职能的单位的印章中央刊五角星，国徽或五角星外刊单位名称，自左而右环形，由国务院制发。

六、国务院议事协调机构和临时机构的印章，直径 5 厘米，中央刊五角星，五角星外刊机关名称，自左而右环形，由国务院制发。(国务院三峡工程建设委员会、全国爱国卫生运动委员会)

七、国务院部委管理的国家局的印章，直径 4.5 厘米，中央刊国徽,国徽外刊机关名称,自左而右环形,由国务院制发。

八、国务院部委的外事司(局)的印章,直径4.2厘米,中央刊国徽,国徽外刊机关名称,自左而右环形,由国务院制发。

国务院部门的内设机构和所属事业单位,法定名称中冠"中华人民共和国"或"国家"的单位的印章,直径4.2厘米,中央刊国徽,国徽外刊机关名称,自左而右环形,由国务院制发。

九、自治州、市、县级(县、自治县、县级市、旗、自治旗、特区、林区,下同)和市辖区人民政府的印章,直径4.5厘米,中央刊国徽,国徽外刊机关名称,自左而右环形,由省、自治区、直辖市人民政府制发。

十、地区(盟)行政公署的印章,直径4.5厘米,中央刊五角星,五角星外刊机关名称,自左而右环形,由省、自治区人民政府制发。

十一、乡(镇)人民政府的印章,直径4.2厘米,中央刊五角星,五角星外刊机关名称,自左而右环形,由县级人民政府制发。

十二、驻国外的大使馆、领事馆的印章,直径4.2厘米,中央刊国徽,国徽外刊机关名称,自左而右环形,由外交部制发。

十三、国家行政机关内设机构或直属单位的印章,直径不得大于4.5厘米,中央刊五角星,五角星外刊机关名称,自左而右环形或者名称前段自左而右环形、后段自左而右横排,分别由国务院各部门和地方各级国家行政机关制发。

十四、企业事业单位、社会团体的印章,直径不得大于4.5厘米,中央刊五角星,五角星外刊机关名称,自左而右环形。制发办法由公安部门会同有关部门另行规定。

……

二十、国务院有关部委外事用的火漆印,直径4.2厘米,中央刊国徽,国徽外刊机关名称,自左而右环形,由国务院制发。

二十一、国务院的钢印,直径4.2厘米,中央刊国徽,国徽外刊机关名称,自左而右环形,由国务院自制。地方外事机构,驻外使领馆钢印的规格、式样，由外交部制定。其他需要使用钢印的单位，其钢印直径不得大于4.2厘米，不得小于3.5厘米，中央刊五角星，五角星外刊机关名称，自左而右环形，报经其印章制发机关批准后刻制。

四、印章名称、文字和字体

《规定》中的第15条至第22条详细规定了印章的名称、文字和字体。

十五、国家行政机关和企业事业单位、社会团体印章所刊名称，应为法定名称。如名称字数过多不易刻制，可以采用规范化简称。地区（盟）行政公署的印章，冠省（自治区）的名称。自治州、市、县级人民政府的印章，不冠省（自治区、直辖市）的名称。市辖区人民政府的印章冠市的名称，乡（镇）人民政府的印章，冠县级行政区的名称。

十六、实行民族区域自治的地方人民政府的印章，可以并刊汉字和相应的民族文字。

十七、印章所刊汉字，应当使用国务院公布的简化字，字体为宋体。

十八、印章的质料，由制发机关根据实际需要确定。

十九、各省、自治区、直辖市人民政府和国务院各部委、各直属机构印制文件时使用的套印印章、印模，其规格、式样与正式印章等同，由国务院制发。

二十二、国家行政机关和企业事业单位、社会团体的其他专用印章（包括经济合同章、财务专用章等），在名称、式样上应与单位正式印章有所区别，经本单位领导批准后可以刻制。

根据中共中央办公厅《〈关于各级党组织印章的规定〉的通知》（中办发[1983]37号），党章一律为圆形，中央刊镰刀、斧头，直径为4.2cm，圆边宽为0.1cm，镰刀、斧头外刊党组织名称，自左而右环行，印章使用简化的宋体字。

五、识别假公章的一般方法

警察在执法和办案中有时会遇到对证件、印章的甄别问题，在没有使用仪器的情形下，主要从规格、式样和效果入手。

（一）直径大小与单位级别

《规定》中对国家行政机关、企业事业单位和社会团体印章的规格、式样、名称和文字都有统一规定，不一致的就是假的。

（二）中央标志与单位性质、级别

根据《规定》，县级以上各级人民政府、国务院各部委及各直属机构、驻外各使领馆的公章中央刊国徽；其他机关、团体、企事业单位公章中央刊五角星；各级党委及各工作部门的公章中央刊镰刀斧头。

（三）从字体和印文效果入手

各种公章在字体和印文方面都是一致的，既简化字、宋体，并按需要和规定并刊汉文和民族文或汉文和英文。真假印章主要从最后的雕刻效果来甄别。

（四）从公章外圆圈线效果入手

真印章的圈形圆、圈线粗细适当均匀，其印痕显得干滑清晰，粗细一致。假印章有的技术不过关，对有些规定不清楚，有的用橡皮、肥皂、萝卜等材料刻制，或以瓶盖圈圆，用铅字拼凑印文，往往外圆圈线效果不佳。

（五）从专用章的使用范围入手

财务专用印章只用于银钱的往来和财会事务中，户口专用印章只用于办理户口登记和颁发户口证件。用在别处就可能是假的。

随着科学技术的发展，伪造公章的技术越来越高，可以假乱真，识别的难度越来越大。为了防范和打击伪造印章的犯罪活动，适应社会的迫切需求，许多公司、科研单位和高等院校开展了印章防伪技术及其产品的研究与开发，并取得重要进展。

六、印章业治安特点和常见问题

(一)印章业治安特点

1. 印章业所刻制的印章具有使用上的广泛性和效用上的权威性。印章作为一种身份、权威的标记和凭证,有着广泛的使用范围,特别是改革开放以来,社会经济发展迅速,各类新的企事业单位、公司以及个体户、专业户迅速增加,印章的用途越来越广泛。使用印章的单位、个人也越来越多,公民、法人及其他组织的政治、经济、文化活动都离不开印章业。

印章业所承制的印章大多具有一定的权威性。小至私章,作为个人身份的证明,体现公民个人一定的权利义务关系;大到机关、企业、社会团体的公章,是各单位处理各项业务(如财务专用章、合同专用章等),对外进行事务联系的凭证,是一些文件、合同、协议等是否有效的权威性证明。尤其是党、政、军机关等重要单位的公章,在某种程度上体现国家的权威,代表着国家意志,是国家在行政管理等政治生活中不可缺少的重要组成部分,具有很高的权威性。

2. 印章业易被不法分子利用伪造公章,进行违法犯罪活动。由于印章具有一定的权威性,加上使用的广泛性,不法分子常利用私刻、伪造公章、专章等手段,以假冒身份或虚假的证明实施诈骗等违法犯罪活动。为了达到伪造印章的目的,有的利用虚假证明材料到刻字店、刻字厂等刻制公章,有的设法拉拢、腐蚀刻字业从业人员为其非法刻制公章等。

3. 印章业从业人员受经济利益驱动,容易成为影响印章业治安秩序的负面因素。印章业从业人员众多、情况复杂,一些个体从业人员并不具备承刻公章的资格,但为了追求不正当的经济利益,违反印章业治安管理规定,非法刻制公章,为不法分子伪造证明、文件、介绍信、身份证明等进行诈骗活动提供条件。个体刻字店是印章业管理的重点,也是最易被不法分子所利用的。国有、集体刻字厂、店总体来说有较严格的制度,能较好地按照法律、法规所规定的要求来执行，但也有少数从业人员法制观念淡薄，或经受不住违法犯罪分子的拉拢、利诱，利用工作之便为其私刻公章，给印章业管理带来了很大的难度。

（二）印章业常见治安问题

1. 未经审批，擅自经营。当前，一些单位和个人为了追求经济利益，未经工商部门批准，非法营业，刻制印章；有的虽领取了工商部门的营业执照，但未经公安机关审核同意，未领取特种行业许可证，擅自经营公章刻字业，非法刻制公章。

2. 印章业部分从业人员利用职务之便，为违法犯罪人员伪造公章。在行业经营过程中，有部分从业人员发现违法犯罪嫌疑人员，不制止，不报告，甚至为其隐瞒、包庇。更有甚者，直接参与违法犯罪活动，为违法犯罪人员伪造公章。

3. 不严格执行承接验证登记制度。有些单位和个人承制印章不执行或不严格执行承接、验证、登记制度，致使一些违法犯罪人员利用这种疏忽，无任何证件、介绍信或凭借假证明文件到这些单位或个人经营点私刻进行诈骗活动所需的印章。

4. 在业务活动中，违反印章业治安管理的其他有关规定。例如，未建立安全保卫机构，厂房建筑不符合消防安全要求，未设置相应的保密措施，对从业人员的录取培训把关不严等。

七、公章刻制业条件

公章刻制业管理主要依据的《规则》是 20 世纪 50 年代制定的，很多内容已不符合现代情境，对公章刻制业设立应当具备的硬件等条件也未具体规定，下列条件是根据福建省的具体做法归纳的。

1. 有固定的经营场所及必要的资金、设备和技术人员；

2. 按要求安装使用印章治安管理信息系统；

3. 刻制的印章符合公安部部颁标准；

4. 经营场所的房屋建筑质量及消防设施等必须符合国家有关规定；

5. 设有印章保密工房和成品保管仓库；

6. 非外资控股企业。

八、公章刻制业制度要求

（一）承接验证登记制度

印章业经营者必须指定可靠、熟悉业务的专人承接业务。刻字厂（店）承接公章刻制，必须查验委刻单位的证明和公安机关出具的准刻证明，按照有关规定严格检查委刻印章的规格、式样是否符合规定，是否与准刻证明上批准的规格、式样一致，要严防伪造。对擅自更改已批准的印章的规格、式样或没有公安机关开具的准刻证明，一律不准承刻。

印章业要建立专门的登记簿册，对承刻的公章由专人负责登记。登记内容包括：委托单位、法定代表人、经办人姓名；印章文字、式样、数量、规格、材料；是否监制；取货日期等。登记要详细，以备公安机关查验。

应用印章治安管理信息系统的地区，上述各环节可以在网上直接完成，即网上审批，网上承刻，建立印痕等信息数据库。

（二）监制保管销毁制度

承制重点单位、要害部门的公章时，要在指定的保密车间或指定的工作室指定专人刻制，委托单位要派人监督。承制过程中的成品、半成品以及样品要专人专柜严格保管，防止被盗或丢失。试刻的样品和损坏的残品、废品不能扔掉，必须在监销人员监督下进行销毁。《福建省特种行业和公共场所治安管理办法（修订）》第 7 条规定：“经营印章刻制业，应当遵守下列规定：……（四）执行公章保管、作废章坯销毁制度。”

（三）交货验证登记制度

委刻单位取货时要办理签字手续，取货人要持单位证明和本人身份证，在登记簿上签收，并注明件数。承制单位在交货时应严格把好关，仔细验证，在手续完备的条件下，才可以交货。要严防违法犯罪人员冒名顶替，领取成品。底版、图案、设计样品应全部归还委刻单位。印章业不允许留样或者仿制。

九、公章刻制业特种行业许可证审批程序（根据福建省规定）

非公章刻制的行业，无须公安机关核准，取得营业执照后 15 日内到公安机关备案。公章刻制业必须经公安机关许可。凡申请经营公章刻制的，必须经所在地县、市（区）以上公安机关审查同意，而未经审核批准的企业和个体工商户、个人，一律不准从事刻制公章业务。经营公章业的单位和个人如有歇业、转业、合并、迁移、变更名称或其负责人的，应当向当地工商行政管理部门办理变更登记手续后及时向原发特种行业许可证的公安机关备案。

（一）申请开办公章刻制企业应当提交的材料

1. 申请报告（说明资金来源、股份组成、技术人员、安防设施建设等情况）和福建省公章刻制业特种行业许可证审批表（一式三份）；

2. 工商部门出具的企业名称预先核准通知书及复印件；

3. 法定代表人、主要负责人身份证件及复印件，法人代表无故意犯罪记录证明；

4. 公安部防伪产品质量监督检验中心出具的印章检验报告及复印件；

5. 印章治安管理信息系统建设合同书及复印件；

6. 主要计算机制章设备清单；

7. 经营场所产权证明或租赁协议书及复印件；

8. 经营场所平面图；

9. 验证登记、印鉴备案、公章保管、作废章坯销毁等治安安全制度。

（二）公章刻制企业《特种行业许可证》审批程序

1. 申请开办公章刻制企业，由所在地设区市公安局受理，并在 5 日内将初审意见和申请材料报省公安厅；省公安厅在 5 日内作出是否批准的决定。

2. 省公安厅批准后，设区市公安局应当在10日内组织现场审验，符合条件的，由设区市公安局发给特种行业许可证。核发特种行业许可证情况应及时书面报省公安厅备案。

3. 公章刻制企业法定代表人、经营地址等重要事项变更，由设区市公安局受理，并在10日内进行审查，符合条件的进行变更登记，换发特种行业许可证或在原证件上作出变更签注。变更情况应及时上报省公安厅备案。

（三）受理审批工作规范

公安机关在受理特种行业许可证申请时，对不属于本机关职权范围或者不符合规定条件的，受理公安机关应当即时出具不予受理通知书；对申请材料不齐全或不符合法定形式的，应当场一次性告知申请人必须补正的全部内容；材料齐全、符合法定形式的，公安机关必须受理，并向申请人出具受理通知书。

公安机关应当派出两名以上民警对申请事项的实质内容进行现场核实。经核查，符合条件的，发给特种行业许可证；不符合条件的，发出整改通知书，经重新核查合格的，发给特种行业许可证；或直接发给《不予许可通知书》。

十、准刻公章有关要求（根据福建省规定）

公章的刻制必须经公安机关审核。申请刻制公章的单位必须携带相关的证明材料到本单位所在地县级以上的公安机关治安管理部门办理审批备案手续，经公安机关审查后，发给准刻证明，到公安机关指定的刻字厂或刻字店刻制公章。

根据《关于统一个体工商户营业用图章的通知》的规定，个体工商户刻制印章归工商行政部门管理。即个体和私营企业需要刻制上述印章，须凭工商行政管理部门开具的介绍信和营业执照，到本单位所在地县级以上的公安机关登记备案，但无需公安机关审批，直接凭借公安机关开具的准刻证明，到公安机关指定的刻字厂或刻字店刻制。

刻制个人名章、单字章，无需公安机关登记备案，可直接到任何刻字店、厂刻制。

（一）受理国家行政机关、事业单位申请刻制印章，必须查验下列材料

1. 行政机关、司法机关、驻军申请刻制印章，须持上一级主管部门的有关批复原件及复印件、承办人身份证及复印件、主管部门在××市公安局刻制公章申请表（以下简称“申请表”）上签署的意见。

2. 事业单位申请刻制印章，须持市（区县）编制委员会的批复原件及复印件、法人证书原件及复印件、承办人身份证及复印件、主管部门在“申请表”上签署的意见。

（二）受理企业申请刻制印章，必须查验下列材料

1. 新成立的国内企业须持工商营业执照副本原件及复印件、验资报告原件，由法人代表或股东持本人身份证及复印件，在企业成立一个月内办理审核手续，行政公章、财务章须一并办理。

2. 个体、私营小商店、餐厅、经营部、加工厂等，须持营业执照副本原件及复印件、承办人身份证及复印件、所在地的工商部门在“申请表”上签署的意见，在企业成立一个月内办理审核手续。

3. 外资（含中外合资）企业须持营业执照副本原件及复印件、中华人民共和国外商投资企业批准证书原件及复印件、由法人代表持本人身份证及复印件或委托相关人员（相关承办人须持委托书、身份证及复印件），在企业成立一个月内办理审核手续，行政公章、财务章须一并办理。

4. 企业单位申请刻制分支机构、部门章及各类专用章（合同专用章需具备法人资格单位方可申请），须持营业执照副本原件及复印件、承办人身份证及复印件、单位负责人在“申请表”上签署的意见。国内企业因业务需要需刻制中英文专用章的，须持贸易发展局对外贸易经营者备案登记表。刻制法人代表人名章须持营业执照副本原件及复印件、法人证书及复印件、法人身份证复印件、承办人身份证

及复印件，“申请表”须加盖申请单位行政公章。

5. 报关专用章须持海关出具的“申请刻制报关专用章及备案联系单”、承办人身份证及复印件，“申请表”须加盖申请单位行政公章。

（三）受理其他机构申请刻制印章，必须查验下列材料

1. 临时展销会、博览会等须持工商行政部门核发的商品展销会登记证原件及复印件、承办人身份证及复印件，主办单位在“申请表”上签署的意见。此机构仅批准刻制行政公章，并在公章上注明年限。

2. 社会团体、民办非公企业单位刻制印章，须持民政局社团办的批复原件、承办人身份证及复印件、民政局社团办在“申请表”上签署的意见。

3. 教育培训机构（含职业培训机构）、学校、幼儿园等，须持教育局的批复原件及复印件、民政局社团办批复原件及复印件，承办人身份证及复印件、主管部门在“申请表”上签署的意见。

4. 医疗机构须持卫生局核发的医疗许可证原件及复印件、承办人身份证及复印件、所在地卫生部门在“申请表”上签署的意见。

5. 记者站、报社等新闻单位（含编辑部），须持省或市宣传部（或新闻出版局）的批复、承办人身份证及复印件、主管部门在“申请表”上签署的意见。

6. 外地政府机关、企业驻地办事处须持驻地机构管理部门的批文及复印件、承办人身份证及复印件；境外企业驻地代表处、办事处须持工商局核发的注册证及复印件、外商投资企业设立分支（办事）机构核转通知函回执复印件或外国企业常驻代表机构审批单、台港澳企业机构设立办事机构申报表（表一、表二）、承办人身份证及复印件。

7. 业主委员会须持××市业主委员会登记证副本原件及复印件、承办人身份证及复印件、所在地街道办事处在“申请表”上签署的意见。

8. 律师事务所须持福建省司法厅的批复的原件及复印件、承办人身份证及复印件、××市司法局在“申请表”上签署的意见。

9. 单位刻制党组织、纪检部门、工会、团委等印章，须持上级或有关部门成立该组织的批文原件及复印件、承办人身份证及复印件、"申请表"须加盖单位行政公章。

(四)公章、财务章遗失、被盗需申请重新刻制的要求

1. 在当地党报上刊登声明该印章作废，登报3天后，无任何疑义的，提供刊登的报纸原件；

2. 申请重新刻制的报告；

3. 主管部门在"申请表"上签署的意见；

4. 营业执照副本原件及复印件；

5. 法人代表持本人身份证及复印件；

6. 印章被盗窃的，必须到属地派出所报案，持派出所报案回执。

(五)企业单位变更名称

企业单位变更名称的，须持营业执照副本原件及复印件、工商局核发的"企业名称变更通知书"原件及复印件，承办人身份证及复印件、在"申请表"上加盖原企业行政公章办理审核手续。行政公章、财务章须一并变更，取新章时应上缴旧章。

(六)公章损坏更换

公章损坏需要更换的，凭上述证件及原有公章，到公安机关申请重新准刻手续，取新章时应上缴旧章。

严禁代办公章刻制审批手续。申请刻制印章的单位或个人自审批之日起3个月内未领取的公章，由公安机关销毁。

十一、民警工作内容和要求

(一)民警工作内容

1. 定期对印章刻制企业进行安全监督和检查，注意企业治安管理制度落实情况，及时发现和防范存在的漏洞和隐患，提出整改意见，帮助企业解决实际问题；

2. 定期向印章业负责人、治安保卫人员、从业人员通报行业违法犯罪的特点和规律，开展安全防范知识培训；

3. 定期对印章刻制企业进行印章治安管理信息系统相关业务的培训和指导；

4. 接到案件线索、犯罪嫌疑人等情况报告后，应立即对有关情况进行查寻和处理；接到协查通报后，应立即布置进行查寻；

5. 在审批登记和微机管理的基础上，建立印章档案，实行规范化、科学化、标准化管理。

(二)民警工作要求

1. 熟悉有关印章业治安管理的法律、法规，接受形式多样的治安业务培训工作，做到依法行政。

2. 加强与地区工商等职能部门联系，确保信息渠道畅通。

3. 根据印章业实际状况和当地公安机关规定，确定检查频率，详细记录检查结果、整改情况。监督检查记录应当包括：执行监督检查任务的人员姓名、单位、职务；监督检查的时间、地点、场所名称、检查事项；发现的问题及处理结果。监督检查记录一式两份，由监督检查人员签字，并经印章业负责人签字确认。印章业负责人拒绝签字的，监督检查人员应当在记录中注明情况。

十二、公安机关日常检查规范

公安机关日常检查规范参照第三章第二节“娱乐场所管理”。

十三、印章业法律责任

1. 公章刻字经营单位未经所在地公安机关许可擅自营业的，无论其是否领取工商营业执照，对其直接负责的主管人员和其他直接责任人员，按照《治安管理处罚法》第 54 条第 3 款的规定，处 10 日以上 15 日以下拘留，并处 500 元以上 1000 元以下罚款；情节较轻的，处 5 日以下拘留或者 500 元以下罚款。

对公章刻字业经营单位，可以按照《无照经营查处取缔办法》第十七条的规定予以处罚。

2. 取得公安机关许可的公章刻字业经营者，违反国家有关管理规定，情节严重的，依照《治安管理处罚法》第54条之规定，公安机关可以吊销许可证。

3. 伪造、变造或者买卖国家机关、人民团体、企业、事业单位或者其他组织的印章的，根据《治安管理处罚法》第52条，处10日以上15日以下拘留，可以并处1000元以下罚款；情节较轻的，处5日以上10日以下拘留，可以并处500元以下罚款。

4. 刻制公章应当查验公安机关出具的准刻证明，按照规定的名称、式样、规格和数量刻制并逐项登记，办理印鉴备案；公章刻字业应执行公章保管、作废章坯销毁制度。违者根据《福建省特种行业和公共场所治安管理办法》由县级以上公安机关责令改正，给予警告，可以并处1000元以上3000元以下的罚款。

十四、印章业管理文书(参考××市公安机关规定)

1. 特种行业行政审批受理或不予受理通知书
2. 公章刻制业特种行业许可证审批表
3. 特种行业审批事项不予许可通知书
4. 特种行业许可证变更申请登记表
5. 关于________________纳入治安管理的通知
6. 检查记录簿
7. 特种行业限期整改通知书
8. 行业场所无照经营抄告函
9. 送检印章企业申请表
10. 印章销毁证明
11. 印章抽样表

特种行业行政审批受理或不予受理通知书(存根)

(　　)公特受字[　　]　号

经审查,____(经办人)代表________________(申请单位)于____年____月____日提出______________________的申请,____(符合或不符合)受理条件,________(予以或不予)受理。

不予受理的理由:____

____

决定机关:

年　　月　　日

特种行业行政审批受理或不予受理通知书

(　　)公特受字[　　]　号

贵单位于____年____月____日提出______________________的申请,经审查,____(符合或不符合)受理条件,____(予以或不予)受理。

不予受理的理由:____

____

特此告知。

决定机关:

年　　月　　日

联系人:　　　　　　　　　　　　联系电话:

公章刻制业特种行业许可证审批表

申请单位____

受理公安机关____________________________________

受理申请时间____________________________________

××省公安厅制

<table>
<tr><td>拟设单位</td><td colspan="7"></td><td>单位性质</td><td></td></tr>
<tr><td>单位地址</td><td colspan="7"></td><td>邮政编码</td><td></td></tr>
<tr><td>联系电话</td><td colspan="2"></td><td colspan="2">经营范围</td><td colspan="5"></td></tr>
<tr><td colspan="3">选用的系统软件</td><td colspan="7"></td></tr>
<tr><td colspan="3">印章检验报告文书</td><td colspan="7"></td></tr>
<tr><td>注册资金</td><td colspan="2"></td><td colspan="3">资金来源</td><td colspan="4"></td></tr>
<tr><td>建筑结构</td><td colspan="2"></td><td colspan="3">营业面积</td><td colspan="4"></td></tr>
<tr><td>从业人数</td><td colspan="2"></td><td colspan="3">保卫人数</td><td colspan="4"></td></tr>
<tr><td></td><td>姓名</td><td>性别</td><td colspan="4">家庭住址</td><td colspan="2">身份证号</td><td>文化程度</td></tr>
<tr><td>法人代表</td><td></td><td></td><td colspan="4"></td><td colspan="2"></td><td></td></tr>
<tr><td>主要负责人</td><td></td><td></td><td colspan="4"></td><td colspan="2"></td><td></td></tr>
<tr><td rowspan="3">技术人员</td><td>姓名</td><td>性别</td><td>职称</td><td colspan="5">身份证号</td><td>文化程度</td></tr>
<tr><td></td><td></td><td></td><td colspan="5"></td><td></td></tr>
<tr><td></td><td></td><td></td><td colspan="5"></td><td></td></tr>
<tr><td>建立
制度</td><td colspan="9"></td></tr>
</table>

续表

<table>
<tr><td rowspan="2">设区市公安局意见</td><td>主办部门(人)意见：

签名：　　　　　　　　年　　月　　日</td></tr>
<tr><td>审批人意见：

签名：　　　　　　　　年　　月　　日</td></tr>
<tr><td rowspan="2">省公安厅意见</td><td>主办部门(人)意见：

签名：　　　　　　　　年　　月　　日</td></tr>
<tr><td>审批人意见：

签名：　　　　　　　　年　　月　　日</td></tr>
</table>

本表由申请单位填写一式三份，由设区市公安机关受理审核后，报省公安厅批准。省厅、设区市、县级公安机关各留一份存档。

特种行业审批事项不予许可通知书(存根)

(　　)公特决字[　　]　　号

______(申请单位)于____年____月____日提出____ ______的申请,经审查,决定不予许可。

不予许可的主要理由:______________________________

____

决定机关:

年　　月　　日

特种行业审批事项不予许可通知书

(　　)公特决字[　　]　　号

______:

贵单位于____年____月____日提出______________ 的申请,经审查,决定不予许可。

不予许可的主要理由:______________________________

____

决定机关:

年　　月　　日

特种行业许可证变更申请登记表

<table>
<tr><td>企业名称</td><td colspan="2"></td><td>法人代表</td><td></td></tr>
<tr><td>地　址</td><td colspan="2"></td><td>联系电话</td><td></td></tr>
<tr><td>原证号码</td><td colspan="2"></td><td>发证日期</td><td></td></tr>
<tr><td>变更项目</td><td colspan="2">变更前</td><td colspan="2">变更后</td></tr>
<tr><td></td><td colspan="2"></td><td colspan="2"></td></tr>
<tr><td></td><td colspan="2"></td><td colspan="2"></td></tr>
<tr><td></td><td colspan="2"></td><td colspan="2"></td></tr>
<tr><td></td><td colspan="2"></td><td colspan="2"></td></tr>
<tr><td></td><td colspan="2"></td><td colspan="2"></td></tr>
<tr><td></td><td colspan="2"></td><td colspan="2"></td></tr>
<tr><td>变更理由</td><td colspan="4"></td></tr>
<tr><td>主办部门（人）意见</td><td>年　月　日</td><td colspan="2">审批人意见</td><td>年　月　日</td></tr>
</table>

关于________纳入治安管理的通知(存根)

____年____月____日已将______________________________

备案情况通知______________派出所。

签收人：　　　　时间：

行业场所日常治安检查记录簿

单位：________________

编号：________________

××市（县）公安局印制

检查记录存根

第×页

单位名称				地址				
法人代表	姓名		性别		出生日期		联系电话	
被检查单位存在问题	被检查单位负责人签字： 年　月　日							
处理意见								
检查单位	检查单位全称： 检查人员： 检查时间：							

（检查单位留存）

—12—

检查记录第×页

检查记录存根

第×页

单位名称				地址				
法人代表	姓名		性别		出生日期		联系电话	
被检查单位存在问题	被检查单位负责人签字： 年　月　日							
处理意见								
检查单位	检查单位全称： 检查人员： 检查时间：							

（检查单位留存）

特种行业限期整改通知书(存根)

(　　)公特限字[　　]　　号

我局于____年____月____日派____前往________进行现场核实检查,发现该单位在安全管理工作中存在以下问题:____。

根据________规定,限定于____年____月____日前整改完毕,整改情况应及时反馈。

承办人:　　　　　批准人:

年　　月　　日

被检查单位________

负责人:　　　　　(签名)

年　　月　　日

填发时间:　　　　年　　月　　日

特种行业限期整改通知书

(　　)公特限字[　　]　　号

________:

我局于____年____月____日派____前往你单位进行现场核实检查,发现在安全管理工作中存在以下问题:____。

根据________规定,限定你单位于____年____月____日前整改完毕,并将结果函告我单位。在期限届满之前,你单位必须____。

特此通知。

________(市、县治安管理部门)

年　　月　　日

行业场所无照经营抄告函(存根)

公函[ ] 号

______:

我单位在对辖区行业场所治安检查中,发现____等____家未取得________。属无证照经营,现按照国务院《无照经营查处取缔办法》规定抄告贵单位。

接受单位:

接受人:

接收时间: 年 月 日

年 月 日

行业场所无照经营抄告函

公函[ ] 号

______:

我单位在对辖区行业场所治安检查中,发现____等____家未取得________。属无证照经营,现按照国务院《无照经营查处取缔办法》规定抄告贵单位。

年 月 日

送检印章企业申请表

<table>
<tr><td colspan="2">执行标准</td><td colspan="5">印章质量规范与检测方法(GA241.9-2000)</td></tr>
<tr><td rowspan="4">企业情况</td><td>被抽单位</td><td colspan="5"></td></tr>
<tr><td>地　址</td><td colspan="5"></td></tr>
<tr><td>法人代表</td><td></td><td>联系电话</td><td colspan="3"></td></tr>
<tr><td>经济性质</td><td></td><td>传真</td><td></td><td>邮政编码</td><td></td></tr>
<tr><td colspan="3">被抽单位：

（印鉴）
日期</td><td colspan="4">抽样单位：

（印鉴）
日期</td></tr>
<tr><td colspan="7">备注：</td></tr>
</table>

印章销毁证明

第一联:公安机关留存联

兹有____(章名),已于　　年　　月　　日制作新型印章,原有印章已销毁。

特此证明。

销毁印模:

公安机关:　　　　　　　　销毁印章单位:

监销人签名:　　　　　　　　监销人签名:

身份证号码:

销毁时间:　　年　　月　　日

印章销毁证明

第二联:销毁企业留存联

兹有____________________(章名),已于　　年　　月　　日制作新型印章,原有印章已销毁。

特此证明。

销毁印模:

公安机关:　　　　　　　　销毁印章单位:

监销人签名:　　　　　　　　监销人签名:

身份证号码:

销毁时间:　　年　　月　　日

印章抽样表

企业名称：

抽样日期：　　　　抽样地点：　　　　第　　页

抽样人：　　　　被抽样单位负责人：　　　　共　　页

序号	印章名称	制作印章设备的生产厂家、型号	制章材料（名称、厂家、牌号）	印油（名称、厂家、牌号）	电子档	备注

注：本表可复印　　　　抽样单位公章：

第六节　其他特种行业

一、印刷业管理

(一)印刷业管理法律依据

1.《印刷业管理条例》(2001年7月26日国务院第43次常务会议通过,同年8月2日国务院令第315号公布施行,以下简称《条例》)。

2.《印刷品承印管理规定》(2002年12月17日新闻出版总署第3次署务会议审议通过并商公安部同意,2003年7月18日新闻出版总署、公安部令第19号公布,2003年9月1日起施行,以下简称《规定》)。

3.《公安派出所正规化建设规范》(2007年5月17日公安部印发施行,以下简称《规范》)。

(二)印刷业的含义和范围

1. 印刷业含义。印刷业是指使用机械、电子、激光、化学刻版技术印刷或复印各种书报、文件、图表、证件、证书、票证等行业。印刷业在我国历史悠久,自从汉代毕昇发明活字印刷排版后,我国印刷业大大发展。现代科学技术在印刷业中也得到广泛应用,如照相排版、激光照排等。

2. 印刷业范围。印刷业的行业很多,有国有的大型印刷厂、彩印厂,也有中小型的集体或个人开办的印刷所、复印社等。因此,从管理对象上来说,凡是以营利为目的的专营或兼营排版、制版、装订、印刷、复印、影印、油印、誊写、打印等业务的行业,不论其经济性质如何,都属于印刷业。但是拥有印刷设备,且不对外从事商业性印刷业务的单位或个人,不属于印刷业的管理范围。

(三)印刷业治安特点

1. 印刷业易被不法分子利用非法印制各种印刷品。非法印制的印刷品从治安角度来看，主要包括淫秽物品、反社会印刷品、迷信宣传品、假票证、假商标、假证明等。不法分子可以利用印刷行业的特点，非法印刷大量上述非法印刷品，从中牟取暴利，从事违法犯罪活动，扰乱社会治安秩序和社会主义经济秩序。

2. 印刷业从业人员。受经济利益驱动，容易成为影响印刷业治安秩序的负面因素。不法分子为了达到自己非法印刷的目的，拉拢、腐蚀印刷业从业人员，有些从业人员唯利是图，给假商标、假票据、非法出版物大开方便之门。

(四)印刷业管理制度

1. 备案登记制度。根据有关规定，印刷业应经主管部门审核批准，向所在地的县级工商行政管理部门申请登记，领取营业执照，并向同级公安机关备案后，方准开业。

2. 承印验证制度。印刷业接受委托印刷各种印刷品时，应当依照《条例》等法规、规章的规定，验证委印单位及委印人的证明文件，并收存相应的原件或复印件 2 年，以备出版行政部门、公安部门查验。留存的证明文件包括印刷委托书或者委托印刷证明原件、准印证原件、出版许可证复印件、商标注册证复印件、注册商标图样原件、注册商标使用许可合同复印件、广告经营资格证明复印件、营业执照复印件、居民身份证复印件等。

3. 承印登记制度。印刷业经营者应当按承印印刷品的种类在出版物印刷登记簿、包装装潢印刷品印刷登记簿、其他印刷品印刷登记簿、专项排版、制版、装订业务登记簿、复印、打印业务登记簿(以下统称为印刷登记簿)上登记委托印刷单位及委印人的名称、住址，经手人的姓名、身份证号码和联系电话，委托印刷的印刷品的名称、数量、印件原稿(或电子文档)、底片及交货日期、收货人等。

印刷登记簿一式三联，由省、自治区、直辖市人民政府出版行政部门或者其授权的地(市)级出版行政部门组织统一印制。印刷业经营者应当在每月月底将印刷登记簿登记的内容报所在地县级以上出版行政部门备案。

4. 印刷品保管制度。印刷业经营者对承印印件的原稿(或电子文档)、校样、印版、底片、半成品、成品及印刷品的样本应当妥善保管,不得损毁。印刷业应指定专人负责保管。

印刷企业应当自完成出版物的印刷之日起 2 年内,保存一份接受委托印刷的出版物样本备查。印刷企业印刷布告、通告、重大活动工作证、通行证、在社会上流通使用的票证,印刷机关、团体、部队、企业事业单位内部使用的有价或者无价票证,印刷有单位名称的介绍信、工作证、会员证、出入证、学位证书、学历证书或者其他学业证书、机动车驾驶证、房屋权属证书等专用证件,不得擅自留存样本、样张;确因业务参考需要保留样本、样张的,应当征得委托印刷单位同意,在所保留印件上加盖"样本"、"样张"戳记,并妥善保管,不得丢失。

5. 印刷品交付制度。印刷业经营者每完成一种印刷品的印刷业务后,应当认真清点印刷品数量,登记台账,并根据合同的规定将印刷成品、原稿(或电子文档)、底片、印版、校样等全部交付委托印刷单位或者个人,不得擅自留存。

印刷业经营者应当建立印刷品承印档案,每完成一种印刷品的印刷业务后,应当将印刷合同、承印验证的各种证明文件及相应的复印件、发排单、付印单、样书、样本、样张等相关的资料一并归档留存。

6. 残次品销毁制度。印刷业经营者对印刷活动中产生的残次品,应当按实际数量登记造册,对不能修复并履行交付的,应当予以销毁,并登记销毁印件名称、数量、时间、责任人等。其中,属于国家秘密载体或者特种印刷品的,应当根据国家有关规定及时销毁。

(五)印刷业法律责任

1. 印刷业经营者必须遵守有关法律、法规和规章,讲求社会效益。禁止印刷含有反动、淫秽、迷信内容和国家明令禁止印刷的其他内容的出版物、包装装潢印刷品和其他印刷品。违者依据《条例》第 36 条,由县级以上地方人民政府出版行政部门、公安部门依据法定职权责令停业整顿,没收印刷品和违法所得,违法经营额 1 万元以上的,并处违法经营额 5 倍以上 10 倍以下的罚款;违法经营额不足 1

万元的，并处 1 万元以上 5 万元以下的罚款；情节严重的，由原发证机关吊销许可证；构成犯罪的，依法追究刑事责任。

2. 印刷业经营者有下列行为之一的，依据《条例》第 37 条，由县级以上地方人民政府出版行政部门、公安部门依据法定职权责令改正，给予警告；情节严重的，责令停业整顿或者由原发证机关吊销许可证：

(1)没有建立承印验证制度、承印登记制度、印刷品保管制度、印刷品交付制度、印刷活动残次品销毁制度等的；

(2)在印刷经营活动中发现违法犯罪行为没有及时向公安部门或者出版行政部门报告的；

(3)变更名称、法定代表人或者负责人、住所或者经营场所等主要登记事项，或者终止印刷经营活动，不向原批准设立的出版行政部门备案的；

(4)未依照本条例的规定留存备查的材料的。

单位内部设立印刷厂(所)违反本条例的规定，没有向所在地县级以上地方人民政府出版行政部门、保密工作部门办理登记手续，并按照国家有关规定向公安部门备案的，由县级以上地方人民政府出版行政部门、保密工作部门、公安部门依据法定职权责令改正，给予警告；情节严重的，责令停业整顿。

3. 有下列行为之一的，依据《条例》第 41 条由公安部门给予警告，没收印刷品和违法所得，违法经营额 1 万元以上的，并处违法经营额 5 倍以上 10 倍以下的罚款；违法经营额不足 1 万元的，并处 1 万元以上 5 万元以下的罚款；情节严重的，责令停业整顿或者吊销特种行业许可证：

(1)印刷布告、通告、重大活动工作证、通行证、在社会上流通使用的票证，印刷企业没有验证主管部门的证明和公安部门的准印证明的，或者再委托他人印刷上述印刷品的；

(2)不是公安部门指定的印刷企业，擅自印刷布告、通告、重大活动工作证、通行证、在社会上流通使用的票证的；

(3)印刷业经营者伪造、变造学位证书、学历证书等国家机关公文、证件或者企业事业单位、人民团体公文、证件的。

印刷布告、通告、重大活动工作证、通行证、在社会上流通使用的票证,委托印刷单位没有取得主管部门证明的,或者没有按照国家有关规定向印刷企业所在地公安部门办理准印手续的,或者未在公安部门指定的印刷企业印刷的,由县级以上人民政府公安部门处以500元以上5000元以下的罚款。

二、旧货流通业管理

(一)旧货流通业管理法律依据

1.《旧货流通管理办法(试行)》(内贸行一联字[1998]6号,1998年3月9日国内贸易部、公安部发布施行,以下简称《办法》)。

2.《公安派出所正规化建设规范》(2007年5月17日公安部印发施行,以下简称《规范》)。

(二)旧货流通业概述

《办法》所称旧货,是指已进入生产消费和生活消费领域,处于储备、使用和闲置状态,保持部分或者全部原有使用价值的物品。旧货市场,是指买卖双方进行公开的、经常性或者定期性的旧货交易活动,具有信息、评估、结算、加工翻新、保管、运输等配套服务功能的场所。

旧货市场按其业务活动范围,可分为全国性旧货市场和地方性旧货市场。旧货业与其他特种行业一样,容易被违法犯罪分子利用进行销赃等违法犯罪活动,通过对旧货业的物的检查与控制来查破相关案件,也成为公安机关富有成效的常用手段,加强旧货业治安管理,对维护国家、集体以及公民个人的利益具有重要意义。因而,中华人民共和国成立以来,党和政府一贯重视对旧货业的综合管理工作,并且一直把旧货业纳入特种行业进行治安管理。

(三)旧货流通业治安特点

1. 旧货流通业易成为销赃场所。旧货市场因为经营旧货,人们对其较为忽视，管理相对松散，有些不法分子混迹其间，出售赃物。目前治安问题较多的旧货市场有二手手机市场、二手车市场等。

2. 旧货流通业部分经营者可能成为影响旧货流通业治安秩序的负面因素。旧货流通业部分经营者，利欲熏心，为赚取高额利润，可能从违法犯罪分子手中低价收购赃物，转手卖出；也可能在走街串巷收购旧货时，有人时收购，无人时就偷。

（四）旧货流通业管理制度

1. 备案登记。旧货流通业，根据有关规定，应经主管部门审核批准，向所在地的县级工商行政管理部门申请登记，领取营业执照，并向当地公安机关备案后，方准开业。

2. 登记制度。旧货经营者应当登记出售及受他人委托出售单位名称和个人的居民身份证；对委托处理旧货的单位和个人，还应当严格查验委托单位的授权委托书及委托人的居民身份证。对收购和受他人委托代销、寄卖的重要物品，要如实登记其名称、规格和来源。对价值超过 100 元的旧货应当详细记录其基本特征、来源和去向。

3. 货物查验制度。旧货经营者应当对收购和受他人委托代销、寄卖的旧货进行查验，赃物、走私物品、来历不明物品及抵押中的物品，或者有赃物、走私嫌疑的物品；严重损坏且无法修复的物品；法律、行政法规明令禁止经营和特许经营的其他物品，不得收购。

4. 交接保管偿付制度。旧货经营者接受委托代理销售或者代为保管旧货的，应当建立严格的物品交接、保管及偿付制度，明确有关责任，避免发生纠纷。

5. 报告制度。旧货经营者发现可疑人员、可疑物品及公安机关要求协查的物品、走私物品，有义务及时向当地公安机关报告。

（五）旧货流通业法律责任

1. 旧货经营者应当对收购和受他人委托代销、寄卖的旧货进行查验。对价值超过 100 元的旧货应当详细记录其基本特征、来源和去向。违者依据《办法》第 52 条处罚，由公安机关依法查处。对直接负责的主管人员和其他直接责任人员处以 200 元以上 500 元以下罚款，并处经营单位 3000 元以上 10000 元以下罚款；构成犯罪的，依法追究刑事责任。

2. 旧货经营者应当登记出售、寄卖及受他人委托出售、寄卖旧货的单位名称和个人的居民身份证；对委托处理旧货的单位和个人，还应当严格查验委托单位的授权委托书及委托人的居民身份证。违者依据《办法》第 52 条处罚，由公安机关依法查处。对直接负责的主管人员和其他直接责任人员处以 200 元以上 500 元以下罚款，并处经营单位 3000 元以上 10000 元以下罚款；构成犯罪的，依法追究刑事责任。

3. 旧货市场、旧货经营者发现可疑人员、可疑物品及公安机关要求协查的物品、走私物品，有义务及时向当地公安机关报告，不得隐瞒包庇。违者依据《办法》第 52 条处罚，由公安机关依法查处。对直接负责的主管人员和其他直接责任人员处以 200 元以上 500 元以下罚款，并处经营单位 3000 元以上 10000 元以下罚款；构成犯罪的，依法追究刑事责任。

4. 收购公安机关通报寻查的赃物或者有赃物嫌疑的物品的；收购国家禁止收购的其他物品的，依照《治安管理处罚法》第 59 条规定，对行为人处 500 元以上 1000 元以下罚款；情节严重的，处 5 日以上 10 日以下拘留，并处 500 元以上 1000 元以下罚款。

5. 明知是赃物而窝藏、转移或者代为销售的，依照《治安管理处罚法》第 60 条规定，对行为人处 5 日以上 10 日以下拘留，并处 200 元以上 500 元以下罚款。

6. 公安部关于对经营旧手机是否适用《旧货流通管理办法（试行）》有关问题的批复要求，对不按规定登记物品、人员信息的，应当依照《办法》第 52 条规定给予处罚。

三、机动车修理业管理

（一）机动车修理业管理法律依据

1.《机动车修理业、报废机动车回收业治安管理办法》（1999 年 3

月 2 日公安部第 38 号令发布，以下简称《办法》)。

2.《公安派出所正规化建设规范》(2007 年 5 月 17 日公安部印发施行，以下简称《规范》)。

(二)机动车修理业概述

机动车是指汽车、摩托车和农用运输车等。机动车修理业是指修理、保养机动车的行业，包括企业和个体工商户。随着经济的发展，我国机动车的数量愈来愈多，与此同时，机动车维修、保养的厂家、站点也愈来愈多。

(三)机动车修理业治安特点

1. 易成为不法分子销赃的渠道。违法犯罪分子利用机动车修理业经营业务特点，将盗窃、抢劫等不法获得的赃车和走私车，售于机动车修理业。

2. 机动车修理业从业人员易成为影响该行业治安秩序的负面因素。部分从业人员唯利是图，明知或者应知是有盗窃、抢劫或者其他犯罪嫌疑的汽车，不向公安机关报告，擅自拆解、改装；或者将整车收购下来化整为零，用作零部件出售；或者擅自为违法犯罪人员改变汽车外观，变更发动机，消除发动机编号，等等。

3. 有的维修厂家对送修的车辆保管不善，致车辆被盗或被损，有的维修人员私开修理车辆办私事，甚至参与不法活动。

(四)机动车修理业管理制度

1. 登记备案。经营机动车修理业，根据有关规定，在向工商行政管理部门申请登记，领取营业执照后，须向同级公安机关备案，方准开业。

2. 验证登记。机动车修理厂家在承接业务时，首先应认真细致地做好验证工作，这是识别和发现违法犯罪人员的首要环节。应查验的证件有：送修人的身份证照(驾驶证，身份证等)；送修车辆的车辆行驶证；对要求改变车辆外部特征及更换发动机的，须查验县级以上公安机关车管部门的批准手续。

在进行承修验证的同时，应对送修车辆及送修人的身份情况进

行登记，这样做既有利于修理厂家的内部管理，又有利于我们公安机关的管理工作。机动车修理业可以借助登记完成验证工作，寓验证于登记之中，可以消除查验证件带来的反感与敏感。具体登记事项：按照机动车行驶证项目登记送修车辆的号牌、车型、发动机号码、车架号码、厂牌型号、车身颜色；车主名称或姓名、送修人姓名和居民身份证号码或驾驶证号码；修理项目（事故车辆应详细登记修理部位）；送修时间、收车人姓名。

3. 妥善保管制度。在车辆的维修、拆解过程中，应防止车辆被偷开、偷窃和损毁。为了避免由于保管不善产生的一系列问题，行业内部必须建立自己的保管制度。

4. 报告制度。机动车修理企业承修车辆时，发现下列可疑情况，应立即报告当地公安机关：证明、证件有变造、伪造痕迹的；送修车辆与机动车行驶证信息不符的；车辆发动机号码、车架号码有改动痕迹或车辆有其他明显改动、破坏痕迹的；送修人要求更改发动机号码、车架号码的；公安机关查控的机动车辆；交通肇事逃逸嫌疑车辆及其他可疑情况。

5. 禁止事项。机动车修理业严禁从事下列活动：明知是盗窃、抢劫所得机动车而予以改装、拼装、倒卖；无公安交通管理部门出具的机动车变更、改装审批证明而更换发动机、车身（架）、改装车型、改变车身颜色；更改发动机号码或车架号码；回收报废机动车；非法拼（组）装汽车、摩托车；明知是交通肇事逃逸车辆未向公安机关报告而修理的。

（五）机动车修理业法律责任

1. 机动车修理业承修机动车不按规定如实登记的，对机动车修理企业和个体工商户处500元以上3000元以下罚款；对机动车修理企业直接负责的主管人员和其他直接责任人员处警告或500元以下罚款。

2. 承修无公安交通管理部门出具的车辆变更、改装审批证明更换发动机、车身（架）、改装车型、改变车身颜色的车辆或明知是交通肇事逃逸车辆未向公安机关报告而修理的，对机动车修理企业和个体工商户处5000元以上30000元以下罚款；对机动车修理企业直接负责的主管人员和其他直接责任人员处警告或2000元以下罚款。

3. 对更改发动机号码、车架号码的机动车修理企业和个体工商户，处5000元以上30000元以下罚款；对机动车修理企业直接负责的主管人员和其他直接责任人员处警告或2000元以下罚款，构成犯罪的，依法追究刑事责任。

4. 机动车修理企业和个体工商户明知是盗窃、抢劫所得机动车而予以拆解、改装、拼装、倒卖的，对其直接负责的主管人员和其他直接责任人员依照国家有关规定追究刑事责任；尚不构成犯罪的，依照《治安管理处罚法》予以处罚。

5. 对机动车修理企业和个体工商户回收报废机动车的，按照《废旧金属收购业治安管理办法》第13条第1项规定处罚，没收非法回收的报废机动车及非法所得，可以并处5000元以上1万元以下罚款。

四、报废机动车回收业管理

（一）报废机动车回收业管理法律依据

1.《机动车修理业、报废机动车回收业治安管理办法》（1999年3月2日公安部第38号令发布，以下简称《办法一》）。

2.《报废汽车回收管理办法》（2001年6月13日国务院第41次常务会议通过，2001年6月16日国务院令第307号公布施行，以下简称《办法二》）。

3.《公安派出所正规化建设规范》（2007年5月17日公安部印发施行，以下简称《规范》）。

（二）报废机动车回收业含义和范围

报废机动车，是指达到国家报废标准，或者虽未达到国家报废标准，但发动机或者底盘严重损坏，经检验不符合国家机动车运行安全技术条件或者国家机动车污染物排放标准的机动车。报废机动车包括报废的汽车、摩托车和农用运输车等。

报废机动车回收业是指对报废机动车回收、拆解的企业。除取得报废机动车回收企业资格认定外,其他任何单位和个人不得从事报废机动车回收活动。

经济贸易管理部门对报废机动车回收业实施业务管理,公安机关实施治安管理。

(三)报废机动车回收业治安特点

1. 易成为不法分子销赃的渠道。违法犯罪分子利用报废机动车回收业经营业务特点,将盗窃、抢劫等不法获得的赃车和走私车,售于报废机动车回收业。

2. 报废机动车回收业从业人员易成为影响该行业治安秩序的负面因素。部分从业人员唯利是图,明知或者应知是有盗窃、抢劫或者其他犯罪嫌疑的汽车、“五大总成”以及其他零配件,未向公安机关报告,擅自拆解、改装、拼装、倒卖;出售不能继续使用的报废汽车零配件或者出售的报废汽车零配件未标明“报废汽车回用件”;利用报废汽车“五大总成”以及其他零配件拼装汽车或者出售报废汽车整车、“五大总成”、拼装车,等等。

(四)报废机动车回收业管理制度

1. 登记备案。经营报废机动车回收业,根据有关规定,应经主管部门审核批准,向工商行政管理部门申请登记,领取营业执照,并向公安机关备案后,方准开业。

2. 验证登记。报废机动车拥有的单位或者个人应当及时向公安机关办理机动车报废手续,取得机动车报废证明。报废机动车回收企业凭机动车报废证明收购报废机动车。报废机动车回收业在承接业务时,应认真查验机动车报废证明,并对车主、送车人的身份情况和车辆的相关情况进行详细登记。

(1)报废机动车车主名称或姓名、送车人姓名、居民身份证号码;

(2)按照公安交通管理部门出具的机动车报废证明登记报废车车牌号码、车型、发动机号码、车架号码、车身颜色;

(3)收车人姓名。

3. 车辆保管。在车辆的拆解过程中,应防止车辆被偷开、偷窃和损毁。为了避免由于保管不善而产生的一系列问题,行业内部必须建立自己的保管制度。

4. 回收并拆解。报废汽车回收企业必须拆解回收的报废汽车,其中,回收的报废营运客车,应当在公安机关的监督下解体。拆解的“五大总成”应当作为金属,交售给钢铁企业作为冶炼原料;拆解的其他零配件能够继续使用的,可以出售,但必须标明“报废汽车回用件”。

5. 禁止行为。报废机动车回收企业严禁从事下列活动:明知是盗窃、抢劫所得机动车而予以拆解、改装、拼装、倒卖;回收无公安交通管理部门出具的机动车报废证明的机动车的;利用报废机动车拼装整车。

6. 情况报告。报废机动车回收企业回收报废机动车时,发现下列可疑情况,应立即报告当地公安机关:证明、证件有变造、伪造痕迹的;回收车辆与报废证明不符的;车辆发动机号码、车架号码有改动痕迹或车辆有其他明显改动、破坏痕迹的;公安机关查控的机动车辆;交通肇事逃逸嫌疑车辆及其他可疑情况。

(五)报废机动车回收业法律责任

1. 回收报废机动车不按规定如实登记的,对报废机动车回收企业按照《废旧金属收购业治安管理办法》第 13 条第 5 项规定处罚。依据《办法一》第 15 条,对报废机动车回收企业直接负责的主管人员和其他直接责任人员处警告或 500 元以下罚款。

2. 回收无报废证明的机动车的,依据《办法一》第 16 条,对报废机动车回收企业处 5000 元以上 30000 元以下罚款。对报废机动车回收企业直接负责的主管人员和其他直接责任人员处警告或 2000 元以下罚款。

3. 买卖或者伪造、变造《报废汽车回收证明》的,依据《办法二》第 21 条,由公安机关没收违法所得,并处 10000 元以上 50000 元以下的罚款；属报废汽车回收企业，情节严重的，由原来审批发证部门分别吊销资格认定书、营业执照。

4. 将报废汽车出售、赠予或者以其他方式转让给非报废汽车回收企业的单位或者个人的，或者自行拆解报废汽车的，依据《办法二》第 22 条，由公安机关没收违法所得，并处 2000 元以上 20000 元以下的罚款。

5. 报废汽车回收企业明知或者应知是有盗窃、抢劫或者其他犯罪嫌疑的汽车、“五大总成”以及其他零配件，未向公安机关报告，擅自拆解、改装、拼装、倒卖的，依据《办法二》第 23 条，由公安机关依法没收汽车、“五大总成”以及其他零配件，处 10000 元以上 50000 元以下的罚款；由原审批发证部门分别吊销资格认定书、营业执照；构成犯罪的，依法追究刑事责任。

6. 报废机动车回收企业明知是盗窃、抢劫所得机动车而予以拆解、改装、拼装、倒卖的，对其直接负责的主管人员和其他直接责任人员依照国家有关规定追究刑事责任；尚不构成犯罪的，依照《中华人民共和国治安管理处罚条例》予以处罚。

第五章　大型群众性活动安全管理

第一节 大型群众性活动管理概述
- 一、大型群众性活动安全管理法律依据
- 二、大型群众性活动范围
- 三、大型群众性活动特点
- 四、大型群众性活动安全管理面临的问题

第二节 大型群众性活动安全责任
- 一、承办者的责任
- 二、场所管理者的责任
- 三、公安机关的责任
- 四、参加活动人员的责任

第三节 大型群众性活动安全管理
- 一、大型群众性活动安全管理原则
- 二、大型群众性活动的申请
- 三、大型群众性活动的审批
- 四、安全监督方案和突发事件处置预案
- 五、大型群众性活动举行前的安全检查
- 六、大型群众性活动举办期间的安全管理

第四节 大型群众性活动中的法律责任
- 一、承办者法律责任
- 二、场所管理者法律责任
- 三、参加活动者法律责任
- 四、主管部门责任人法律责任

【学习目标】通过教学，使学生了解大型群众性活动的内涵、特点和范围，大型群众性活动包括体育比赛；演唱会、音乐会等文艺演出活动；展览、展销等活动；游园、灯会、庙会、花会、焰火晚会等活动；人才招聘会、现场开奖的彩票销售等活动。通过教学，使学生了解大型群众性活动中承办者、场所管理者、公安机关和参加活动人员各自的责任；掌握安全工作方案的审核要点，安全监督方案和突发事件处置预案的制作要求；掌握大型群众性活动举行前的安全检查内容和步骤，大型群众性活动举办期间的安全管理内容和要领。

【专业术语】大型群众性活动　承办者　场所管理者　安全工作方案　安全监督方案　突发事件应急预案

第一节　大型群众性活动管理概述

近年来，随着经济的快速发展和人民群众精神文化需求的不断增加，大型群众性活动数量不断增多，规模逐渐扩大，规格不断提升，已成为促进城市经济、文化交流、提高城市知名度和品牌的重要载体。大型群众性活动具有规模大、参加人员多、危险系数高、安全问题突出等特点。据统计，近几年来，全国每年举办各类大型群众性活动1.4万多场，近3亿人次参加。在这类活动中，安全事故、治安和刑事案件时有发生，有的甚至酿成群体性事件，给人民群众的生命、财产安全以及社会治安秩序和公共安全带来较为严重的危害。审批、管理大型群众性活动及对大型群众性活动安保工作的监督、实施是治安管理工作的重要职责之一。

一、大型群众性活动安全管理法律依据

1.《大型群众性活动安全管理条例》(2007年8月29日国务院第190次常务会议通过，同年10月1日起施行，以下简称《条例》)。

2.《治安管理处罚法》(2005年8月28日第十届全国人民代表

大会常务委员会第十七次会议通过，2006 年 3 月 1 日起施行，以下简称《处罚法》）。

3. 各地自行规定，如《福建省特种行业和公共场所治安管理办法》(2004 年 7 月 22 日福建省第十届人民代表大会常务委员会第十次会议通过，2004 年 10 月 1 日起施行，以下简称《办法》)。

二、大型群众性活动范围

所谓大型活动只是一个相对的概念，是相对于小型活动而言的。根据 2007 年 10 月 1 日起施行的《条例》第 2 条规定，大型群众性活动，是指法人或者其他组织面向社会公众举办的每场次预计参加人数达到 1000 人以上的下列活动：1. 体育比赛活动；2. 演唱会、音乐会等文艺演出活动；3. 展览、展销等活动；4. 游园、灯会、庙会、花会、焰火晚会等活动；5. 人才招聘会、现场开奖的彩票销售等活动。

《条例》从活动举办主体、公众性、参加人数和种类四个方面界定了大型群众性活动的范围，共五大类。考虑到影剧院、音乐厅、公园、娱乐场所等在其业务范围内举办的活动虽然符合大型群众性活动的特征，但是已通过相关部门依法经营许可，其安全问题可以纳入日常公共安全进行管理，因而明确此类活动不适用本条例的规定。非法的聚众闹事，非法的集会、游行、示威活动等，也不是我们所指的大型群众性活动。

大型群众性活动按是否需要审批的标准来划分，可以把大型群众性活动分为须经审批的大型群众性活动和不需审批的大型群众性活动两类。《条例》规定，县级以上各级人民政府、国务院部门直接举办的大型群众性活动(如奥运会、世博会、全国人民代表大会)，由举办活动的人民政府、国务院部门负责活动的安全保卫工作，不实行安全许可制度。为确保这些大型群众性活动的安全，条例要求举办活动的人民政府、国务院部门按照《条例》的有关规定，责成或会同有关公安机关制订更加严格的安全保卫工作方案，并组织实施。

三、大型群众性活动特点

(一)人员的集中性

大型群众性活动使活动场所及周边在短时间内聚集大量人群。在场地的不同区域,人员分布也处于不均匀状态,如展览会人员主要集中于展台,游园活动中具有特色的园区或者活动地更易吸引游人。同时参与者在时间上也呈现出一定的集中性。

(二)变化的难以预测性

大型群众性活动的人群规模、人员组成等虽然可以估测,但由于影响因素多,关系复杂,实际人员数量、到场时间等仍难以预测。尤其是对于那种没有固定座位,不需要按票入座的活动,如庙会、展览、游园会等,实际上,往往出现远超出人数预期的情况。

(三)参与主体的复杂性

大型群众性活动参与人员构成复杂,参与者既有青年、老年,也有儿童,对风险的认知、防护知识及能力有很大不同;此外,活动参与者的职业、社会层面、兴趣、爱好等一般差异较大,群体习惯和文化理念不同,在活动期间可能遇到的安全问题不尽一致。主体的复杂性也使得个体与群体之间存在诸多潜在矛盾,导致了活动中事故隐患的多来源性。同时个体对风险等事物的反应特征也呈现多样性,这些因素致使可能发生的安全问题增多。

(四)活动场所的不特定性

根据不同的活动内容,大型群众性活动的场所也有所不同。有的是临时搭建的活动场地,也有的活动场地就在广场、公共道路或者公园。因此,公安机关对大型活动的治安管理不是以场所为分类方式进行场所的治安管理,而是针对每一次活动进行治安管理。

四、大型群众性活动安全管理面临的问题

(一)社会不安定因素的威胁

虽然我国政局稳定,但随着全球恐怖活动的日益泛滥,其存在和

发展也像“瘟疫”一样，严重影响我国的安全与发展。近年来，由于我国国内民族分裂主义较为猖狂、社会不稳定因素的增多和非法宗教团体、邪教组织的煽动，我国面临恐怖主义威胁的形势也较为严峻。同时因矛盾、纠纷冲突而实施发泄私愤、报复社会的破坏活动也时有发生。大型群众性活动这样人员密集的场所是他们选择的目标之一。1972 年 9 月 5 日，慕尼黑奥运会出现了残酷杀戮的一幕，巴勒斯坦恐怖分子持枪袭击运动员村，当场杀害两名以色列运动员，劫持 9 名人质，比赛全部停止，奥运村一片混乱。最终，被绑人质无一获救，5 名恐怖分子和 1 名德国警察死亡。

（二）安全相关人员疏忽大意

部分承办者只关心效益不重视安全，部分监管部门和人员对安全重视不够或疏忽大意，导致举办的活动安全隐患突出，有的不按规定申报，有的不落实整改措施，有的不履行自身职责。2004 年 2 月 5 日，在北京市密云县密虹公园举办的密云县第二届迎春灯展上，发生拥挤、踩踏特大伤亡事故，造成 37 人死亡、37 人受伤。经查，导致事故发生的直接原因是，负责重点部位彩虹桥保卫工作的密云县城关派出所，没有履行安全保卫职责，有关人员擅自压缩值勤人员、推迟上岗时间；灯展主办单位、承办单位安全保卫方案不落实，有关部门职责落实不到位等。

（三）行政干预较为普遍

一些地方政府为了取得较好的效果和影响，将活动交给专业公司或中介机构举办，名义上进行市场化运作和商业化炒作，但政府还参与其中，以行政命令的方式干预公安机关审批管理，活动安保工作成了公安机关的政治任务，导致安全责任主体倒置。

第二节　大型群众性活动安全责任

明确安全责任是维护大型群众性活动安全的前提，《条例》明确了大型群众性活动的安全责任体系，对活动承办者、场所管理者、公安机关和参与人员等有关主体的安全责任作了详细规定。

一、承办者的责任

根据《条例》第5条、第6条和第7条的规定，大型群众性活动的承办者对其承办活动的安全负责，承办者的主要负责人为大型群众性活动的安全责任人。具体责任如下：

1. 落实大型群众性活动安全工作方案和安全责任制度，明确安全措施、安全工作人员岗位职责，开展大型群众性活动安全宣传教育；

2. 保障临时搭建的设施、建筑物的安全，消除安全隐患；

3. 按照负责许可的公安机关的要求，配备必要的安全检查设备，对参加大型群众性活动的人员进行安全检查，对拒不接受安全检查的，承办者有权拒绝其进入；

4. 按照核准的活动场所容纳人员数量、划定的区域发放或者出售门票；

5. 落实医疗救护、灭火、应急疏散等应急救援措施并组织演练；

6. 对妨碍大型群众性活动安全的行为及时予以制止，发现违法犯罪行为及时向公安机关报告；

7. 配备与大型群众性活动安全工作需要相适应的专业保安人员以及其他安全工作人员；

8. 为大型群众性活动的安全工作提供必要的保障。

二、场所管理者的责任

大型群众性活动一般是由承办者租用、借用或者以其他形式临时占用场所、场地，面向社会公众举办，大型群众性活动场所的提供者应当依法承担相应的安全责任。根据《条例》第8条的规定，大型群众性活动的场所管理者具体负责下列安全事项：

1. 保障活动场所、设施符合国家安全标准和安全规定；

2. 保障疏散通道、安全出口、消防车通道、应急广播、应急照明、疏散指示标志符合法律、法规、技术标准的规定；

3. 保障监控设备和消防设施、器材配置齐全、完好有效；

4. 提供必要的停车场地，并维护安全秩序。

三、公安机关的责任

根据《条例》第 10 条的规定，公安机关应当履行下列职责：

1. 审核承办者提交的大型群众性活动申请材料，实施安全许可；

2. 制订大型群众性活动安全监督方案和突发事件处置预案；

3. 指导对安全工作人员的教育培训；

4. 在大型群众性活动举办前，对活动场所组织安全检查，发现安全隐患及时责令改正；

5. 在大型群众性活动举办过程中，对安全工作的落实情况实施监督检查，发现安全隐患及时责令改正；

6. 依法查处大型群众性活动中的违法犯罪行为，处置危害公共安全的突发事件。

主要是：审查并实施安全许可；制订安全监督方案和突发事件处置预案；对活动场所及安全工作落实情况进行监督、检查，责令整改安全隐患；查处违法犯罪行为，处置突发事件等。

四、参加活动人员的责任

根据《条例》第 9 条的规定，参加大型群众性活动的人员应当遵守下列规定：

1. 遵守法律、法规和社会公德，不得妨碍社会治安、影响社会秩序；

2. 遵守大型群众性活动场所治安、消防等管理制度，接受安全检查，不得携带爆炸性、易燃性、放射性、毒害性、腐蚀性等危险物质或者非法携带枪支、弹药、管制器具；

3. 服从安全管理，不得展示侮辱性标语、条幅等物品，不得围攻裁判员、运动员或者其他工作人员，不得投掷杂物。

第三节　大型群众性活动安全管理

一、大型群众性活动安全管理原则

大型活动具有社会性、公众性、聚集性、参与人员不特定性等特点，易发生治安案件、拥挤、踩踏等突发事件，造成严重的社会影响。在大型活动安全保卫中，承办者和公安机关都要遵循安全第一、预防为主的原则，坚持承办者负责、政府监管。

(一)安全防范原则

《条例》第3条规定，大型群众性活动的安全管理应当遵循“安全第一、预防为主”的方针。举办大型群众性活动应当把安全工作放在首位，确保活动安全是承办者、场所管理者、活动参加人员的首要任务，也是公安机关等政府监管部门的首要职责。首先要在思想上高度重视，其次要在环节上考虑周全，措施上要严之又严，落实上实之又实，特别是一些安检设备和安全保障设施，必须确保按时足额落实到位。

安全是成功举办一切活动的前提条件，对涉及安全的问题必须认真对待，其中情报信息收集、安全检查、票证管理等是大型群众性活动安全保卫的重要措施。加强情报信息工作，是要获取一些内幕性和预警性信息，以便及早采取措施把危险消除在初始阶段和萌芽状态。加强严格的安全检查是消除安全隐患的重要措施和手段，如在活动举办前，安检部门必须对场地、设施和器械进行严格的安全检查，确认绝对安全后进行封闭式管理。活动举办期间，对进出场所的人员、车辆和所携带的物品，要分别进行防爆安全检查，对入场观众和工作人员要严格检查票证，避免任何存在安全隐患的人员、物品进入现场。

(二)规范管理原则

《条例》第3条规定，大型群众性活动的安全管理应当遵循“承办者负责、政府监管”的原则。承办者对活动的安全负责并组织活动的安全工作，县级以上人民政府公安机关负责大型群众性活动的安全管理工作，县级以上人民政府其他有关主管部门按照各自的职责，负责大型群众性活动的有关安全工作。公安机关对于一些大型活动不申请或申请材料不齐全等现象，要坚持原则、依法行政，要打消承办者的特权思想，让承办者依法履行好自己的职责。大型群众性活动的承办者、场所管理者、活动的参与人员和公安机关及其他政府主管部门各司其职，形成安全责任体系，保障活动的安全和秩序。

（三）分类实施原则

根据大型活动的组织形式、规模、场地，承办者和公安机关应按照不同的类型开展风险评估分析、制订不同的安保方案、采取不同的安保措施，既确保活动的安全，又不浪费宝贵的人力物力财力，还能保证整个场面的和谐。在大型群众性活动安全保卫工作中需要明确区分政府行为和民间行为、文艺体育活动和其他大型商贸活动等不同的类别。对政府组织的活动，特别是具有重大社会影响或政治影响的活动，公安机关在安全保卫工作中必须发挥主导作用，全力以赴；对于经公安机关安全许可举办文艺演出等活动，公安机关主要指导和协调，根据安全需要组织相应警力，维持活动现场周边的治安、交通秩序。大型社会活动按照不同类别进行管理，不但可以集中警力做好大型群众性活动的安全保卫工作，缓解警力的严重不足，提高公安机关的工作效率，也有利于拓展安保工作市场化、社会化的进程。

（四）协调配合的原则

大型群众性活动本身的复杂性决定了安保工作一定要统一指挥。大型群众性活动安全保卫工作涉及情报、治安、交通、消防、安检、后勤等多项业务，是一项由多警种协同作战的系统工程。如果按照原有的隶属关系进行指挥，参战单位各行其是，必然造成令出多头，使一线执勤人员无所适从，也难以形成合力。因此在工作中必须要建立强有力的指挥系统，通盘考虑，统一指挥，以保证各部门步调一致，将彼此分散独立的力量凝聚成合力。只有构建起严密、统一的指挥系统，才能保证指令快速准确地由决策层传达到基层实战单位，使各参战单位既能根据实际情况独立作战，又能相互配合。安保工作实现统一指挥、协调有序的前提是制订详尽的工作方案，在方案中明确各警种的任务和分工，保证各项工作有序开展。

需要注意的是，大型群众性活动安保工作往往是分层次进行指挥，通常情况下分为总指挥和部门指挥。总指挥统筹规划，从宏观上进行全面控制或掌握情况；部门指挥又称具体指挥，根据总指挥的统一部署或指令，结合具体实际实施指挥。在大型群众性活动中，指挥一般是按层级进行，不得越级指挥，避免发生指挥混乱。但从实战警务工作看，大型群众性活动安保工作应尽量减少指挥层，其原因在于大型群众性活动安保工作往往是多警种协同作战，设置的指挥层越多，越容易造成责任的泛化或缺位，在责任上产生相互依赖心理，结果可能出现指挥责任的真空地带。

二、大型群众性活动的申请

除县级以上各级人民政府、国务院部门直接举办的大型群众性活动以及《营业性演出管理条例》对演出活动的安全管理另有规定的以外，公安机关对大型群众性活动实行安全许可制度，属于行政许可。行政许可，是指行政机关根据公民、法人或其他组织的申请，经依法审查，准予其从事特定活动的行为。大型群众性活动的安全许可是公安机关通过对申请材料和安全条件进行审查，决定是否准许举办的具体行政行为。未经许可，任何单位或个人不得举办大型群众性活动。

（一）申办大型群众性活动应符合的条件

根据《条例》第 11 条的规定，举办大型群众性活动应当符合下列条件：

1. 承办者是依照法定程序成立的法人或者其他组织；
2. 大型群众性活动的内容不得违反宪法、法律、法规的规定，不得违反社会公德；

3. 具有符合本条例规定的安全工作方案，安全责任明确、措施有效；

4. 活动场所、设施符合安全要求。

(二)申办大型群众性活动应提交的材料

根据《条例》第 13 条的规定，承办者应当在活动举办日的 20 日前提出安全许可申请，申请时，应当提交下列材料：

1. 承办者合法成立的证明以及安全责任人的身份证明；

2. 大型群众性活动方案及其说明，2 个或者 2 个以上承办者共同承办大型群众性活动的，还应当提交联合承办的协议；

3. 大型群众性活动安全工作方案；

4. 活动场所管理者同意提供活动场所的证明。

依照法律、行政法规的规定，有关主管部门对大型群众性活动的承办者有资质、资格要求的，还应当提交有关资质、资格证明。

(三)大型群众性活动安全许可申请表(见本章尾页的附件)

(四)大型群众性活动安全工作方案

大型群众性活动安全工作方案应当包括下列内容：活动的时间、地点、内容及组织方式；安全工作人员的数量、任务分配和识别标志；活动场所消防安全措施；活动场所可容纳的人员数量以及活动预计参加人数；治安缓冲区域的设定及其标志；入场人员的票证查验和安全检查措施；车辆停放、疏导措施；现场秩序维护、人员疏导措施；应急救援预案。

大型活动安全工作方案(参考范本)

“××大型活动”将于××年××月××日××时，在××公园举行，本次活动旨在丰富市民的休闲生活，感受朝气蓬勃的时代艺术，同时推广“××”项目的文化内涵和知名度，为确保活动安全顺利进行，主办单位特从保安公司雇请了 200 名保安员。届时将有“青鸟健身俱乐部"、"新丝路模特公司"以及众多文艺团体到场表演,"××"项目邀请的用户和××公园内游客将观看这些演出。本次活动在中央广场设主舞台(T形台)1处,四周设分舞台4处。

一、指导思想

坚持"安全第一"的指导思想,贯彻"内紧外松"的原则,精心组织,严密部署,突出重点(主舞台),确保安全。

二、任务和目标

协助公安部门做好安全保卫工作,确保活动现场的良好秩序,组织好现场值勤,做好演员和来宾的安全保卫工作,积极预防和有效处置突发事件。

做到活动期间不发生爆炸、枪击、纵火等暴力恐怖案件;不发生重大交通、火灾、拥挤踏伤等灾害事故;不发生反动传单、标语等政治案件;不发生危害观众生命财产安全的案件。

三、组织领导与职责

(一)活动安全工作领导小组

组长:×××(××公司销售总监)1330000000

副组长:×××(××公司经理)13900000000

成员:

×××(××公司策划部经理)13300000000

×××(××公司高级销售经理)13900000000

×××(××公司策划部主管)13900000000

×××(××公司业务经理)13000000000

×××(××公司项目主管)13000000000

×××(××公司项目主管)13000000000

×××(××公司项目主管)13000000000

主要职责:统一组织部署活动期间的安全保卫工作,决策保卫工作的重大事项,制订总体方案,配合民警和×××公园工作,指挥调配保安,组织具体方案的实施。

(二)工作领导小组下设十个职能组

1. 警务协调组

组长：×××

副组长：×××、×××

成员：×××、×××、×××、×××

职责：负责保卫领导小组文书、简报、通讯报道；与公安部门、保安公司的随时联络；各种证件的发放管理；对各项勤务的督察；保卫组内部的协调。

2. 现场指挥组

组长：×××

副组长：×××

成员：×××、×××、×××、×××

职责：负责制订并组织实施活动现场具体保卫方案、交通安全保障方案；组织活动现场的交通指挥和管制分流，确保道路通畅和行车安全；科学合理安排停车区；突发事件处置。

3. 现场面控组

组长：×××

副组长：×××

成员：×××、×××、×××、×××

职责：配合公安部门、公园治安部门，在现场活动区开展防火防爆安全检查、反扒窃等专项治理、通讯保障，强化联防和巡逻。

……

四、措施与要求

1. 认真做好安全检查。所有工作人员佩戴统一工作证出入会场、相互识别。活动开始前由“社会面控组”对活动现场进行2次彻底的安全检查，对进入现场的车辆、物品、演出道具进行现场检查。

2. 严格制度，严密措施。活动开始前，组织好园区内各施工单位的车辆调度和园区外车辆停放工作，规划好停车场。

3. 科学安排会场周围的分流方案，用隔离杆拉出主舞台隔离区，隔离区内是为130个预留的嘉宾席，主舞台活动开始前，80名保

安员始终在隔离区外1米布控,保护演员、舞台、设备、桌椅,劝阻游人不要在主舞台前拥堵。

4. 分舞台共4处,每处派30名保安值守。各分舞台保安员由其小队长与××公司各分舞台负责人共同调派。分舞台活动结束后主舞台活动开始。此时各分舞台保安回撤到主舞台待命。

5. 处理问题要有礼、有据、有节,及时准确,注意政策与方法。同时要加强请示报告制度,重大问题不得擅做主张。

6. 值勤中各小组要密切配合、主动协同、互通情况、互相支持,树立整体意识,共同做好工作。

7. 活动现场平面图(后附)和活动流程要认真对照、牢记于心,做到对现场了若指掌。

××公司

××年××月××日

三、大型群众性活动的审批

根据《条例》第11条的规定,公安机关对大型群众性活动实行安全许可制度。《营业性演出管理条例》对演出活动的安全管理另有规定的,从其规定。公安机关收到承办者申请材料应当依法作出受理或者不予受理的决定。根据《公安机关行政许可工作规定》,公安机关认为承办者提交的材料不齐全或者不符合法定形式的,应当当场或者在5日内一次告知申请人需要补正的全部内容。

(一)职责分工

根据《条例》第12条的规定,大型群众性活动的预计参加人数在1000人以上5000人以下的,由活动所在地县级人民政府公安机关实施安全许可;预计参加人数在5000人以上的,由活动所在地设区的市级人民政府公安机关或者直辖市人民政府公安机关实施安全许可;跨省、自治区、直辖市举办大型群众性活动的,由国务院公安部门实施安全许可。

(二)时限要求

根据《条例》第 14 条的规定,公安机关收到申请材料应当依法作出受理或者不予受理的决定。对受理的申请,应当自受理之日起 7 日内进行审查,对符合安全条件的,作出许可的决定;对不符合安全条件的,作出不予许可的决定,并书面说明理由。

(三)审查决定

公安机关在作出决定过程中,必要时应当进行实地检查。实地检查的内容主要是举办活动的场所、路线和设施、设备等是否安全,是否与活动规模匹配,活动安全工作方案是否切合实际,行之有效。

对活动场所及附属设施的检查内容包括:(1)举办场所的建筑物或露天场地设施是否符合安全规定;(2)通道及进出口是否畅通,电气设备是否符合用电标准并具备保护措施;(3)是否已与电业部门取得联系,保证供电并配备备用电源;(4)消防器材是否配置齐全、有效;(5)场内危险物品管理是否合格;(6)场地内外的污物、砖瓦及有碍通行的障碍物是否彻底清除;等等。在检验中发现安全隐患和需要调整补充的措施,应当书面通知承办者予以整改;对拒不整改的,公安机关可以责令其停止举行活动。

对受理的申请,公安机关经过审查,并对活动场所进行查验,对符合安全条件的,作出许可的决定;对不符合安全条件的,作出不予许可的决定,并书面说明理由。

(四)大型群众性活动的变更

根据《条例》第 15 条的规定,对经安全许可的大型群众性活动,承办者不得擅自变更活动的时间、地点、内容或者扩大大型群众性活动的举办规模。

1. 时间变更。承办者变更大型群众性活动时间的,应当在原定举办活动时间之前向作出许可决定的公安机关申请变更,经公安机关同意方可变更。

2. 地点、内容或规模变更。承办者变更大型群众性活动地点、内容以及扩大大型群众性活动举办规模的,应当依照本条例的规定重新申请安全许可。

3. 活动取消。承办者取消举办大型群众性活动的，应当在原定举办活动时间之前书面告知作出安全许可决定的公安机关，并交回公安机关颁发的准予举办大型群众性活动的安全许可证件。

四、安全监督方案和突发事件处置预案

为了对大型群众性活动的安全实施有效监督和应急处置，公安机关应事先制订科学规范、缜密细致、具有较强操作性的安全监督方案和突发事件处置预案，根据《条例》第 10 条的规定，这也是公安机关应当履行的职责。

在大型群众性活动举行前，公安机关应根据安全监督方案对活动安全的方方面面进行随时、实地的监督检查，重点做好对活动场所及附属设施的安全检查、危险排查，对不符合安全要求的要督促整改。制订突发事件处置预案的目的是以最快速度、最高效能、妥善有序处置大型活动中的突发事件，使损失降到最低点。

突发事件处置预案须具有周密性，即涉及的部门，预测的突发性事件和事故，采取的措施应考虑周全，没有遗漏；操作性，即采取的措施环环相扣，协调有序，分工到位，责任到人，人员熟悉，通讯有保障；格式化，即对象明确，开篇言意，层次清楚，逻辑性强。公安机关应根据突发事件处置预案，对可能出现的爆炸、火灾、骚乱等各类紧急事件的处置进行模拟演练。重点抓好集结警力、交通管制、现场警卫、随身警卫、现场控制、攻防队形、警械使用等训练，提高公安机关的快速反应能力、应变能力和整体控制能力，提高各级指挥人员的心理素质、临战决策指挥能力和管理水平。

安全监督方案和突发事件处置预案的内容，应视活动的类型、场所、路线和规模等方面的不同而有所调整，主要包括以下六个部分：(1)总原则；(2)主要任务；(3)组织领导；(4)主要职责与分工；(5)安全措施；(6)工作要求。

大型活动突发事件处置预案(参考范本)

为有效预防和及时控制大型活动中发生的突发事件，迅速采取正确和有效的措施，妥善处置突发事件，最大限度地减少其危害和影响，制订本预案。

一、适用范围

1. 本预案适用于本市公共场所和在公共场所举办文化、商业等大型活动中突发事件的预防、预警、应急准备和应急响应等工作。

2. 本预案所指公共场所，是本市行政域内的图书馆，以及歌舞娱乐场所、网吧、电子游戏厅、影院等场所。

3. 本预案所指大型活动，是在本预案所指的公共场所举办或经行政主管部门审批的规模较大的群众性文化活动、演出活动、展览活动和文化娱乐、商业活动。

4. 本预案所指公共场所大型活动中的突发事件包括：地震等自然灾害；火灾、突然断电、建筑物坍塌、拥挤踩踏等事故灾难；文化娱乐活动场所交通堵塞情况；爆炸、恐怖袭击等重大刑事、治安案件。

二、工作原则

1. 预防为主：加大宣传普及安全知识的力度，提高公众自我防护意识。细致排查公共场所和大型活动中各类突发事件的隐患，采取有效的预防和控制措施，减少突发事件发生的几率。

2. 依法管理：公共场所和大型活动突发事件预防控制的管理及应急处置工作，要严格执行国家有关法律法规。

3. 快速反应：各行政主管部门、各类公共文化场所和大型活动主办单位应相应建立预警和处置快速反应机制，在突发事件发生时，立即进入应急状态，启动各级预案，在市政府统一领导下，果断采取措施，在最短时间内控制事态，将危害与损失降到最低程度。

三、应急组织体系及职责

应急指挥部是大型活动突发事件发生后及时成立的、负责事件

处置的决策领导机构

1. 应急指挥部

总指挥：主管副市长

副总指挥：公安局、安监局、文体局局长

指　挥：公安局局长（文体局副局长）

成员单位：公安局、文体局、安监局、卫生局、公安消防大队

2. 应急指挥部主要职责

(1)组织、指挥、协调各单位参与应急响应行动，下达应急处置任务。

(2)制定有关突发事件信息发布工作指导方针，决定或与有关方面共同研究信访发布的时间、方式等。

(3)加强与市政府及相关部门的联系，及时报告、通报有关情况和信息。

(4)研究解决突发事件中的重大问题。

四、应急预测和预警机制

(一)评估和预测

各类大型活动主办单位应做好应对突发事件的思想准备和组织准备，加强日常管理和监测，注意日常信息的收集与传报，对可能发生的涉及公共安全的预警信息进行全面评估和预测，制定有效的监督管理责任制和预防应急控制措施，尽可能做到早发现、早报告、早处置。

(二)预防预警行动

1. 相应大型活动行政主管部门应建立必要的预警和快速反应机制，对各类大型活动加强事前的监督检查。演练各种应急预案，磨合、协调运行机制。

2. 公共场所制订必要的日常安全保卫工作方案、安全责任制度。强化日常人力、物力、财力储备，增强应急处理能力。

3. 大型活动的主办单位必须在举办活动之前制订相应的安全保卫工作方案和应急预案，报当地公安部门登记备案。

4. 公安机关依照有关法律法规负责对文化活动的安全保卫工作进行安全检查，并负责当地公共场所和大型活动的治安管理工作。

5. 大型活动的主办单位和场地出租单位共同负责落实安全保卫工作方案和安全保卫责任制度；负责事前安全保卫工作宣传教育，增强工作人员的安全意识；负责协助公安机关对活动场所进行安全检查；负责采取必要措施及时消除安全隐患。

（三）预警支持系统

公共场所举办大型活动应严格核定人员容量，加强对现场人员流动的监控；安装必要的消防、安全技术防范设备，配备预警通讯和广播设备，预留公安、消防、救护及人员疏散的场地和通道；确保安保工作人员数量，明确其任务分配和识别标志；在售票处、出入口和主要通道设专人负责疏导工作。

1. 突发事件发生时，行政主管部门接报后应及时向市应急指挥部报告。

2. 报送信息应尽可能客观实际，真实准确。力求多侧面，多角度地提供信息，要防止片面性。

五、应急行动的响应及措施

突发事件预测、预警、报警、接警、处置、结束、善后环节的主管部门、协作部门、参与单位，必须在应急领导小组的统一指挥下，充分履行职责，切实做到上下联动，左右互动，紧密配合，高效运转。

总指挥：迅速下令组成运转高效的应急指挥系统。

1. 召集应急机构人员开展工作，并根据事态发展情况做出进一步部署。

2. 准确迅速下达工作指示，指挥各应急小组积极开展工作，督查相关人员按时完成工作任务。

3. 根据事态发展情况，迅速向党委政府报告或请示。

4. 根据事件发生的性质，向相关部门通报情况或寻求配合和支持。

5. 派出工作组，并限定时间赶赴事发地点，开展调查。

6. 做好其他应急指挥工作。

(一)应急响应

1. 基本响应

(1)当确认突发公共事件即将或已经发生时,按照"统一指挥、专业处置"的要求,成立由各部门领导同志参加的现场指挥部,确定联系人和通信方式,指挥协调公安、交通、消防、通信和医疗急救等部门应急队伍开展前期救援行动,组织、动员和帮助群众开展救助工作。

(2)现场指挥部应维护好事发地区治安秩序,做好交通保障、人员疏散、群众安置等各项工作,尽全力防止紧急事态的进一步扩大。及时掌握事件进展情况,随时向市委市政府报告。同时,结合现场实际情况,尽快研究确定现场应急事件处置方案。

(3)参与突发公共事件处置的应急指挥部、各相关委办局应立即调动有关人员和处置队伍赶赴现场,在现场指挥部的统一指挥下,按照专项预案分工和事件处置规程要求,相互配合、密切协作,共同开展应急处置和救援工作。

(4)现场指挥部应及时跟踪事态的进展情况,一旦发现事态有进一步扩大的趋势,有可能超出自身的控制能力,应立即向上级机关发出请求,由党委、市政府协助调配其他应急资源参与处置工作。

2. 扩大应急

(1)预计将要发生或已经发生重大、特别重大突发公共事件时,启动相应的应急预案。依据事件等级,市党委政府领导坐镇市应急指挥中心,统一领导突发公共事件的处置工作。

(2)如果突发公共事件的事态进一步扩大,预计市现有应急资源难以实施有效处置,应以市突发公共事件应急委员会的名义,要求解放军、武警部队参与处置工作。

3. 现场应急基本措施

应急预案启动后,现场指挥部应当立即组织、调动应急救援队伍和社会力量,根据实际情况采取下列措施:

(1)组织营救和救治受害人员,疏散、撤离、安置受到威胁的人员等救助措施；

(2)迅速消除突发公共事件的危害和危险源、划定危害区域、加强巡逻、维持社会治安等控制措施；

(3)针对突发公共事件可能造成的损害，封闭、隔离或者限制使用有关场所，中止可能导致损害扩大的活动等保护措施；

(4)法律、法规、规章等规定的其他措施，包括依法限制公民某些权利和增加公民义务等措施。

4. 应急处置

(1)信息报送内容

①事件发生的时间、地点和现场情况。

②事件的简要经过、伤亡人数和财产损失情况的估计。

③事件原因分析。

④事件发生后采取的措施、效果及下一步工作方案。

⑤其他需要报告的事项。

5. 指挥和处理

(1)接到突发事件报告后，根据事件的性质和严重程度提出启动相应的应急预案的建议。

(2)各职能部门应主动参与现场应急工作，在市指挥部的统一指挥下，参与人员抢救和现场抢险。

6. 宣传、培训保障

加强大型活动突发事件预案的普及工作，公布应急指挥部和接警电话，宣传突发事件的预防、避险、自救、互救等常识，依靠广大群众有效预防突发事件发生和减轻因突发事件造成的损失。

加强对公共场所和参与大型活动人员消防、卫生、治安等方面的知识技术培训；积极组织突发事件预备队进行技能培训，提高他们预防和处理突发事件的能力。

定期进行公共场所和大型活动突发事件应急模拟综合演练，提高应急体系协同作战和快速反应能力。

五、大型群众性活动举行前的安全检查

大型群众性活动承办者在申请阶段，已经向公安机关提交了活动的安全工作方案，公安机关在活动前要检查承办者是否落实了安全工作方案，监督、督促其落实。

（一）公安机关要对活动场所及附属设施的安全情况进行实地检查。检查内容包括：

1．举办场所的建筑物或露天场地设施是否符合安全规定；

2．通道及进出口是否畅通，电气设备是否符合用电标准并具备保护措施；

3．是否已经与电业部门取得联系保证供电并配备备用电源；

4．消防器材是否配置齐全、有效；

5．场内危险物品管理是否合格、规范；

6．场所内外的污物以及有碍通行的障碍物是否彻底清除。

在安全检查过程中发现安全隐患和需要调整补充的措施，公安机关应当书面通知承办者予以整改；对拒不整改的，公安机关可以责令其停止举行活动。

（二）全面细致地收集信息情报，进行有针对性的筛选和分析

大型群众性活动经常有中外政要和知名人士参加，能否保证警卫对象的安全和活动的顺利进行直接关系到国家的声誉和威望。大型群众性活动的安全保卫工作的性质，决定了安全保卫工作是一项以积极预防为主的工作。为确保大型群众性活动万无一失，全面细致地收集和分析情报信息至关重要。一般而言，情报信息的收集和分析是一项细致的工作，大型群众性活动举办前应当成立专门的组织，确定专门人员，有针对性地收集、整理、分析、研究情报信息，绝不能漏掉有价值的情报。

大型群众性活动情报信息主要包括：(1)敌情方面，包括境内外敌对分子、民族分裂分子暗杀、爆炸、投毒等破坏活动的情报信息；(2)社情方面，包括极端宗教势力的破坏捣乱活动，群体性上访、请愿

活动，群众对社会“热点”问题的反映等；(3)治安状况方面，包括当前刑事、治安案件的发案情况，活动相关场所及其周边地区的治安状况等基本情况。

(三)认真执行大型群众性活动安全监督方案，组织安全工作方案和突发事件处置预案演练并进一步完善

大型群众性活动安保工作中，执勤警力多，涉及部门多，往往是多警种临时合成，如果不组织演练，难以有效地配合。通过演练使所有参战人员了解方案的程序和要求，使方案成为警务活动的行动纲领；通过演练还可以发现方案中存在的缺陷与不足，进一步改进与完善方案。重点要抓好集结警力、交通管制、现场警卫、随身警卫、现场控制、攻防队形、警械使用等训练，提高公安机关的快速反应能力、应变能力和整体控制能力，提高各级指挥人员的心理素质、临战决策指挥能力和管理水平。

(四)大型群众性活动风险评估

对大型社会活动的安保工作施行风险等级评估，探索安保工作新机制。大型群众性活动的安保工作施行风险等级评估，就是根据采集到的“风险参数”，确定安保勤务级别，并确定警力配置数量、保安配备比例及机动队上岗时间。在每项大型群众性活动风险等级评估结论做出后，针对活动的特点及时地向市民发布“大型群众性活动治安预报”，通报活动的规模和主要内容、交通管制和公交线路改线情况，提示参加活动的市民在出行和活动中应该特别注意的事项。同时要建立大型群众性活动操作平台系统，借助这一操作平台，实施科学布警和现场指挥。当前各地举办大型群众性活动的数量和规模不断扩大，需要的警力也越来越多，使得基层警力不足的矛盾更加突出。从建立大型社会活动风险等级评估系统的经验来看，通过建立和应用科学化、规范化、制度化、模式化的大型群众性活动安全保卫工作新机制，关键是抓住一个龙头，即建立社会活动风险等级评估体系，为科学配置警力提供了决策依据。同时抓住两个关键点，即及时向市民发布“大型群众性活动治安预报”和建立大型群众性活动现场

操作平台系统。三者的有效整合,实现安保工作由经验型、粗放型向科学型、集约型的转变,实现警力投入数量最小化和安保效益最大化的“双赢”,这对各地科学配置警力,发动群众自觉维护大型群众性活动期间的公共秩序与城市安全很有借鉴价值。

六、大型群众性活动举办期间的安全管理

对经安全许可的大型群众性活动,公安机关根据安全需要组织相应警力,维持活动现场周边的治安、交通秩序,预防和处置突发治安事件,查处违法犯罪活动。

(一)交通管制

在活动现场外,公安机关可以根据需要在一定时间和范围内进行交通管制。交通管制是公安机关通过在报刊媒体上发布交通管制通告,规定管制区域、路线和时间,要求在一定时间和范围内,不准机动车辆通行,或者在特定时间内禁止无关车辆或一切车辆、行人进入现场,由交通民警或治安民警或武警在各路口设置警戒线,指挥机动车辆或行人绕行。交通管制是《人民警察法》赋予人民警察的一项执法权力,旨在维护社会治安秩序。有时大型群众性活动在市中心、露天广场、公共交通要道举行,不仅参与群众众多,而且涉及范围广,影响面大,极易出现交通堵塞、秩序混乱局面。在大型群众性活动进行期间,为了保证活动安全顺利进行,公安机关可以根据需要在一定时间和范围内,对活动现场外进行交通管制。

(二)车辆停放

大型活动现场必然会有许多机动车辆出入和停放,公安机关应划定机动车停车区域,并安排人员指挥机动车辆的停放。这项任务既可由警察来完成,也可以由承办单位或场地的安保人员来完成,或互相协助完成。还可以由停车场原有的保安人员指挥车辆的停放工作。

(三)入口秩序维护

执行安全保卫任务的民警应提前一定时间到达各自岗位,承担

各自的保卫任务及执勤区域。在活动的入口处，由主办单位负责检验入场券或有关证件，公安人员负责监督，协助现场工作人员组织群众有秩序地入场。发现进入活动场所的人员达到核准数量时，应当督促承办者立即停止验票。必要时可要求活动举办单位在出入口安装旋转探头、安全门、金属探测仪、炸药分析仪等危险物品探测装置及报警装置，防止携带管制刀具、爆炸物品等危险物品进场，确保万无一失。

（四）要员安全的保护

公安机关应配备警卫力量警卫首长和重要来宾的安全，包括就座的主席台、休息室以及入出场路线等，防止其他无关人员随意进入和接近。同时，应为首长和重要来宾设置至少一条备用通道，而且此备用通道不得占用。若是体育活动，还要加强对裁判员、运动员的保卫工作。1972 年在联邦德国慕尼黑举行的第 20 届奥运会上发生的巴勒斯坦“黑九月”恐怖分子枪杀以色列 11 名运动员的大惨案，就是没有重视对运动员的安全保卫工作而导致的。

对于国家元首、政府首脑等一级警卫规格对象，要配备足够警力，实行全面部署，防止无关人员接近警卫对象。现场内外一般可部署三道防线进行控制：第一道为外围控制，由当地公安机关负责；第二道为现场警戒，由当地警卫部门负责；第三道为随卫，由主管警卫部门负责，当地警卫部门协助。加强要害部位和外围社会面控制，加强交通指挥和车辆看护。发生紧急情况时所采取的一切措施应以确保首长和重要来宾安全为前提，要临危不乱，果断处置。

（五）现场秩序的维护

活动现场维护秩序的警力应当是公开警力和秘密警力相结合。同时将警力分成两部分，一部分是按场内观众的自然席区，分片负责维护现场秩序的“定位”警力，主要负责其岗位周围的治安秩序，也可以在分管区域内进行巡逻；另一部分警力负责全场的巡逻，发现问题及时和指挥中心联系，及时解决。维护现场秩序，尤其要注意控制场内观众数量，避免超饱和状态并密切注意活动动向，发现场内有激情行为时，应分片设法控制激情群众，制止激情行为。若发现违法犯罪人员，应采取措施予以制止，现场可以处理的，在现场处理；现场不能处理的，可以责令其退出或者将其强行带离现场。

（六）出场秩序维护

大型群众性活动出场、散场秩序如果维持不好，极易发生拥挤伤人事故。在活动即将结束时，各出口及主要交通路口的警力应当到位，准备维护出场、散场秩序，指挥人流、车辆有序离开现场，防止不法分子乘散场之机捣乱破坏，以保障活动的顺利完成。可以事先和公共交通公司联系，在散场时段增派公交车辆及时疏散群众。

主要指挥控制工作如下：

1. 出口及交通路口要保持足够畅通，促使散场人流有序退场；

2. 对重要首长和来宾应采取针对性保护措施，可利用专用通道、车辆护送其退场；

3. 密切关注散场时动态局势的变化，防止发生突发事件；

4. 随时处置出现的各种问题，以免事态激化；

5. 要重点控制球迷等易滋事人群的散场秩序，避免发生冲突和事端。

（七）警力部署

部署警力是大型群众性活动安保工作的核心。大型群众性活动现场警力的部署应做到动静结合、点面结合及公秘结合。动静结合，即移动警力与固定警力结合，通常情况下活动现场的外围及人员流动性较大的展览、展销会会场内应当部署适量的移动警力，进行疏导、巡查；对于大型群众性活动外围设置的治安卡点、体育赛事中的体育场馆及文艺演出的现场等应当部署固定警力，警力的排列可以是“田”字形或“米”字形，其目的是便于观察现场情况，尤其是发生突发事件时，利于形成隔离带，快速处置。点面结合，即布警时既要考虑重点部位又要考虑全部的活动现场。对于重点部位，警力密度要大，以确保安全；对于活动中心现场或重点部位，应注意着装警力与便衣警力相结合，着装警力可以产生威慑力，但不宜过多，做到内紧外松。

在大型群众性活动安全管理时，应按照“宁多勿少、宁待勿缺”的原则，配备机动力量，以应对可能发生的突发性事件。配备一定的机动力量是控制活动现场的有效补救措施。一是能保证一旦发生突发事件，处置力量能快速介入，防止事态扩大；二是对现场起到震慑作用，防止不法人员乘机作乱；三是能起到安抚作用，平静现场观众的情绪。

在安全管理过程中，执勤人员要密切关注现场动态和观众的情绪变化，有异常情况要及时报告，指挥员要密切掌握现场动态，发生异常情况和突发事件要及时启动预案，坚决、果断、稳妥处置，把问题消灭在萌芽状态。对活动现场因人员过多造成的拥挤现象，要采取果断、有力的措施加以疏导、控制，同时派应急力量穿插渗透到人群中，形成人墙加以隔离，并进行有序疏散。在发生爆炸、放火、杀人等重特大事件时，应本着保证活动顺利进行和警卫对象能够迅速撤离事故现场的原则，采取一切可以采取的措施，迅速疏散群众，保护现场，组织抢救。同时，应迅速组织调集警力，扩大封锁范围，及时拘捕犯罪嫌疑分子。

（八）处置突发事件

对于活动现场发生的突发事件和紧急情况，公安机关要按照突发事件处置预案并结合具体情况进行处置，力争把事态控制在最小范围。爆炸、火灾、踩踏以及拦截领导车辆或聚众冲击活动现场等是大型群众性活动期间常见的突发事件。在大型群众性活动期间，应全面、深入地了解当前形势，针对可能发生的各种威胁活动安全的问题，加强预防与处置工作。在应急处置力量的组成上，应以巡特警或武警组成为宜，便于统一指挥。应急力量除现场指挥部直接配置外，各责任区段的单位也应有少量配置。待命地点的选择可采取远近结合的办法，即根据需要和可能，分别在现场、本部安排相关的应急力量。配置应急力量应遵循“宁多勿少、宁待勿缺”的原则，保证充足的应急力量以应对突发事件。对于不同类型的突发事件，要采取不同的应对措施。对于非暴力性突发事件,如上访、非法集会、游行和示威等,应积极宣传,加以疏导,应急力量可穿插渗透到人群中去,形成人墙加以隔离,并进行有序疏散。在做好疏导教育的同时,将首要分子带离现场,依法处理。对已经发生人身伤亡事件的,应积极组织人员抢救,保护现场,疏散人群。对于暴力性突发事件的处置,如发生爆炸、放火、杀人等重特大刑事案件时,应坚持保证活动安全顺利进行和警卫对象能够迅速撤离现场的原则,依法果断采取一切可以采取的措施,迅速疏散群众,保护现场,组织抢救。同时,应迅速组织调集警力,扩大封锁范围,及时拘捕犯罪嫌疑人员。

第四节　大型群众性活动中的法律责任

根据《大型群众性活动安全管理条例》第 20 条、21 条、22 条、23 条和 24 条的规定,对大型群众性活动中承办者、场所管理者、参加活动者和主管部门涉及的违法行为均有相应的处罚。

一、承办者法律责任

1. 未经公安机关安全许可的大型群众性活动由公安机关予以取缔,对承办者处 10 万元以上 30 万元以下罚款。

2. 承办者擅自变更大型群众性活动的时间、地点、内容或者擅自扩大大型群众性活动的举办规模的,由公安机关处 1 万元以上 5 万元以下罚款;有违法所得的,没收违法所得。

3. 承办者违反《条例》规定致使发生重大伤亡事故、治安案件或者造成其他严重后果构成犯罪的,依法追究刑事责任;尚不构成犯罪的,对安全责任人和其他直接责任人员依法给予处分、治安管理处罚,对单位处 1 万元以上 5 万元以下罚款。

4. 在大型群众性活动举办过程中发生公共安全事故,安全责任人不立即启动应急救援预案或者不立即向公安机关报告的,由公安机关对安全责任人和其他直接责任人员处 5000 元以上 5 万元以下罚款。

二、场所管理者法律责任

大型群众性活动场所管理者违反《条例》规定致使发生重大伤亡事故、治安案件或者造成其他严重后果构成犯罪的，依法追究刑事责任；尚不构成犯罪的，对安全责任人和其他直接责任人员依法给予处分、治安管理处罚，对单位处 1 万元以上 5 万元以下罚款。

三、参加活动者法律责任

参加大型群众性活动的人员应当遵守法律、法规和社会公德，不得妨碍社会治安、影响社会秩序。参加大型群众性活动的人员有违反《条例》行为的，由公安机关给予批评教育；有危害社会治安秩序、威胁公共安全行为的，公安机关可以将其强行带离现场，依法给予治安管理处罚。

根据《治安管理处罚法》第 24 条的规定，有下列行为之一，扰乱文化、体育等大型群众性活动秩序的，处警告或者 200 元以下罚款；情节严重的，处 5 日以上 10 日以下拘留，可以并处 500 元以下罚款：(1)强行进入场内的；(2)违反规定，在场内燃放烟花爆竹或者其他物品的；(3)展示侮辱性标语、条幅等物品的；(4)围攻裁判员、运动员或者其他工作人员的；(5)向场内投掷杂物，不听制止的；(6)扰乱大型群众性活动秩序的其他行为。因扰乱体育比赛秩序被处以拘留处罚的，可以同时责令其 12 个月内不得进入体育场馆观看同类比赛；违反规定进入体育场馆的，强行带离现场。构成犯罪的，依法追究刑事责任。

四、主管部门责任人法律责任

有关主管部门的工作人员和直接负责的主管人员在履行大型群众性活动安全管理职责中，有滥用职权、玩忽职守、徇私舞弊行为的，依法给予处分；构成犯罪的，依法追究刑事责任。

附件

大型群众性活动
安全许可申请表

承 办 者______________

活动名称______________

申请时间______________

<table>
<tr><td colspan="4">活动基本情况</td></tr>
<tr><td>活动名称</td><td colspan="3"></td></tr>
<tr><td>起止时间</td><td colspan="3"></td></tr>
<tr><td>活动地点/路线</td><td colspan="3"></td></tr>
<tr><td>场地面积/里程</td><td colspan="3"></td></tr>
<tr><td>额定容量</td><td colspan="3"></td></tr>
<tr><td>拟发售票数</td><td colspan="3"></td></tr>
<tr><td>活动内容</td><td colspan="3"></td></tr>
<tr><td colspan="4">承办者情况</td></tr>
<tr><td>名称</td><td colspan="3"></td></tr>
<tr><td rowspan="3">安全责任人</td><td rowspan="3"></td><td>职务</td><td></td></tr>
<tr><td>身份证件种类和号码</td><td></td></tr>
<tr><td>联系电话</td><td></td></tr>
<tr><td colspan="4">场所管理者情况</td></tr>
<tr><td>名称</td><td colspan="3"></td></tr>
<tr><td rowspan="2">主要负责人</td><td rowspan="2"></td><td>职务</td><td></td></tr>
<tr><td>联系电话</td><td></td></tr>
<tr><td rowspan="2">联系人</td><td rowspan="2"></td><td>职务</td><td></td></tr>
<tr><td>联系电话</td><td></td></tr>
</table>

续表

<table>
<tr><td colspan="4">现场临时设施建筑物搭建单位情况</td></tr>
<tr><td>单位名称</td><td colspan="3"></td></tr>
<tr><td>企业类型</td><td></td><td>企业注册号</td><td></td></tr>
<tr><td>主要负责人</td><td></td><td>职务</td><td></td></tr>
<tr><td colspan="4">保安员情况</td></tr>
<tr><td>保安公司名称</td><td colspan="3"></td></tr>
<tr><td rowspan="2">主要负责人</td><td rowspan="2"></td><td>职务</td><td></td></tr>
<tr><td>联系电话</td><td></td></tr>
<tr><td>受雇保安员数量</td><td></td><td>备注</td><td></td></tr>
<tr><td>承办者意见</td><td colspan="3">（承办者印章）
×年×月×日</td></tr>
<tr><td>场所管理者意见</td><td colspan="3">（场所管理者印章）
×年×月×日</td></tr>
<tr><td>相关部门意见</td><td colspan="3">（审批部门印章）
×年×月×日</td></tr>
</table>

第六章　集会游行示威管理

- 第一节 集会游行示威概述
  - 一、集会游行示威管理法律依据
  - 二、集会游行示威的概念
  - 三、集会游行示威的特征
  - 四、集会游行示威的类型
- 第二节 集会游行示威主管机关及职权
  - 一、集会游行示威主管机关
  - 二、集会游行示威主管机关的职权
  - 三、国内外集会游行示威管理实践
- 第三节 集会游行示威管理的申请与审批
  - 一、集会游行示威的受理
  - 二、集会游行示威的审查
  - 三、公安机关作出决定
  - 四、撤回申请和申请复议
- 第四节 集会游行示威管理的基本方法
  - 一、收集信息情报
  - 二、精心制订安全保卫工作方案
  - 三、及时劝阻疏导
  - 四、维持好现场秩序
  - 五、确保重点要害的安全
- 第五节 集会游行示威中的法律责任

【学习目标】通过教学，使学生了解集会游行示威的内涵、特征、类型和主管机关，掌握集会游行示威受理、审查内容和审批程序、时限，掌握集会游行示威管理的基本方法。

【专业术语】集会　游行　示威

我国《宪法》第35条规定："中华人民共和国公民有言论、出版、集会、结社、游行、示威的自由。"国家要依法保障公民充分行使各种权利和自由，但是公民行使权利要在法制的轨道上有秩序地进行，尤其像集会、游行、示威这样群众性的比较激烈地表达意愿的方式，更需要法律的保障和制约。作为主管机关的公安机关应当依法履行职责，保障公民的基本权利和自由，同时要积极采取各种措施，预防、制止各种违法行为，严厉打击有关的严重违法犯罪活动。

第一节　集会游行示威概述

一、集会游行示威管理法律依据

1.《中华人民共和国集会游行示威法》(1989年10月31日第七届全国人民代表大会常务委员会第十一次会议通过，中华人民共和国主席令第20号公布施行，以下简称《示威法》)。

2.《中华人民共和国集会游行示威法实施条例》(1992年5月12日中华人民共和国国务院批准，1992年6月16日中华人民共和国公安部令第8号公布施行，以下简称《实施条例》)。

二、集会游行示威的概念

(一)集会

一般来说，公民几个人有目的地在一起会晤，就可以称之为集会。其形式各种各样，既有私人事务的集会，也有公共事务的集会。从集会场所来看，有的是在私人住宅内举行的，也有的是在公共场所举行的。《示威法》中所称的集会，“是指聚集于露天公共场所，发表意见、表达意愿的活动”。所谓露天公共场所，“是指公众可以自由出入的或者凭票可以进入的室外公共场所，不包括机关、团体、企业事业组织管理的内部露天场所”，如公园、广场等。在私人宅院或室内场所等非露天公共场所聚会，不属于《示威法》调整的范围。集会就是不特定多数的成年公民有目的地聚集在露天公共场所，发表演说，表述某些人的共同要求、愿望和对一些问题的看法的活动。它有三个特征：

1．集会的主体必须是多人，是不特定多数的成年公民参加的群众性的集会。

2．集会的地点是在露天公共场所。

3．集会有特定的目的和形式，即发表意见、表达某种意愿。

（二）游行

《示威法》所称的游行，“是指在公共道路、露天公共场所列队行进、表达共同意愿的活动”。所谓公共道路，“是指除机关、团体、企业事业组织内部的专用道路以外的道路和水路”，如城市街道、公路、江河等。具体来讲，游行就是一定数量的公民集合成一个群体，列队行进在公共道路上或者露天公共场所，以张贴标语、呼喊口号等方式表达群体的共同愿望，向公众说明其态度、意见和要求的活动。《示威法》所调整的游行活动，必须有四个要素：

1．游行主体必须是一个由许多人构成的群体。

2．游行的地点或路线，是在公共道路上或者露天公共场所，如果在校园、工厂厂区等单位内部自管区界或室内进行的游行活动，则不属于该法的约束范围。

3．游行的方式必须列队成形，集体行进，这是它区别于集会的重要特征。

4．参与游行的群体所表达的意愿是群体的共同意愿。

（三）示威

《示威法》所称的示威，“是指在露天公共场所或者公共道路上以集会、游行、静坐等方式，表达要求、抗议或者支持、声援等共同意愿的活动”。一定数量的公民为了表示其强烈的共同意愿聚结成一个群体，或提出要求，或是针对特定事件表示抗议、支持、声援，在露天公共场所或者公共道路上以集会、游行、静坐等方式或几种方式的结合形式，阐明其拥护和反对的内容，并以此显示其决心和力量，达到较之单纯的集会或游行更为强烈的效果。静坐是示威的一种常见方式，是指为了达到某种要求或表示抗议而安静地坐着，有时又伴有绝食行为。静坐有个体行为的静坐和群体行为的静坐。

由此可见，集会、游行、示威存在内在联系和共同之处：

1. 举行主体，要有不特定多数的人聚集并结成一个群体，包括中国公民和在中国境内的外国人、无国籍人。集会、游行、示威的主体是群体，其行为是群体行为。

2. 举行地点，是在露天公共场所或在公共道路上。在这样特定场所举行集会、游行、示威活动，容易引起其他群众的围观，有可能造成交通堵塞甚至局部地区公共秩序的混乱。

3. 表达方式，都是表达群众的共同意愿，只是在形式、程序和方法上有所差异。有的是先举行集会，而后游行；有的是游行到达一定地点而后举行集会发表演说；有的示威也通常是采取集会或游行的方式。但示威与集会游行也有某种区别，如示威多数是表态性的，群体情绪比较激动、强烈，一般表现为对抗性的方式。实践中，有些活动与集会、游行、示威有些相似，如文娱、体育活动，正常的宗教活动，传统的民间习俗活动，这些活动不适用《示威法》调整，而由各级人民政府或者有关主管部门依照有关的法律、法规和国家其他有关规定进行管理。

三、集会游行示威的特征

（一）依法性

1. 必须遵守宪法和有关法律，不得反对宪法所确定的基本原则，不得损害国家的、社会的、集体的利益和其他公民的合法的自由和权利。宪法明确规定，任何组织和个人都没有超越宪法和法律的特权，一切违反宪法和法律的行为，都必须予以追究。宪法在总纲中以及其他各章中，全面规定了指导国家建设的各个领域、各个方面的基本原则，在这些原则中，最重要的是四项基本原则，它是我们国家的立国之本，是社会主义现代化建设事业顺利进行的根本保证。因此，违反四项基本原则，实际上就是反对和破坏宪法，必然会损害全国人民的利益，必然要受到法律追究。我国是社会主义国家，国家的利益、社会的利益同公民个人利益在根本上是一致的。只有广大人民的民主权利和根本利益都得到保障和发展，公民个人的自由和权利才有可能得到切实的保障和充分实现。如果公民只管自己的或少数人的、暂时的和眼前的利益而不考虑和服从国家的、社会的、集体的根本利益，那么公民个人或少数人的暂时利益也就不能获得保障。

2. 必须坚持依法申请并获得许可方能举行。《示威法》第 7 条第 1 款规定："举行集会、游行、示威，必须依照本法规定向主管机关提出申请并获得许可。"第 8 条第 1 款规定："举行集会、游行、示威，必须有负责人。"同时规定了其负责人必须在举行日期的 5 日前向主管机关递交书面申请。

3. 必须严格遵守《示威法》第 15 条的规定："公民不得在其居住地以外的城市发动、组织、参与当地公民的集会、游行、示威。"第 16 条规定："国家机关工作人员不得组织或者参加违背有关法律、法规规定的国家机关工作人员职责、义务的集会、游行、示威。"《实施条例》第 16 条规定："以国家机关、社会团体、企业事业组织的名义组织或者参加集会、游行、示威的，其负责人在递交申请书时，必须同时递交该国家机关、社会团体、企业事业组织负责人签署并加盖公章的证明文件。"

4. 必须遵守戒严期间禁止或者限制集会、游行、示威的规定。根据《戒严法》第 13 条的规定，戒严期间，戒严实施机关可以采取禁止或者限制集会、游行、示威、街头讲演以及其他聚众活动的措施。根据《戒严法》第 26 条的规定，在戒严地区有非法进行集会、游行、示威以及其他聚众活动的，戒严执勤人员依照戒严实施机关的规定，可以使用警械强行制止或者驱散，并将其组织者和拒不服从的人员强行带离现场或者立即予以拘留。

（二）和平性

和平地进行，是世界各国对集会、游行、示威所普遍采取的要求。《示威法》第5条规定："集会、游行、示威应当和平地进行，不得携带武器、管制刀具和爆炸物，不得使用暴力或者煽动使用暴力。"集会、游行、示威必须和平地进行，这是因为：

1. 只有和平地进行，才符合社会主义民主与法制的要求。和平地举行集会、游行、示威，是公民行使民主权利的正确形式，否则，就是对他人民主权利的破坏，就是对社会主义法制的破坏。没有社会主义法制的可靠保证，社会主义民主也将遭到破坏。

2. 和平地进行，是维护社会安定团结和公共秩序的需要。在集会、游行、示威中使用暴力，无疑会给一些别有用心的人和企图进行各种破坏活动的人提供了进行犯罪活动的大好时机，和平地进行，就不会使这些人有可乘之机。

3. 只有和平地进行，才能表现出公民对国家、社会，对其他公民的负责态度和解决问题的真诚愿望。公民在集会、游行、示威中提出的要求，无论能否解决，都需要在和平的气氛中，冷静地进行对话、协商，才有可能找到解决问题的办法。

4. 只有和平地进行，才是实现目的的正确方法。公民举行集会、游行、示威，是要通过这种方式把自己的意愿告诉公众，影响社会舆论，以期使某种要求得到支持和实现。因此，只有合法有序地进行，才能有利于促进问题的解决。

5. 只有和平地进行，才能得到法律保障。在集会、游行、示威中使用暴力或煽动使用暴力的方法，扰乱治安，必然会发生危害公共安全、带来社会秩序混乱的后果，这与广大人民群众的切身利益是相背离的，会遭到公众的反对和法律的制裁。

（三）特定性

集会、游行、示威活动的特定性主要表现在以下几个方面：

1. 集会、游行、示威的举行主体具有特定性。举行集会、游行、示威活动的主体总是特定的群体，其行为是特定的群体行为。集会、游行、示威活动就是多数的人聚集并结成一个特定群体，在露天公共场所或在公共道路上，表达共同意愿的活动。

2. 集会、游行、示威的过程具有特定性。在每个集会、游行、示威活动中，总是由特定的群体在特定的时间、地点、环境等条件下，采用特定的方式进行的，有的发表演说，有的采用张贴标语、呼喊口号等方式。这些因素决定了每个集会、游行、示威活动的过程都有自己特定的特点。

3. 集会、游行、示威的目的具有特定性。每个集会、游行、示威活动都要表达参加者的共同意愿和要求，每个集会、游行、示威都要表达进行这一活动的特定目的。

（四）群体性

集会、游行、示威活动的群体性，不仅指举行集会、游行、示威的主体是不特定多数人及其聚集状态，还含有一致的目的、动机、诉求等含义。实践表明，集会、游行、示威活动的规模少则几人，多则成千上万人不等，而且参加者在年龄、性别、文化水准、道德观念、法制意识、职业等方面存在较大差异，成分复杂。

（五）目的性

集会、游行、示威活动的参加者，其行为总是为了实现主观方面的一定目的，集会、游行、示威的目的，就是参加者期望达到的结果。人民群众中由于种种原因，存在不同利益取向和不同的要求。满足某种需求，是举行、参加集会、游行、示威活动的基本动因。

（六）演化性

集会、游行、示威往往使用发表演讲、散发传单、张贴标语等比较激烈的表达意愿的方式，具有强烈的鼓动性，常常能够博得很多群众的支持、同情；而且，举行的地点是在露天公共场所或能够造成较大范围影响的场所，容易引起其他群众的围观。如果主管机关不派出人民警察维持交通秩序和社会秩序，集会、游行、示威的顺利进行就难以得到保障，就有可能造成交通堵塞、拥挤，影响公共场所正常秩序，影响某些国家机关、企事业单位的正常工作。甚至于，如果被少数敌对分子、社会上不安定分子和别有用心的人进行鼓动、捣乱、破坏，使不明真相的群众上当受骗，就有可能演化为群体性事件，发生暴力犯罪等，导致社会治安严重混乱，发生动乱、骚乱以及反革命暴乱等。

四、集会游行示威的类型

(一)按照是否需要申请划分

按照是否需要申请，集会、游行、示威可以划分为两大类：

1. 需要申请并获得许可的集会、游行、示威。这种情况通常是指某些群众团体(包括外国在华人员)为了表达对国际、国内某些事件的要求和意见(包括政治的、经济的、文化的、法律的等)，运用公民权利，依法举行的集会、游行、示威；某些个人或群体为了表达对自身的利益或社会某项政策、决定的不满和要求，举行的集会、游行、示威。

2. 不需要申请的集会、游行、示威。《示威法》第 7 条第 2 款规定，下列活动不需申请：国家举行或者根据国家决定举行的庆祝、纪念等活动；国家机关、政党、社会团体、企业事业组织依照法律和组织章程举行的集会。

(二)按照合法与否划分

按照合法与否，集会、游行、示威可以划分为合法的与非法的两类：

1. 合法的集会、游行、示威。法律规定不需要申请或者虽需申请但已经申请并获许可的集会、游行、示威，是合法的集会、游行、示威。

2. 非法集会、游行、示威。非法集会、游行、示威是指违反《示威法》的有关规定，在露天公共场所或者公共道路上，以集会、游行、静坐等方式发表意见，表达要求、抗议或支持、声援等共同意愿的活动。

根据其行为表现，可将非法集会游行示威活动划分为以下几种类型：一是未向主管机关提出申请而实施的非法集会、游行、示威活动。二是虽向主管机关提出申请但未获许可而实施的非法集会、游行、示威活动。三是未按许可事宜举行的非法集会、游行、示威活动。行为人没有按照原申请的内容进行，或者没有按照公安机关对其申请予以变更后指定的时间、地点和路线进行的集会、游行、示威活动，都是非法的集会、游行、示威活动。四是以非和平方式进行的非法集会、游行、示威活动。集会、游行、示威活动应当和平地进行，凡携带武器、管制刀具或爆炸物品，使用暴力或者煽动使用暴力的集会、游行、示威都是非法的。五是公民在其居住地以外城市进行的非法集会、游行、示威活动。《示威法》第 15 条明确规定："公民不得在其居住地以外的城市发动、组织、参加当地公民的集会、游行、示威。"

第二节　集会游行示威主管机关及职权

一、集会游行示威主管机关

我国集会、游行、示威的主管机关是公安机关。《示威法》第 6 条规定："集会、游行、示威的主管机关，是集会、游行、示威举行地的市、县公安局、城市公安分局；游行、示威路线经过两个以上区、县的，主管机关为所经过区、县的公安机关的共同上一级公安机关。"明确主管机关是为了使公民明了举行集会、游行、示威应当向谁提出申请，同时也规定了谁是主管《示威法》实施的机关。法律确定公安机关为集会、游行、示威的主管机关，充分考虑了公安机关的性质和职能。具体划定集会、游行、示威的主管机关，有利于保障《示威法》的贯彻实施，有利于保障集会、游行、示威的管理。

二、集会游行示威主管机关的职权

根据《示威法》和《实施条例》的规定，集会、游行、示威主管机关的职权包括以下几项：

(一)审查许可权

集会、游行、示威主管机关的审查许可权，包括以下三种情况：

1. 正常审批。根据《示威法》第 9 条第 1 款的规定，主管机关接到集会、游行、示威申请书后，应当在申请举行日期的两日前，将许可或者不许可的决定书面通知其负责人。不许可的，应当说明理由。逾期不通知的，视为许可。

2. 临时审批。按照《示威法》第 9 条第 2 款的规定，确因突然发生的事件临时要求举行集体、游行、示威的，必须立即报告主管机关；主管机关接到报告后，应当立即审查决定许可或者不许可。

3. 解决具体问题的审批。《示威法》第 10 条规定，申请举行集会、游行、示威要求解决具体问题的，主管机关接到申请书后，可以通知有关机关或者单位同集会、游行、示威的负责人协商解决问题，并可以将申请举行的时间推迟五日。

(二)变更权

根据《示威法》第 11 条、第 21 条和《实施条例》第 13 条、第 19 条的规定，主管公安机关如果认为按照申请的时间、地点、路线举行集会、游行、示威，将对交通秩序和社会秩序造成严重影响的，有权在决定许可时或者决定许可后，变更举行集会、游行、示威的时间、地点、路线，并及时通知其负责人。游行在行进中遇有不可预料的情况，不能按照许可的路线进行时，人民警察现场负责人有权改变游行队伍的行进路线。

(三)临时警戒线的设置权

根据《示威法》第 22 条的规定，集会、游行、示威在国家机关、军事机关、广播电台、电视台、外国驻华使馆领馆等单位所在地举行或者经过的，主管机关为了维持秩序，可以在附近设置临时警戒线，未经人民警察许可，不得逾越。同时，《实施条例》第 20 条规定，主管公安机关临时设置的警戒线，应当有明显的标志，必要时还可以设置障碍物。

（四）制止取缔权

根据《示威法》第 27 条和《实施条例》第 23 条的规定，人民警察有权制止、取缔未申请的或者申请未获许可的和未按许可决定举行的集会、游行、示威；有权制止危害公共安全或者严重破坏社会秩序的行为。对不听制止，需要命令解散的，应当通过广播、喊话等明确方式告知在场人员在限定时间内按照指定通道离开现场。对在限定时间内拒不离去的，人民警察现场负责人有权依照国家有关规定，命令使用警械或者采用其他警用手段强行驱散。

（五）强行带离现场权

根据《示威法》第 27 条和《实施条例》第 23 条的规定，人民警察现场负责人对不听制止、拒不服从的人员，越过设置的临时警戒线一定范围的集会、游行、示威人员，或者有其他违法犯罪行为的人员，可以将其强行带离现场。对于被强行带离现场的人员，人民警察应当对其进行教育，令其承认错误。对于不需要采取进一步措施的，应当及时释放，但应当将被带离现场人员的姓名、工作单位、家庭住址等基本情况和违法事实记录在案，以备事后查究。

（六）拘留权

根据《示威法》第 27 条、第 28 条、第 30 条和《实施条例》第 23 条的规定，集会、游行、示威中出现了应予制止的情形，人民警察现场负责人对拒不服从解散命令或者有其他违法犯罪行为的人，可以立即予以拘留。对于可以立即予以拘留的人员具体包括：一是拒不服从人民警察现场负责人依法作出的强行驱散决定的；二是越过主管机关设置的临时警戒线或进入特定场所周边规定范围的；三是集会、游行、示威的人员有其他违法犯罪行为的；四是非法到居住地以外的其他城市发动、组织集会、游行、示威的；五是非法举行集会、游行、示威活动的负责人和直接责任人。

（七）交通规则的变通执行权

根据《示威法》第 20 条和《实施条例》第 17 条的规定，对依法举行的集会，公安机关应当根据实际需要，派出人民警察维持秩序，保障集会的顺利举行。对依法举行的游行、示威，负责维持秩序的人民警察应当在主管公安机关许可举行游行、示威的路线或者地点疏导交通，防止他人扰乱和破坏游行、示威秩序，必要时还可以临时变通执行交通规则的有关规定，保障游行、示威的顺利进行。

三、国内外集会游行示威管理实践

（一）西方资产阶级国家集会游行示威管理立法

《世界人权宣言》第 20 条第 1 款规定："人人有权享有和平集会结社的自由。"各国都在宪法中规定公民享有此项基本权利。依照政治体制和法律传统的不同，大多数西方资产阶级国家由议会统一制定全国性的集会游行示威法，如《德国集会游行法》、《英国公共秩序法》；有的国家则由地方政府立法和执行，如日本和美国部分的州，以日本《东京都关于集会、集体游行和集体示威条例》较为典型。世界各国对举行集会、游行、示威活动，主要采用追惩制和预防制。"追惩制"指事前不必申请，活动中如有违法情形，事后再予惩罚，主要适用于室内集会和宗教、艺术活动的集会。"预防制"则指事先让主管机关知悉活动的梗概，以便预防危害产生。依其严格程度又可分为两类：一是许可制，即未经许可不能举行；二是申报备案制，即一经申报备案，原则上即可举行。

一般来说，西方资产阶级国家比较强调集会自由权的保障，多采用申报备案制。例如，《德国集会游行法》第 14 条第 1 款规定："计划举行露天的公开集会或游行的人最晚于公布前 48 小时向主管机构登记集会或游行的目的。"仅此而已，既不用申请，也不用审核，实际上实行的就是申报备案制。不过，警察局在接受此告知时，必须详细询问组织者的基本情况，以及活动的时间、地点、内容、人数、出发地、行进路线、游行终点等情况。如组织者刻意不报告的，法律上也有处理的规定。日本《宪法》第 21 条第 2 项规定："集会结社以及言论、出版与其他一切之意见自由，应予保障，禁止事前检查。"

各国执行集会游行示威法的机关一般以警察机关为主，而受理集会、游行申请的机关未必都是警察机关。受理申请机关与执行机关合一的称为“合一制”，我国及台湾地区、韩国、新加坡、美国部分的州都是采用这种体制。这种模式主管机关能够全盘掌握情况，处理效率较高，但可能会发生因警察权力集中而造成执法不公的现象。受理申请机关与执行机关分开的称为“分离制”，其中又有如下形态：一是由公安委员会许可，如日本《东京都关于集会、集体游行和集体示威条例》规定主管机关是公安委员会，或者是举行活动经过地区的管区警察署；二是由地方行政首长许可，如美国部分的州；三是由地方行政首长或议会许可，如葡萄牙的《关于保证和制定集会权利的规章的第 406 号法令》中规定指令主管机关是地区民事长官或市议会主席；四是法院许可，如德国有关法律规定，公民组织集会游行示威，许可或不许可的决定权不在警察局而是在法院，由行政法院决定。分离制模式有利于权力制衡和保持警察中立执法，从长远来看，实行审批与执行的分离应是大势所趋。

（二）西方资产阶级国家对集会游行示威管理方式的演变

西方资产阶级国家对集会、游行、示威管理方式的演变：由“制止和限制为主”转向“引导为主限制为辅”。虽然世界各国宪法都规定了公民有集会、游行、示威的自由，但在实践中却受各自社会、经济、政治、文化等因素制约，国家从维护社会安定、公共利益考虑，对此加以限制。例如，美国 1972 年颁布的《美国统一公众集会法》规定“在本州内行使宪法规定的言论自由和和平集会权利的人能够自由地和无拘无束地行使这些权利”，但又规定“和平举行是集会的前提条件”，“集会申请向地方政府当局的审批官提出，申请必须在该集会举行日前九天提出”等。近代以来，随着资本主义各种矛盾日益加剧，资本主义国家集会、游行、示威频繁发生，如伦敦，平均每星期就要出现 3 次较大的游行示威。同时，资产阶级“天赋人权”、“保障民权”思想日益深入人心，在这种背景下，西方资产阶级国家政府认识到一味地制止和限制集会、游行、示威是不明智的，也是不现实的。于是，资产阶级国家对集会、游行、示威的管理方式进行了转变：由“制止和限

制为主”转向“引导为主限制为辅”。

综观西方资本主义国家对集会、游行、示威的管理和处置方式，可以概括为如下几种典型模式：

1. 伦敦模式。《英国公共秩序法》规定，计划公开游行者应于实施之日前6天将书面申请邮寄或面交警方，主管机关为警察机关。警方在每次游行、示威之前都要和组织者进行谈判，通过提出建议和指导，巧妙地引导游行、示威活动依照警方意图的方向与方式进行。同时，警方还按照游行、示威的路线，有效地限制和指挥交通车辆，使游行队伍顺利通过，从而控制它的进程。

2. 芝加哥模式。美国芝加哥市对于集会、游行、示威活动的管理非常宽松，示威者没有取得警方许可的义务。但大多数集会、游行、示威的组织者会在举办前告知警方举行的时间、地点以及主旨。警方邀请其负责人到警局座谈，告知其必须遵守哪些法律、不得实施哪些行为，并发给其醒目的T恤衫，以便在游行示威时能清楚地认出其负责人，便于联系。只要参与者在规定的区域内以和平方式进行示威，由活动的负责人自行组织，警察便极少干涉。

3. 巴黎模式。当市长批准一次游行后，在游行实施的前一天，就要在市级日报及电视台发布消息，向公众宣告游行的时间和路线。警方在游行期间的执法行动主要包括：沿线巡察，做好安全防范工作。在游行实施的前一天，由城市警察沿游行路线检查街道两侧的建筑物及其他物品，以防这些物体本身或不法分子利用它们对游行造成危害；分段戒严，部署警力。一般不采取全线同时戒严的做法，而是从游行起点开始，分段戒严，直至终点。对起点地段的戒严通常在游行开始前两小时实施，其他路段在预计游行队伍通过时间的前40分钟实施戒严；隐蔽待命，避免正面冲突。在游行实施时，警察不和游行者正面接触，往往部署在沿线的胡同里隐蔽待命，随时做好处理突发事件的准备；遇有突发事件，冷静观察，适时介入，依据预案和现场指挥官的指令妥善处置；部分警察尾随游行队伍，配合清洁工清扫街道；记录游行情况，向政府和新闻媒体提供资料。

4. 法兰克福模式。《德国集会游行法》规定，户外集会、游行应于举办前 48 小时向主管官厅报备。但若要到联邦议会或联邦宪法法院集会游行时，其主管机关为内政部。联邦宪法法院 1985 年规定的“互相合作义务”，要求警方和集会游行负责人双方必须在会前及早接触，在交换资料、建立信任和合作的基础上，共同研讨确保集会游行和平进行的措施。在集会、游行、示威中，警方也可根据现场情况，决定是否变更行进方向等。对于违反警方管理的集会、游行、示威，警方一般以人墙、设置障碍、口头警告应对；对还不听从警方管理的集会、游行、示威人员，警方发出 3 次口头警告后，可以使用警棍、高压水枪等，但绝对不允许使用杀伤性武器。

（三）我国集会游行示威管理实践

我国 1989 年颁布《示威法》，各省、市在该法的基础上结合实际情况制定实施办法或集会游行示威规定。根据法律规定，我国集会、游行、示威的主管机关是公安机关，对集会、游行、示威实行申请许可制度。

从《示威法》颁布实施以来的实际情况来看，我国的《示威法》是符合我国现阶段实际国情的。公安机关作为主管机关，能够对集会、游行、示威实施有效管理，从而既保障了我国公民依法行使集会、游行、示威的权利，又有力地维护了社会安定和公共秩序。例如，1999 年 5 月 8 日，以美国为首的北约悍然使用导弹轰炸了我驻南联盟大使馆，消息传来，全国各界群众都举行了声势浩大的集会、游行、示威活动，强烈抗议北约的暴行，尽管参加人数众多，但秩序井然。非法举行的集会、游行、示威活动，虽然在我国也时有发生，但从管理实践来看，公安机关都能够依法处置。例如，处置上万名“法轮功”练习者围攻中南海的事件；2005 年 4 月 9 日，我国一些省市相继发生了由群众和学生自发举行的没有经过批准的涉日游行、示威活动，经过公安机关及时劝阻和疏导，避免了事态的进一步发展。

第三节　集会游行示威管理的申请与审批

我国对集会、游行、示威的管理模式是预防式事前审批模式。凡是拟举行集会、游行、示威的，必须经过公安机关批准方可。但是，以下两种活动不需审批即可进行：一是国家举行或者根据国家决定为庆祝、纪念、声援、抗议等而组织的公民参加的集会、游行、示威活动；二是国家机关、政党、社会团体、企事业组织，为了表达对国内、国际某些事件的要求和意愿，依照法律、组织章程举行的集会、游行、示威活动。

一、集会游行示威的受理

（一）当事人提出申请

举行集会、游行、示威，其负责人必须在举行日期的5日前向主管机关递交书面申请。在申请书中必须载明集会、游行、示威的目的、方式、标语、口号、人数、车辆数、使用的音响设备的种类和数量、起止时间、地点（包括集合地和解散地）、路线和负责人的姓名、职业、住址。（集会、游行、示威活动审批表见本章尾页附件。）

（二）公安机关受理时的初步审核

公安机关接到要求举行集会、游行、示威的申请时，首先应审查申请书的格式是否正确，必须写明的内容是否有遗漏，负责人的有关证件是否齐全，以决定是否受理。

对申请人及申请书的内容进行初步审核主要从以下四个方面进行：

1. 申请人必须是集会、游行、示威的负责人。否则，公安机关不予受理。

2. 负责人的身份证明。集会、游行、示威的负责人必须是由在集会、游行、示威的举行地有常住户口或者是在举行地户口登记机关办理了暂住登记并持续居住半年以上的人来担任。

3. 申请书的递交时间。一般情况下，申请人必须在拟举行集会、游行、示威日期的 5 日前向主管公安机关递交书面申请，不足 5 日的不予受理。但是，确实由于突然发生的事件临时要求举行集会、游行、示威的除外。

4. 申请书的内容。集会、游行、示威的申请书应当载明集会、游行、示威的目的、方式、标语、口号、人数、车辆数、使用音响器材的种类与数量、起止时间、地点（包括集合地和解散地）、路线和负责人的姓名、职业、地址。申请书内容不完备的，不予受理。

二、集会游行示威的审查

主管机关对申请集会、游行、示威进行初步审核后，进入实质性审查阶段。主要审查如下内容：

（一）审查内容

1. 对目的的审查

申请举行集会、游行、示威的目的是多种多样的。就其性质而言，大致可分为政治性的和经济性的。对于政治性目的的申请，应着重审查其是否符合宪法所确定的基本原则，不得违反我国法律、法规，不得违背社会公德和善良风俗，不得煽动民族分裂或宣扬民族歧视等。对于经济性目的的申请，主要审查申请人的要求是否合理，主管机关应了解有关情况，做出判断。

2. 对标语、口号的审查

审查其是否对宪法所确认的基本原则有违背之处，是否有反对其他法律、法规之处；审查其是否与所申请的集会、游行、示威的目的和宗旨相背离；审查其是否超出了该次集会、游行、示威所要解决的问题范围；审查其使用的语言、文字是否妥当、规范。

3. 对负责人的审查

主管机关一是审查负责人是否符合法定条件，包括年龄条件（是否年满 18 周岁）和健康条件（有无精神病）。根据《实施条例》第 8 条的规定，下列人员不得担任集会、游行、示威的负责人：无行为能力人

或者限制行为能力人，被判处刑罚尚未执行完毕的人，正在被劳动教养的人，正在被依法采取刑事强制措施或者法律规定的其他限制人身自由措施的人。二是审查负责人姓名、职业和住址的证件是否真实、准确和有效。三是审查以单位、团体名义组织集会、游行、示威的，其负责人是否持有该单位负责人同意举行集会、游行、示威的书证。

4. 对方式的审查

集会、游行、示威的方式应当是和平地进行，不得使用暴力或者煽动使用暴力。在审查时，应注意组织和参与集会、游行、示威的人是否携带或有可能携带武器、管制刀具、爆炸物等危险物品，发现可疑的，不予许可。

5. 对时间的审查

根据《示威法》第 24 条的规定，举行集会、游行、示威的时间限于早 6 时至晚 10 时，经当地人民政府决定或批准的除外，如果申请举行集会、游行、示威的时间不符上述规定，则必须做出修改。考虑到不同时间举行集会、游行、示威对社会秩序及公共安全的影响不同，申请在节日、重要会议期间、敏感日期举行集会、游行、示威活动的，公安机关要慎重决定。许多国家法律均对集会、游行、示威的时间作出了规定，如韩国规定："无论何人，日出前、日没后不得到室外集会或示威。"在美国，一律禁止公民夜间示威。

6. 对参加人数和车辆数的审查

主管机关主要是审查参加人数和车辆数与地点、时间、路线是否适应，也包括对所使用的车辆是否符合交通法规定的审查，以便对交通疏导、安全保卫工作做出安排。

7. 对地点和路线的审查

集会、游行、示威活动可能危害到举行地及其周边的治安秩序的，根据《示威法》第 23 条的规定，在下列场所周边距离 10～300 米内，不得举行集会、游行、示威，经国务院或者省、自治区、直辖市的人民政府批准的除外：一是全国人民代表大会常务委员会、国务院、中央军事委员会、最高人民法院、最高人民检察院的所在地；二是国宾下榻处；三是重要军事设施；四是航空港、火车站和港口。前款所列场所的具体周边距离，由省、自治区、直辖市的人民政府规定。

8. 对音响设备的审查

主管机关要审查集会、游行、示威中准备使用的音响设备的种类和数量，是否符合治理城市噪音污染的法规和《治安管理处罚法》的有关规定。

9. 对国家机关工作人员和以国家机关、社会团体、企事业组织名义组织、参加集会、游行、示威的审查

以国家机关、社会团体、企事业组织名义组织或者参加集会、游行、示威，必须经本单位负责人批准，没有负责人批准而擅自申请举行或参加集会、游行、示威的，不予许可。

10. 集会游行示威参加人员的资格

参加集会、游行、示威的人员必须在举行地有常住户口或者在举行地户口登记机关办理了暂住登记并持续居住半年以上。

（二）审查时对内容的变通

在特殊情况下，公安机关可以对集会、游行、示威申请进行非常规性的变通处置方法：

1. 对常规申请时限和审查时限的变通处理，即对确因突然发生的事件临时要求举行集会、游行、示威的，申请人必须立即报告主管机关，主管公安机关接到报告后，应立即审查决定许可或者不予许可。

2. 直接变更有关的申请事项，即主管公安机关在决定许可时或决定许可后，认为按照申请的时间、地点、路线举行集会、游行、示威，将对交通秩序和社会秩序造成严重影响的，可以变更时间、地点、路线，并及时通知其负责人。

治安管理部门在决定许可时，有下列情形之一的，可以变更举行集会、游行、示威的时间、地点、路线，但应当在许可决定书中写明，并及时通知其负责人：(1)举行时间在交通高峰期，可能造成交通较长

时间严重堵塞的；(2)举行地或者行经路线正在施工，不能通行的；(3)举行地为渡口、铁路道口或者是毗邻国(边)境的；(4)所使用的机动车辆不符合道路养护规定的；(5)在申请举行集会、游行、示威的同一时间、地点有重大国事活动的；(6)在申请举行集会、游行、示威的同一时间、地点、路线已经许可他人举行集会、游行、示威的。

在决定许可后，申请举行集会、游行、示威的地点、经过的路段发生自然灾害事故、治安灾害事故，尚在进行抢险救灾，举行日前不能恢复正常秩序的，主管公安机关可以变更举行集会、游行、示威的时间、地点、路线，但是应当将《集会游行示威事项变更决定书》于申请举行之日前送达集会、游行、示威的负责人。

三、公安机关作出决定

按照《示威法》第 9 条的规定："主管机关接到集会、游行、示威申请书后，应当在申请举行日期的二日前，将许可或者不许可的决定书面通知其负责人。不许可的，应当说明理由。逾期不通知的，视为许可。确因突然发生的事件临时要求举行集会、游行、示威的，必须立即报告主管机关；主管机关接到报告后，应当立即审查决定许可或者不许可。"

(一)许可

经过审查，公安机关认为举行集会、游行、示威符合规定的内容和程序，且无不予许可之情形，应当批准。

(二)不予许可

经过审查，公安机关认为举行集会、游行、示威不符合规定的内容和程序，且存在不予许可之情形，应不予许可。《宪法》第 51 条规定："中华人民共和国公民在行使自由和权利的时候，不得损害国家的、社会的、集体的利益和其他公民的合法的自由和权利。"根据《示威法》的规定，申请举行的集会、游行、示威，有下列情形之一的，不予许可：(1)反对宪法所确定的基本原则的；(2)危害国家统一、主权和领土完整的；(3)煽动民族分裂的；(4)有充分根据认定申请举行的集会、游行、示威将直接危害公共安全或者严重破坏社会秩序的。

（三）解决具体问题的审批

根据《实施条例》第 11 条的规定："申请举行集会、游行、示威要求解决具体问题的，主管公安机关应当自接到申请书之日起二日内将《协商解决具体问题通知书》分别送交集会、游行、示威的负责人和有关机关或者单位，必要时可以同时送交有关机关或者单位的上级主管部门。有关机关或者单位和申请集会、游行、示威的负责人，应当自接到公安机关的《协商解决具体问题通知书》的次日起二日内进行协商。达成协议的，协议书经双方负责人签字后，由有关机关或者单位及时送交主管公安机关；未达成协议或者自接到《协商解决具体问题通知书》的次日起二日内未进行协商，申请人坚持举行集会、游行、示威的，有关机关或者单位应当及时通知主管公安机关，主管公安机关应当依照本条例第 10 条规定的程序及时作出许可或者不许可的决定。……"

四、撤回申请和申请复议

1. 撤回申请。集会、游行、示威的负责人在提出申请后接到主管机关通知前，可以撤回申请；接到主管机关许可的通知后，决定不举行集会、游行、示威的，应当及时告知主管机关，参加人已经集合的，应当负责解散。为保证主管机关能有时间对申请人的这一变更做出相应的安排，申请人的决定最迟应在许可举行的时间的 3 小时前告知原批准机关，办理相应手续，便于主管机关改变部署。

2. 申请复议。在主管机关作出不许可举行集会、游行、示威的决定以后，集会、游行、示威的负责人如果对此不服，可以自接到决定通知之日起 3 日内，向同级人民政府申请复议，人民政府应当自接到申请复议书之日起 3 日内作出决定，该决定为终局决定。

第四节　集会游行示威管理的基本方法

一、收集信息情报

准确地获取信息情报，是管理集会、游行、示威的先决条件，是把握管理主动权的关键。

（一）收集信息情报的范围

公民举行集会、游行、示威活动的信息情报范围十分广泛，涉及政治、军事、经济、文化、社会生活等诸方面。一切干扰、敌视、破坏国家安全、社会安定的情况；刑事犯罪的变化动向及其趋势；社会各界、各阶层的社会心理状态；改革政策、措施出台后社会反映等，都是情报信息收集的内容。

（二）收集信息情报的要求

收集集会、游行、示威的信息情报要求做到：

1. 超前。能否超前是衡量信息情报价值大小的重要标准之一。它要求公安机关在管理集会、游行、示威作出决策之前，努力收集靠前的信息，为科学决策和管理提供依据。

2. 全面。这是保证信息质量的基础。既要正确反映客观事实，又要保证信息的完整性，不偏颇。

3. 真实。这是信息的生命。真实，就是信息反映事物客观真相，而不是主观臆造。

4 准确。这是保证信息充分发挥作用的关键。正确的决策和管理，来自正确的信息及其科学的分析研究。

5. 快速。这是保证集会、游行、示威信息情报发生有效作用的前提之一。演化性是集会、游行、示威的一个突出特征，如果在某个环节耽搁时间，就会贻误时机。

6. 深层次。这是要求尽力获取一些行动性、预警性、内幕性的情报信息，做到早发现、早预警、早控制。

（三）收集信息情报的措施

1. 强化信息情报意识。广大公安民警要结合本职工作，增强信息意识和敏感性，严密掌握社会动态。

2. 组织力量深入到重点地区、单位和重点人口周围开展调查工作，广泛搜集影响稳定的各种情报信息。

3 布建秘密力量。在重点地区、单位和重点人口周围，布建秘密力量，获取、挖掘情报。

4 利用技术手段监控。可以利用技术手段严密监控，及时收集信息情报。

二、精心制订安全保卫工作方案

为了切实保障集会、游行、示威的顺利进行，维护社会安定和公共秩序，公安机关应分析当前各种社会矛盾、社会治安情况，根据批准举行的集会、游行、示威的时间、地点、人数、路线、车辆等具体情况，精心制订切实可行的、可操作性强的集会、游行、示威安全保卫工作方案。

（一）制订方案的指导思想

公安机关制订管理集会、游行、示威的安全保卫工作方案，应体现严密部署、掌握政策、果断处置、控制事态的指导思想。

1. 严密部署。即安全保卫工作方案要考虑到各种可能发生的情况以及发生后，指挥机关对处置力量部署、任务分工、工作原则、组织指挥、通信联络、应急措施及注意事项等做出周密的安排和规定。

2. 掌握政策。即安全保卫工作方案要使参与管理或处置的单位及其公安民警明确自己的岗位和职责，明确处置各种集会、游行、示威的政策、法律界限，明确遇到情况应以何种策略、方法处置等。

3. 果断处置。即在正确分析判断事件性质的前提下，对于非法的集会、游行、示威以及严重危害公共安全的暴力犯罪等，迅速采取有针对性的紧急措施，果断处置，切勿贻误时机，造成危害。

4. 控制事态。即对非法的集会、游行、示威力争做到早发现、早预警、早控制，把事件处置在萌芽或初期阶段。对于已闹起来的，要措施得当，尽快平息，尽量缩小其影响和损失。

(二)安全保卫工作方案的主要内容

1. 组织领导及指挥。集会、游行、示威的管理必须坚持高度集中统一、分层次组织实施的原则。由发生地的党委、政府统一领导，公安机关及其有关部门负责现场统一指挥。安全保卫工作方案必须明确组织领导机构、指挥人员及其职责，避免多头指挥或者指挥失灵。

2. 任务分工。集会、游行、示威的安全保卫工作一般所需警力较多，覆盖范围较大，需对警力合理分工，加强协作。一般来讲，应包括：指挥调度、通信联络、控制现场、现场警戒、现场取证、重点部位监控、疏导交通、设置路障、对话谈判、宣传教育、强制审查、救护伤员、后勤保障、机动力量 14 个方面。制定安全保卫工作方案时，要根据集会、游行、示威的性质、种类、规模、举行地点、经过路线等，确定分组方法和各自的职责，合理安排部署警力。

3. 通信联络。它是保障信息畅通、快速处置的重要环节，在制订安全保卫工作方案时要规定联络方式和制度。

4. 应急措施。在集会、游行、示威中，可能会发生事先预料不到的突然事变或紧急、意外情况。公安机关在制订安全保卫工作方案时，要尽可能考虑到各种复杂因素，做出多种估测，并制订相应的应急方案。从最坏处着想，向最好处准备。当现场一旦发生紧急情况时，公安民警可以按预定方案处置，不至于措手不及。

5. 纪律作风。在安全保卫工作方案中要对参加执行任务的单位和民警提出明确的纪律作风要求和处理各种问题的政策原则。做到工作要求明确具体，纪律作风严明，保障任务的完成。在处置集会、游行、示威中出现的违法行为时，避免民警违反纪律、违反政策法规擅作主张，致使事态加剧、扩大，造成不良的后果。集会、游行、示威的处置预案制订后，要印发给有关单位和民警学习、研究，并选择适当时机组织模拟演练，提高处置能力和水平，并在演练中调整、修改、完善预案。

三、及时劝阻疏导

(一)劝阻疏导的目的

及时劝阻疏导工作可以达到以下主要目的：

1. 通过劝阻疏导，可以使集会、游行、示威的参加者了解国家的法律和政策，晓以利害，珍惜安定团结的政治局面，摒弃违法、犯罪行为。

2. 通过劝阻疏导，可以使集会、游行、示威的参加者缓解过激情绪，瓦解其不正常的群体意识，遏制消极行为发展。

3. 通过劝阻疏导，可以使集会、游行、示威的队伍断源截流，疏散人群，最大限度地减少或消除消极影响，劝阻不明真相的人中止推波助澜的行为。

4. 通过劝阻疏导，可以对举行集会、游行、示威的参加者提出要解决的具体问题，及时与有关部门协商解决，缓解社会矛盾，维护社会稳定。

(二)劝阻疏导的基本方法

1. 正面开导。在劝阻疏导过程中，始终坚持宣传法律、政策，坚持以理服人，动之以情，语言文明，不说过激话，以防授人以柄，激化矛盾。

2. 层层劝阻。组织警力在游行、示威的路线、路口设置层层劝阻线，配备宣传车，宣传法律和交通法规，努力稳定群众情绪。

3. 清源疏流。当集会、游行、示威参加者提出要求时，公安机关应建议当地党委、政府及其有关部门尽快做出答复。要求合理，又有条件解决的问题要抓紧解决；一时解决不了的，要说明情况；不合理的要求也要多做说服解释工作，必要时当地党委、政府领导要亲自出面与群众对话，使矛盾尽快缓解。

4. 控制行进。对未申请或已申请但未许可的集会、游行、示威的人群上街后，公安机关在配合有关部门做好劝阻工作的同时，要采取必要的措施，如采取设置劝阻线、警戒线、路障，封锁路口，区域性交通管制等办法，控制行进路线，逐步分散瓦解人群，防止事态蔓延。

5. 提前布防。当劝阻无效，解散也不现实时，公安机关在及时报告党委、政府的同时，对集会、游行、示威队伍可能经过的路线、进攻的目标要提前设防，首先占据有利地形，观察事态发展的态势，及时部署警力。

四、维持好现场秩序

（一）依法保护合法的集会游行示威

主管机关负有保障合法的集会、游行、示威顺利进行的职责。《示威法》第 18 条规定："对于依法举行的集会、游行、示威，主管机关应当派出人民警察维持交通秩序和社会秩序，保障集会、游行、示威的顺利进行。"

1. 对集会游行示威现场的安全检查

公安机关对集会、游行、示威现场安全检查的内容包括：

（1）对集会场所和游行经过的街道、公路等仔细检查，排除障碍、消除隐患。

（2）检查标语、口号等是否与申请许可的相符，如有违反的应通知其负责人立即改正。

（3）检查参加人员情况，有无携带武器、管制刀具或者易燃易爆危险物品的，如有发现，应予以收缴。

（4）检查音响设备的数量、功率是否与申请许可的一致。

（5）检查交通车、宣传车等机动车是否符合安全要求，有无超高、超长、超宽的情况。

2. 设置警戒区域

集会、游行、示威在国家机关、军事机关、广播电台、电视台、外国使领馆等单位所在地举行或者经过的，为了维持秩序，公安机关应根据需要设置警戒区域，划定临时警戒线，或者设置障碍物，采取这些措施时，未经人民警察许可，任何人不得进入警戒区域。

3. 维持交通秩序和社会秩序

(1)对于依法举行的集会、游行、示威，主管机关应当派出人民警察维持交通秩序和社会秩序，对游行、示威经过的路线或者地点的交通予以疏导，防止不法分子乘机捣乱破坏，保障集会、游行、示威的顺利进行。

(2)改变路线。当游行队伍在行进中遇有前方路段临时发生自然灾害事故、交通事故及其他治安灾害事故时，或者游行队伍之间、游行队伍和周围群众之间发生严重冲突和混乱，以及突然发生其他不可预料的情况，致使游行队伍不能按照许可的路线行进时，人民警察现场负责人有权临时决定改变游行队伍的行进路线，并应当将临时决定立即告知游行负责人，游行负责人及其他参加游行人员应当服从决定。

(3)密切配合，严防不测。依法举行的集会、游行、示威的负责人有责任负责维持集会、游行、示威的秩序，严格防止其他人员加入，必要时，应当指定专人并佩戴标志协助人民警察维持秩序。

(4)为了保障依法举行的游行的行进，负责维持交通秩序的人民警察可以临时变通执行交通规则的有关规定，保障游行、示威的顺利进行。

(二)依法制止非法的集会游行示威

人民警察如果发现有集会、游行、示威的队伍，未接到公安机关有关指示或指令的，应首先对其合法性进行审查。发现未向公安机关申请以及虽然申请但未获许可而举行的非法的集会、游行、示威活动，人民警察有权命令停止或者命令解散。具体处置方法如下：

1. 调集警力，维持秩序。公安机关必须调集足够的警力，快速赶赴现场，维持现场秩序，防止不同派别的群众发生争斗，警惕少数别有用心的人煽动暴力活动和不法人员趁机进行偷盗、抢劫等犯罪活动，保护广大人民群众的生命财产安全。对于不法人员，可以予以强行带离现场或拘留。

2. 宣传教育，控制势态。积极开展宣传攻势，疏散围观群众，控

制事态蔓延。公安机关应配置足够的警力装备，实行交通管制，设置人墙，阻止或延缓前进中的游行队伍，隔绝围观人员。同时，利用一切宣传工具，开展法制教育，严肃指出活动的非法性和坚持错误的危害性，邀请有关方面的负责人员进行“对话”或“谈判”。

3. 查明情况，注意方法。迅速准确地弄清非法集会、游行、示威活动的主要组织领导人员，活动的目的、要求，准备呼喊的口号和张贴的标语内容，以及是否有人携带武器、管制刀具、爆炸物品等。尽量搞清是否具有政治背景，幕后有什么人或派别的支持、帮助等，从而正确分析判断事件的性质，预测可能出现的复杂情况，确定处置方案，准备应急力量。并且迅速将以上情况如实报告当地党委、政府和上级公安机关。此外，还应当通告有关部门、单位予以协助。

4. 掌握策略，处置得当。人民警察依法予以制止时，对不听制止的，人民警察现场负责人可先发布通告或命令，限令在指定时间内离开现场。仍滞留现场的，可强行带离或予以驱散，必要时可使用警棍、催泪弹、喷水枪等非致命武器和警械，但要尽量避免伤亡和财产损失。一般不要在现场抓捕犯罪嫌疑人，防止处置不当而激化矛盾。

5. 教育疏导，先礼后兵。对一般参与者，应尽可能教育疏导，缓解矛盾。在采取必要手段前，要先礼后兵，教育疏导无效时，再依法实施。采取的措施要尽量避免或减少人员发生意外和经济损失。

6. 搜集证据，适时出击。对于在非法集会、游行、示威活动中的违法犯罪人员，公安机关应当随时加强秘密控制工作，注意使用照相、录像、录音等科学技术手段，及时搜集证据，适时予以拘留。

五、确保重点要害的安全

（一）重点要害的范围

根据《示威法》第 22 条、第 23 条的规定，集会、游行、示威在国家机关、军事机关、广播电台、电视台、外国驻华使馆领馆等单位所在地举行或者经过的，主管机关为了维护秩序，可以在附近设置临时警戒线，未经人民警察许可，不得逾越。具体周边距离，由省、自治区、直辖市的人民政府规定。

在集会、游行、示威中确保重点要害安全的范围是：

1. 全国人民代表大会常务委员会、国务院、中央军事委员会、最高人民法院、最高人民检察院的所在地；

2. 国宾下榻处；

3. 重要军事设施；

4. 航空港、火车站和港口。

上述场所周边距离 10 米至 300 米内，不得举行集会、游行、示威，经国务院或者省、自治区、直辖市的人民政府批准的除外。

（二）确保重点要害安全的基本措施

1. 指导检查，落实措施。公安机关要按照重要单位和要害部位保卫的有关规定，指导、督促、检查落实安全保卫措施。

2. 增派精兵，警戒控制。公安机关对重要单位和要害部位增派防守力量，并依据法律规定在其周边地区设置临时警戒线，不经许可，严禁逾越。对于不听劝阻、违反规定进入警戒线的人员，人民警察有权予以驱散或将其强行带离现场。

3. 严防死守，万无一失。对已遭冲击的重要单位和要害部位，公安机关和武警部队派出足够警力，做好应急准备，严防死守。

4. 做好警卫，确保安全。公安机关和武警部队必须对重要党政领导人员的住地、车辆和往返路线等加强警卫工作，派出精干人员，做好公开和秘密的随身安全警卫工作，严防闹事人员劫持人质或进行伤害活动，确保安全。

第五节　集会游行示威中的法律责任

根据《示威法》第 28 条规定，举行集会、游行、示威，有下列情形之一的，公安机关可以对其负责人和直接责任人员处以警告或者 15 日以下拘留。

1. 未依照《示威法》规定申请或者申请未获许可的；

2. 未按照主管机关许可的目的、方式、标语、口号、起止时间、地点、路线进行，不听制止的。

根据《示威法》第 30 条规定，扰乱、冲击或者以其他方法破坏依法举行的集会、游行、示威的，公安机关可以处以警告或者 15 日以下拘留；情节严重，构成犯罪的，依照刑法有关规定追究刑事责任。

根据《示威法》第 31 条规定，当事人对公安机关依照《示威法》第 28 条第 2 款或者第 30 条的规定给予的拘留处罚决定不服的，可以自接到处罚决定通知之日起 5 日内，向上一级公安机关提出申诉，上一级公安机关应当自接到申诉之日起 5 日内作出裁决；对上一级公安机关裁决不服的，可以自接到裁决通知之日起 5 日内，向人民法院提起诉讼。

根据《示威法》第 32 条规定，在举行集会、游行、示威过程中，破坏公私财物或者侵害他人身体造成伤亡的，除依照刑法或者治安管理处罚法的有关规定可以予以处罚外，还应当依法承担赔偿责任。

根据《示威法》第 33 条规定，公民在本人居住地以外的城市发动、组织当地公民的集会、游行、示威的、公安机关有权予以拘留或者强行遣回原地，由居住地公安机关依法处理。

根据《实施条例》第 24 条规定，拒绝、阻碍人民警察依法执行维持交通秩序和社会秩序职务的，依照治安管理处罚条例的规定予以处罚；构成犯罪的，依法追究刑事责任。

附件

集会、游行、示威活动审批表

（参考××公安机关）

<table>
<tr><td>申请人或活动负责人姓名</td><td></td><td>性别</td><td></td><td>年龄</td><td></td></tr>
<tr><td>职　业</td><td colspan="2"></td><td>联系电话</td><td colspan="2"></td></tr>
<tr><td>住　址</td><td colspan="5"></td></tr>
<tr><td>申请活动时间</td><td colspan="2"></td><td>参加人数</td><td colspan="2"></td></tr>
<tr><td>活动地点和路线</td><td colspan="5"></td></tr>
<tr><td>活动目的和内容</td><td colspan="5"></td></tr>
<tr><td>属地县级公安机关治安部门意见</td><td colspan="5"></td></tr>
<tr><td>公安机关领导审批</td><td colspan="5"></td></tr>
<tr><td>备　注</td><td colspan="5">1. 活动目的和内容一栏内容要注明集会、游行、示威目的、方式、标语、口号、车辆数、使用音响设备的种类和数量等有关情况；
2. 申请人必须在活动举行之前五日提出申请。审批机关在活动举行之前二日告知申请人许可或不许可，逾期不告知的视为许可。</td></tr>
</table>

附　录

附1　《场所行业管理》警务实训教学科目大纲

《废旧金属收购业备案》警务实训演练科目教案

教师：

一、参训学生：治安专业学生

二、演练目标：通过备案登记实际操作，使学生熟悉废旧金属收购业备案应提供的材料、备案程序和时限等规定，进一步掌握无须办理特种行业许可证行业场所备案的规范性操作。

三、演练时间：1天

四、教官分工：

1. 主讲教官1名：负责演练科目的整体设计，现场教学组织，教学讲评。

2. 辅助教官2名：负责场地布置、器材和文书保障，组织指导学生进场、退场和时间控制。

五、演练地点：模拟派出所

六、组织实施

各区队学生以班为单位(10人左右)成立模拟派出所，各模拟派出所设所长一名、指导员一名，所内成立两个警组，各设警长一名，其余为警员。所长、指导员、警长由学生民主选举产生。该科目以警组为单位，在警长的指导和带领下，到演练地点“模拟派出所”进行模拟备案登记。

七、演练要领及要求

1. 服从命令，听从指挥；组织严密，配合默契；审核仔细，登记翔实；

2. 态度和蔼，耐心细致，关于企业等备案应提供的材料和注意事项应一次性交代清楚。

《旅馆业办证》警务实训演练科目教案

教师：

一、参训学生：治安专业学生

二、演练目标：通过旅馆业办理特种行业许可证实际过程操作，使学生熟悉旅馆业设立应符合的条件，办证应提供的材料，受理和审核部门、程序及时限等规定，掌握办理特种行业许可证的规范性操作。

三、演练时间：1天

四、教官分工：

1. 主讲教官1名：负责演练科目的整体设计，现场教学组织，教学讲评。

2. 辅助教官2名：负责场地布置、器材和文书保障，组织指导学生进场、退场和时间控制。

五、演练地点：模拟治安大队(或支队)

六、组织实施

各区队学生以班为单位(10人左右)成立模拟治安大队(或支队)，各模拟治安大队(或支队)设队长一名、副队长一名，内设两个中队(或大队)，各设队长一名，其余为队员。队长等由学生民主选举产生。该科目以中队(或大队)为单位，在队长的指导和带领下，到演练地点“模拟治安大队(或支队)”进行模拟办证。

七、演练要领及要求

1. 服从命令，听从指挥；组织严密，配合默契；受理规范，审核仔细；

2. 态度和蔼，耐心细致，关于旅馆业办证应提供的材料和注意事项应一次性交代清楚。

《娱乐场所治安检查》警务实训演练科目教案

教师：

一、参训学生：治安专业学生

二、演练目标：通过检查，使学生更加熟悉娱乐场所应当符合的治安、消防安全规定，掌握检查娱乐场所所遵循的法定程序，提高其发现娱乐场所存在的问题和处理问题的能力及灵活性，进一步掌握娱乐场所日常治安检查的规范性操作。

三、演练时间：1天

四、教官分工：

1. 主讲教官1名：负责演练科目的整体设计，现场教学组织，教学讲评。

2. 辅助教官2名：负责场地布置、器材和文书保障，组织指导学生进场、退场和时间控制。

五、演练地点：模拟娱乐场所

六、组织实施

各区队学生以班为单位成立12个模拟派出所，各模拟派出所设所长一名、指导员一名，所内成立两个警组，各设警长一名，其余为警员。所长、指导员、警长由学生民主选举产生。该科目以警组为单位，在警长的指导和带领下，到演练地点“模拟娱乐场所”进行模拟检查。

七、演练要领及要求

1. 服从命令，听从指挥；组织严密，配合默契；检查仔细，记录翔实；依法检查，处理得当。

2. 做好检查审批手续，携带必要的证件和装备。

3. 能听从警长的指挥，不擅自行动，各警组的成员能协调配合，共同努力较好完成任务。

4. 对扣押、收缴的物品按规定办理相关法定手续。

5. 检查认真，确实发现存在的突出问题并作认真记录。

6. 对发现的问题能提出切实可行的整改意见并认真填写。

7. 在检查记录簿上的签名处按要求进行签名。

《大型群众性活动安全工作方案》和《大型群众性活动应急处置预案》制作与推演警务训练科目教案

教师：

一、参训学生：治安专业学生

二、训练目标：通过训练，使学生了解大型群众性活动的特点，把握大型群众性活动安全管理的要领，更加缜密和经验地评估承办者提供的《大型群众性活动安全工作方案》，并能提出建设性意见。

三、训练任务：根据真实场地勘察获取的实际情况，模拟制作大型群众性活动安全工作方案的一部分。

四、演练时间：1.5 天

五、给定的条件：

福州市人民政府决定于某年元宵节在福州市南后街暨三坊七巷区域举办元宵灯会，展区为北至杨桥路、西至通湖路、东至八一七北路、南至道山路的区域，预计届时每天将有 8～12 万市民前往观灯，晚间最高人流量将会达到每小时 3 万人。

要求：

(一)请根据给定的条件制作一份灯展期间的人员和车辆的疏导方案，包含以下内容：

1. 人员的出入口、通道、出入方向的设置；

2. 车辆出入通道和方向以及停车场的设置；

3. 满足以上安排的人员构成、人员位置以及具体任务。

(二)现场发生紧急情况需要快速疏散人员的应急预案

1. 应在 15 分钟内将所有在该区域内的群众疏散完毕；

2. 为了达成上条的要求如何配置警力、装备、保障等力量，运作的程序是怎样的。

方案、预案应当包含组织机构设置、人员设置、任务要求、工作程序等内容，务必使方案完整、可行。

六、教官分工：

1. 主讲教官 1 名：负责训练科目的整体设计，现场教学组织，教学讲评。

2. 辅助教官 2 名：负责组织学生到真实场地并带回，组织学生在现场勘查。

七、演练地点：实地、多媒体教室

八、组织实施

学生根据现场勘查的情况，查阅资料，制作方案和预案。后以班为单位(10 人左右)到多媒体教室进行推演训练。

九、制作要求

1. 周密性。涉及的部门，预测的突发性事件和事故，采取的措施考虑周全，没有遗漏。

2. 操作性。采取的措施环环相扣，协调有序；分工到位，责任到人；人员熟悉，通讯保障。

3. 格式化。对象明确，开篇言意；层次清楚，逻辑性强。

4. 实践性。从实际出发，方案应当合理可行，条理清楚，易于理解。

5. 要求根据现场情况绘制地形草图(使用 A3 纸)，方案本身使用 A4 纸。

《巡逻盘查》警务实训演练科目教案

教师：

一、参训学生：治安专业学生

二、演练目标：通过训练，使学生了解并掌握警察在巡逻过程中执行盘查任务的法律依据、盘查的程序和具体方法，以及盘查后的处置措施和针对盘查过程中可能出现的突发情况的现场处置措施，提高实际操作的技能。

三、演练时间:2 天

四、教官分工:

1. 主讲教官 1 名:负责演练科目的整体设计,现场教学组织,教学讲评。

2. 辅助教官 2 名:负责场地布置、器材保障,组织指导学生进场、退场和时间控制。

五、组织方式:课堂训练与现场模拟结合

六、演练地点:校内操场、停车场、校道

七、组织实施

1. 教官进行现场讲解示范;

2. 分组分阶段训练;

3. 综合训练。

八、演练要领及要求

1. 服从命令,听从指挥;组织严密,配合默契;检查仔细,记录翔实;依法检查,处理得当。

2. 要求着装整齐,警容严整,携带必要的证件和装备。

3. 分工合理,各警组的成员能服从组长指挥,协调配合,各司其职,共同努力较好完成任务。

4. 盘问、人身检查、物品检查要求做到合理、规范。

5. 担任嫌疑人的同学应当根据教官的要求合理予以配合。

6. 盘查后的处置措施应当符合法律依据,措施合理、有效。

《非法集会、游行、示威的处置》警务实训演练科目教案

教师:

一、参训学生:治安专业学生

二、演练目标:通过训练,使学生了解并掌握非法集会、游行、示威的现场处置措施,增强学生在处置群体性事件中的法律意识、政策意识、战术意识、安全意识,培养学生的大局观以及临场应变能力。

三、演练时间:1 天

四、教官分工：

1. 主讲教官1名：负责演练科目的整体设计，现场教学组织，教学讲评。

2. 辅助教官2名：负责场地布置、器材保障，组织指导学生进场、退场和时间控制。

五、演练地点：教室、操场

六、组织实施

1. 教官指导学生在室内进行预案的模拟推演

2. 现场处置的队形演练

3. 现场处置模拟演练

七、演练要领及要求

1. 服从命令，听从指挥；组织严密，配合默契；

2. 各个小组严格按照教官的分工进行演练，不得自行其是；

3. 按照要求携带必要的警械；

4. 处置措施按照预案要求，并且符合法律法规和政策的要求。

从总体要求上看，《场所行业管理》实践教学遵循认识规律，按照由浅入深、循序渐进、理论与实践相结合的原则，将分散实践与集中实践相结合，理论教学与实践教学相结合，达到整个教学过程是理论与实践反复循环的过程。

附 2 《场所行业管理》综合模拟试卷

《场所行业管理》综合模拟试卷 A

一、单项选择题

1.《典当管理办法》于(　　)起实施。

A. 2005 年 2 月 25 日　　B. 2005 年 3 月 25 日

C. 2005 年 4 月 1 日　　D. 2005 年 5 月 1 日

2. 根据《娱乐场所治安管理办法》规定,营业面积 1000 平方米以下的迪斯科舞厅至少应当配备(　　)作为安全检查设备。

A. 手持式金属探测器

B. 通过式金属探测门

C. 微剂量 X 射线安全检查设备

D. 排爆设备

3. 强制戒毒期限自入所之日起计算,为(　　)。

A. 3 个月　　B. 6 个月　　C. 一年　　D. 两年

4. 印章印文使用的字体是(　　)。

A. 楷体　　B. 隶书　　C. 宋体　　D. 仿宋体

5. 收购生产性废旧金属,凭(　　)证明,对出售单位的名称和经办人的姓名、住址身份证号码如实登记。

A. 公安机关　　B. 城建部门

C. 生产性废旧金属所属单位　　D. 供销部门

6. 参加人数在 5000 人以上的群众性活动,由(　　)级公安机关实施安全许可。

A. 派出所　　B. 省级　　C. 地级　　D. 县级

7. 对需要送入强制戒毒所的吸食、注射毒品成瘾人员(以下简称戒毒人员)实施强制戒毒,由(　　)决定。

A. 县级以上地方各级人民政府卫生部门

B. 县级人民政府公安机关

C. 民政部门

D. 社会福利机构

8. 收容教育所对入所的被收容教育人员，应当进行性病检查和治疗，检查和治疗性病的费用一般由（　　）负担。

A. 公安机关　　　　B. 收容所

C. 本人或者家属　　D. 地方政府

9. 以牟利为目的，制作、复制、出版、贩卖、传播淫秽音频文件100个以上的，以制作、复制、出版、贩卖、传播淫秽物品牟利罪定罪处罚。数量或者数额达到规定标准（　　）以上的，应当认定为《刑法》第363条第一款规定的“情节严重”。

A. 5倍　　B. 15倍　　C. 20倍　　D. 25倍

10. 以牟利为目的，利用淫秽电子信息收取广告费、会员注册费或者其他费用，违法所得（　　）元以上的，以制作、复制、出版、贩卖、传播淫秽物品牟利罪定罪处罚。

A. 2000　　B. 3000　　C. 5000　　D. 10000

11. 在典当业设立申请审核中，设区的市（地）级人民政府公安机关应当在发证后（　　）（工作日）内将审核批准情况报省级人民政府公安机关备案。

A. 5日　　B. 10日　　C. 15日　　D. 20日

12. 所在地县级人民政府公安机关受理典当业设立申请后应当在（　　）（工作日）内将申请材料及初步审核结果报设区的市（地）级人民政府公安机关审核批准。

A. 5日　　B. 10日　　C. 15日　　D. 20日

13. 依据《福建省特种行业、公共娱乐场所日常治安检查暂行规定》，因工作需要派出所确需跨辖区检查的，必须经（　　）同意。

A. 检查方与被检查方所在地公安机关的共同上一级公安机关领导

B. 检查方所在地公安机关的领导

C. 被检查方所在地公安机关的领导

D. 检查方与被检查方双方所在地公安机关的领导

14. 公共娱乐场所内必须设置火灾事故应急照明灯，照明供电时间不得少于（　　）。

A. 15 分钟　　B. 20 分钟　　C. 30 分钟　　D. 60 分钟

15. 灯光疏散指示标志应当设在门的顶部、疏散走道和转角处距地面（　　）的墙面上。

A. 0.5 米　　B. 1 米　　C. 1 米以下　　D. 1 米以上

二、多项选择题

1. 明知他人实施制作、复制、出版、贩卖、传播淫秽电子信息犯罪，为其提供（　　）等帮助的，对直接负责的主管人员和其他直接责任人员，以共同犯罪论处。

A. 互联网接入　　B. 服务器托管

C. 网络存储空间　　D. 通讯传输通道

2. 以下不是淫秽物品的是（　　）。

A. 有关人体生理、医学知识的电子信息和声讯台语音信息

B. 有关人体生理的科学著作

C. 包含色情内容的有艺术价值的电子文学、艺术作品

D. 有关医学知识的科学著作

3. 依据《福建省特种行业、公共娱乐场所日常治安检查暂行规定》，日常治安检查要根据行业场所的不同治安状况，按照一定的要求进行，这些要求是（　　）。

A. 确定不同的检查要求和检查频率

B. 减少例行检查

C. 避免同一内容的重复检查，杜绝无针对性的封闭式检查

D. 原则上不搞大规模集中清查

4. 公安机关检查印刷业时应重点检查的项目是（　　）。

A. 是否执行承印验证、登记等制度

B. 有无印刷非法出版物的情况

C. 有无伪造、变造国家机关证件、货币、有价证券等情况

D. 有无非法印制各类秘密文件、资料及党政机关信函的情况

5. 公安机关检查旧货业、废旧金属收购业时应重点检查的项目是(　　)。

A. 是否执行验证登记制度

B. 是否经营赃物、走私物品、来历不明物品及抵押中的物品,或者有赃物、走私嫌疑的物品,以及法律、法规明令禁止经营和特许经营的其他物品

C. 是否在铁路、矿区、油田、港口、机场、施工工地、军事禁区和金属冶炼加工企业附近设点收购废旧金属

D. 是否有合法的经营执照

6. 依据《福建省特种行业、公共娱乐场所日常治安检查暂行规定》,公安机关对治安检查中发现的一般性违规行为,不得(　　)。

A. 以教代罚　　B. 以罚代教

C. 以罚代管　　D. 以管代罚

7. 2005 年禁赌专项行动重点打击的涉赌对象为 5 类人,分别是境外赌场、赌博(博彩)公司和赌博网站在我境内的(　　),赌博网站的开办者、维护者,六合彩、赌球赌马等赌博活动的组织者,开设赌场、聚众赌博的组织者,参与赌博的党员领导干部、国家公务员、企业事业单位负责人。

A. 提供场所的人　　B. 代理人

C. 代理机构　　D. 参赌人

8. 根据国家法律规定,下列属于特种行业的是(　　)。

A. 旅馆业　　B. 手机维修业

C. 旧货交易业　　D. 印章刻制业

9. 下列业务中,印刷企业必须验证并收存委印单位主管部门的证明和公安部门核发的准印证明的是(　　)。

A. 印刷布告、通告

B. 印刷重大活动工作证、通行证

C. 印刷在社会上流通使用的票证

D. 印刷各单位内刊

10. 歌舞娱乐场所应当按照国务院公安部门的规定在营业场所的(　　)安装闭路电视监控设备,并应当保证闭路电视监控设备在营业期间正常运行,不得中断。

A. KTV包厢　　B. 出入口　　C. 主要通道　　D. 舞台

三、判断改错题

1. 间歇性精神病人在正常情况下可以担任集会、游行、示威的负责人。(　　)

2. 男女宾客包房住宿,应有结婚证或其他能证明其夫妻关系的有效证件。(　　)

3. 娱乐场所可以提供利用电子计算机从事的娱乐活动,并以此为主业。(　　)

4. 对场所行业责任人的违法处罚可以剥夺其财产权,但不可剥夺其人身自由权。(　　)

5. 依据国家和地方规定,人身检查可以作为日常治安检查时的一个常用手段。(　　)

6. 根据《娱乐场所管理条例》规定,娱乐场所是指向公众开放的、消费者自娱自乐的营业性歌舞、游艺、按摩等场所。(　　)

7. 废旧金属收购业必须取得特种行业许可证才能开业。(　　)

8. 公共场所容纳的人数可根据需要和可能上下浮动。(　　)

9. 在棋牌室查获有人聚赌,而棋牌室只是收取正常的场所和服务费用,对棋牌室不以赌博论处。(　　)

10. 依据《福建省特种行业、公共娱乐场所日常治安检查暂行规定》,日常治安检查应避免影响场所行业正常合法的经营活动。(　　)

11.《福建省特种行业和公共场所治安管理办法》(修订),所称的公共场所是指歌舞游戏游艺等营业性娱乐场所(以下简称娱乐场所),设置按摩项目的服务场所,营业性射击场所,互联网上网服务营

业场所，举办大型公众性的文体、商贸、庆典、展览等活动的场所，以及法律、法规规定应当进行治安管理的其他公共场所。（　　）

12. 按规定不用申领特种行业许可证的场所行业，治安管理部门平时对其不用管理。（　　）

13. 示威是指在露天公共场所或者公共道路上以集会、游行、静坐等方式，表达要求、抗议或者支持、声援等意愿的活动。（　　）

14. 严禁利用机动车修理业、报废机动车回收业进行走私、销赃等违法犯罪活动。（　　）

15. 强制戒毒所对戒毒人员应当按照性别实行分别管理，女性戒毒人员应当由女性工作人员管理。（　　）

四、简答题

1. 桑拿业的出现对旅馆业是个非常大的冲击，旅馆业为了提高经济效益，纷纷推出“钟点房”。试问：(1)“钟点房”会带来哪些治安问题？(2)如何解决这些治安问题？

2. 在我国赌博是一个普遍存在的热点问题，公安机关在执法实践中要面对大量的赌博案件，请问：(1)应如何认定赌资？(2)如何认定赌具？(3)如何认定赌债？

3. 巡警小李、小张在巡逻中遇到一群众报警称：有人抢劫。二人随报案人追上了嫌疑人。此时，二巡警正确的做法是什么？

五、案例题

根据规定，开办旅馆业必须事先经公安机关审核，领取特种行业许可证。现某酒店管理公司拟在福州开办“如意快捷酒店”，请问，如何向公安机关申请特种行业许可证？（包括受理部门，应提供的材料等）

六、论述题

近日，深圳警方联手深圳市场监督管理局、城管局开展行动，专项整治废品收购行业，为期两个月。据调查，深圳市废品收购市场存在许多问题，如欺行霸市、无牌无证经营、私自收购生产性废旧金属，伙同不法分子收赃销赃等，废品收购行业乱象不仅破坏行业的经营秩序，而且带来不少社会治安问题，甚至成为黑社会性质的犯罪团伙滋生的温床，如深圳警方通报捣毁沙井涉黑团伙“沙井新义安”，该团伙骨干“龙哥”陈垚东即靠废品收购起家不断壮大。请你为深圳警方支招，谈谈如何加强废旧金属收购业的治安管理。（包括目前废旧金属收购业存在的问题和改进对策等）

《场所行业管理》综合模拟试卷 B

一、单项选择题

1. 在距离铁路、矿区、油田、港口、机场、施工工地、军事禁区和金属冶炼加工企业(　　)米区域内,不得设点收购废旧金属。

A. 500　　B. 1000　　C. 2000　　D. 3000

2. 根据国家规定,下列各行业中纳入特种行业管理的行业是(　　)。

A. 金银加工业　　B. 旧货流通业

C. 移动电话维修业　　D. 小件寄存

3. 国务院的印章,直径(　　)厘米,中央刊国徽,国徽外刊机关名称,自左而右环行,由国务院自制。

A. 4.5　　B. 5　　C. 6　　D. 7

4. 大型群众性活动的参加人数在1000人以上5000以下的,由(　　)级公安机关许可。

A. 派出所　　B. 省级　　C. 地级　　D. 县级

5. 下列活动中适用《中华人民共和国集会游行示威法》的是(　　)。

A. 宗教活动　　B. 民间习俗活动

C. 集会活动　　D. 体育活动

6. 公安机关对特种行业的管理,是(　　)。

A. 业务经营管理　　B. 隶属关系行政管理

C. 治安行政管理　　D. 工商行政管理

7. 参与以营利为目的的聚众赌博、计算机网络赌博、电子游戏机赌博,或者到赌场赌博的,应当受到(　　)。

A. 刑事处罚　B. 治安处罚　C. 批评教育　D. 不予处理

8. 根据《娱乐场所治安管理办法》规定,娱乐场所营业面积在600平方米的,应当配备(　　)名保安人员。

A. 2　　B. 3　　C. 4　　D. 5

9. 戒毒人员在强制戒毒期间的生活费和治疗费由(　　)承担。

A. 戒毒所　　B. 公安机关

C. 民政部门　　D. 本人或者其家属

10. 歌舞娱乐场所应当将闭路电视监控录像资料留存(　　)日备查,不得删改或者挪作他用。

A. 15　　B. 30　　C. 60　　D. 2个月

11. 收容教育期限为(　　)。

A. 6个月至2年　　B. 6个月至1年

C. 3个月至2年　　D. 3个月至1年

12. 从事房地产抵押典当业务的,注册资本最低限额为(　　)万。

A. 300　　B. 500　　C. 600　　D. 1000

13. 依照《刑法》第363条第1款的规定,制作、复制、出版、贩卖、传播淫秽电影、表演、动画等视频文件(　　)以上的,以制作、复制、出版、贩卖、传播淫秽物品牟利罪定罪处罚。

A. 10个　　B. 20个　　C. 30个　　D. 40个

14. 依照《刑法》第363条第1款的规定,制作、复制、出版、贩卖、传播淫秽电子刊物、图片、文章、短信息等(　　)件以上的,以制作、复制、出版、贩卖、传播淫秽物品牟利罪定罪处罚。

A. 200　　B. 100　　C. 50　　D. 30

15. 下列属于以营利为目的"聚众赌博"情形的是(　　)。

A. 组织2人以上赌博,抽头渔利数额累计达到3000元以上的

B. 组织2人以上赌博,抽头渔利数额累计达到5000元以上的

C. 组织3人以上赌博,抽头渔利数额累计达到3000元以上的

D. 组织3人以上赌博,抽头渔利数额累计达到5000元以上的

二、多项选择题

1. 收购生产性废旧金属,需要登记的内容包括(　　)。

A. 物品的名称、数量

B. 出售单位的名称

C. 经办人的姓名等基本情况

D. 物品的规格和新旧程度

2. 下列人员中不得担任娱乐场所经营单位的法定代表人和主管人员，并不得参与娱乐场所的经营管理活动的包括（　　）。

A. 因犯有盗窃罪，曾被判处有期徒刑以上刑罚的

B. 因犯有赌博罪

C. 因犯罪曾被剥夺政治权利的

D. 因犯有贩卖毒品罪

3. 下列1000人以上的活动，适用《大型群众性活动安全管理条例》的包括（　　）。

A. 影剧院的放映活动　　B. 演唱会

C. 集会游行示威　　D. 群众性体育活动

4. 世界上毒品的三大产地是（　　）。

A. 金三角　B. 银三角　C. 金新月　D. 银新月

5. 下列情形中，主管公安机关可以变更集会游行示威申请举行场地的情形是（　　）。

A. 举行地为渡口　　B. 举行地正在施工

C. 举行地毗邻国（边）境的　　D. 举行地为铁路道口

6. 依据《福建省特种行业和公共场所治安管理办法》（修订），经营旅馆业，应当符合的硬件条件是（　　）。

A. 执行贵重物品保管和值班巡查等制度；

B. 50个床位以上以及其他有条件的旅馆应当建立旅馆业治安管理信息系统

C. 旅馆内不得存放易燃易爆、剧毒、放射性等危险物品

D. 三星级或者相当于三星级以上的宾馆，应当在大堂、电梯、楼道、停车场安装安全防范监控系统。

7. 以下物品中属于毒品的是（　　）。

A. 鸦片　B. 海洛因　C. 咖啡　D. 可卡因

8. 赌博活动中的赌资应当包括（　　）。

A. 赌注　　B. 筹码

C. 赢取的款物　　D. 交付的押金

9. 娱乐场所组织的表演活动或播放的曲目以及演播和屏幕画面,不得含有的内容是(　　)。

A. 反对宪法确定的基本原则

B. 煽动民族分裂

C. 宣扬迷信

D. 渲染暴力

10. 根据《娱乐场所管理条例》的规定,下列场所中不属于娱乐场所的是(　　)。

A. 酒吧　B. 网吧　C. 电子游戏厅　D. 按摩场所

11. 依据《福建省特种行业和公共场所治安管理办法》(修订),下列人员中是治安责任人的是(　　)。

A. 特种行业、公共场所的法定代表人(或者主要负责人)

B. 举办大型公众性活动的负责人

C. 个体工商户(不是企业,自加)开办的特种行业、公共场所的业主

D. 实行承包经营的企业,法定代表人和承包人

12. 依据《福建省特种行业和公共场所治安管理办法》(修订),经营印章刻制业,应当遵守的规定有(　　)。

A. 未经许可不得承接公章刻制业务

B. 刻制公章应当查验公安机关出具的准刻证明,按照规定的名称、式样、规格和数量刻制并逐项登记,办理印鉴备案

C. 经营公章刻制的,应当符合印章治安管理信息系统的要求

D. 执行公章保管、作废章坯销毁制度

13. 根据《机动车修理业、报废机动车回收业治安管理办法》,公安机关应当对以下哪些企业的治安情况进行检查(　　)。

A. 机动车修理企业　　B. 机动车修理个体工商户

C. 报废机动车回收企业　　D. 机动车养护企业

14. 根据《娱乐场所治安管理办法》规定，娱乐场所的营业日志应当详细记载(　　)。

A. 从业人员的工作职责　　B. 从业人员的工作内容

C. 从业人员的工作时间、地点 D. 遇到的治安问题

15. 依据《福建省特种行业、公共娱乐场所日常治安检查暂行规定》，派出所负责辖区内行业场所的日常治安检查，责任区(社区)民警对辖区内行业场所的日常治安管理负直接责任，严禁(　　)。

A. 按月检查　　B. 多头检查

C. 跨辖区检查　　D. 频繁检查

三、判断改错题

1. 娱乐场所因经营活动需要，可以提供以营利为目的的陪侍，只要不卖淫即可。(　　)

2. 依据国家和地方规定，人身检查可以作为日常场所行业治安检查的常用手段。(　　)

3. 旅客为了安全，可以将枪支、易燃易爆物品寄存在旅馆的贵重物品寄存处或保管室。(　　)

4. 除节假日外，歌舞娱乐场所不得接待未成年人。(　　)

5. 对于兼营歌舞、游艺项目的非娱乐场所，不需要依照《娱乐场所治安管理办法》的规定施行。(　　)

6. 被收容教育人员在收容教育期间确有悔改表现或者有立功表现以及其他特殊情况的，可以给予表扬或者提前解除收容教育。(　　)

7. 申请集会、游行、示威的负责人必须在举行日期的5日前向主管机关提出申请，书面方式和口头方式均可。(　　)

8. 根据《娱乐场所管理条例》规定，娱乐场所是指向公众开放的、消费者自娱自乐的营业性歌舞、游艺、按摩等场所。(　　)

9. 经批准设立的旧货企业和旧货市场，申请者应当持批准文件和证书到当地公安机关办理备案登记手续后，到同级工商行政管理部门办理登记手续，领取营业执照。(　　)

10. 公安民警对行业场所进行检查时，应随身携带省厅统一要求的《行业场所日常治安检查记录簿》，按照“逢查必填”的原则，认真填写有关内容。(　　)

四、简述题

1. 旅馆是旅客聚集的场所，且旅客随身携带大量的现金及贵重物品，采取哪些措施能有效防范旅客财物失窃？

2. 当前在大街上行骗的人不少，骗术层出不穷，花样翻新，还总是有不少人上当，从维护社会秩序，防范骗子行骗出发，我公安机关应采取哪些措施？

3. 每年春节前后的“春运”都是中国人生活中的一件大事，请谈谈“春运”期间公共交通场所管理的要点。

五、案例题

福州市晋安区某村村民因拆迁补偿问题一直与拆迁办公室有矛盾，得不到解决，所以欲到晋安区政府附近举行游行示威活动，请问：1. 该村村民应如何申请？2. 向何部门申请？3. 主管机关接到申请后应如何处理？

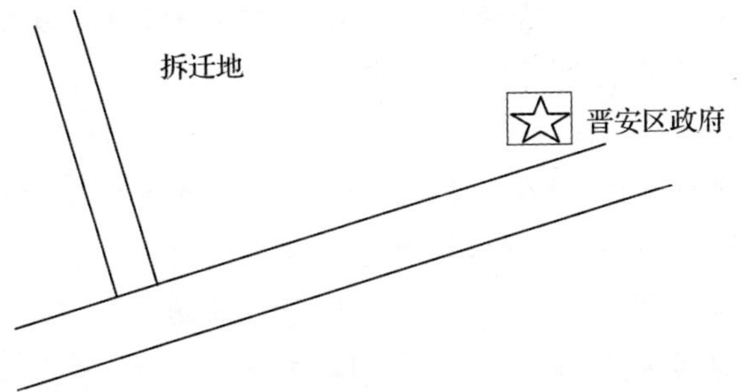

六、论述题

在社会治安秩序管理过程中，有些民警将在老人活动室搓麻将，将输赢几元钱的老人带到派出所给予罚款处罚，引起争议，公安部于2005年针对群众关心的赌博行为和群众娱乐活动如何区分的问题，作出了解释。请问：(1)具体标准是什么？(2)怎样理解这一标准？(3)出台这一标准有何意义？

《场所行业管理》综合模拟试卷 C

一、单项选择题

1. 参加人数在 5000 人以下的群众性活动，由(　　)级公安机关实施安全许可。

A. 派出所　　B. 省级　　C. 地级　　D. 县级

2. 国家行政机关和企事业单位、社会团体的印章一律为(　　)。

A. 方形　　B. 圆形　　C. 菱形　　D. 无固定形状

3. 强制戒毒期限自入所之日起计算，为(　　)。

A. 1 个月至 3 个月　　B. 3 个月至 6 个月

C. 6 个月至 1 年　　D. 1 年至 2 年

4. 根据《娱乐场所管理条例》的规定，下列场所中应当配备安全检查设备，对进入营业场所的人员进行安全检查的是(　　)。

A. 歌厅　　B. 舞厅

C. 迪斯科舞厅　　D. 酒吧

5. 国务院的印章，直径(　　)厘米，中央刊国徽，国徽外刊机关名称，自左而右环行，由国务院自制。

A. 4.5　　B. 5　　C. 6　　D. 7

6. 以营利为目的，在计算机网络上建立赌博网站，或者为赌博网站担任代理，接受投注的，属于(　　)。

A. 聚众赌博　　B. 开设赌场

C. 以赌博为业　　D. 其他

7. 在地下建筑内设置公共娱乐场所，通往地面的安全出口应不少于(　　)个。

A. 1　　B. 2　　C. 3　　D. 4

8. 依照《刑法》第 363 条第一款的规定，制作、复制、出版、贩卖、传播的淫秽电子信息，实际被点击数达到(　　)次以上的，以制作、复制、出版、贩卖、传播淫秽物品牟利罪定罪处罚。

A. 2000　　B. 3000　　C. 5000　　D. 10000

9. 根据《娱乐场所治安管理办法》规定，娱乐场所领取营业执照并向所在城市公安分局治安部门备案后，分局治安部门应当在(　　)日内将备案资料通报娱乐场所所在辖区公安派出所。

A. 5　　B. 10　　C. 15　　D. 20

10. 对拒绝接受教育或者不服从管理的被收容教育人员，延长收容教育期限后，实际执行的收容教育期限最长不得超过(　　)。

A. 1 年　　B. 2 年　　C. 3 年　　D. 4 年

二、多项选择题

1. 收容教育工作实行(　　)的方针。

A. 教育　　B. 挽救　　C. 感化　　D. 整顿

2. 收容教育所应当设置收容室以及(　　)等场所。

A. 教育　　B. 劳动　　C. 医疗　　D. 文化活动

3. 依据《典当管理办法》，典当行应当具备的安全防范设施是(　　)。

A. 经营场所内设置录像设备

B. 营业柜台设置防护设施

C. 门窗设置防护设施

D. 配备保安人员

4. 依据《福建省特种行业、公共娱乐场所日常治安检查暂行规定》的规定，下列人员中，严禁参与行业场所日常治安检查和执法办案的是(　　)。

A. 户籍民警

B. 公安机关协勤人员

C. 内勤民警

D. 不具备执法主体资格的工勤人员

5. 依据《福建省特种行业、公共娱乐场所日常治安检查暂行规定》的规定，日常治安检查要讲究工作方式方法，根据实际需要，分别采取(　　)等不同形式,避免影响行业场所正常合法的经营活动。

A. 着装检查　B. 便衣检查　C. 定期检查　D. 个别抽查

6. 以牟利为目的,通过声讯台传播淫秽语音信息,下列情形中,对直接负责的主管人员和其他直接责任人员以传播淫秽物品牟利罪定罪处罚的是(　　)。

A. 向 50 人次以上传播的

B. 向 100 人次以上传播的

C. 违法所得 5000 元以上的

D. 违法所得 1 万元以上的

7. 下列以营利为目的的赌博情形中,属于"聚众赌博"的是(　　)。

A. 组织 3 人以上赌博,抽头渔利数额累计达到 5000 元以上的

B. 组织 3 人以上赌博,赌资数额累计达到 5 万元以上的

C. 组织 3 人以上赌博,参赌人数累计达到 20 人以上的

D. 组织中华人民共和国公民 10 人以上赴境外赌博,从中收取回扣、介绍费的

8. 依据《福建省特种行业和公共场所治安管理办法》(修订)的规定,应当在大堂、电梯、楼道、停车场安装安全防范监控系统的旅馆是(　　)。

A. 二星级　B. 三星级　C. 四星级　D. 五星级

9. 依照《中华人民共和国集会游行示威法》规定,需要申请的集会、游行、示威,其负责人必须向主管机关递交书面申请,申请书中应当载明的内容包括(　　)。

A. 目的　B. 标语

C. 人数　D. 负责人的姓名等基本情况

10. 依据《福建省特种行业、公共娱乐场所日常治安检查暂行规定》的规定,下列说法正确的是(　　)。

A. 严禁多头检查

B. 严禁跨辖区检查

C. 严禁公安机关协勤人员检查

D. 严禁公安机关工勤人员检查

11. 下列物品中,废旧金属收购企业和个体工商户不得收购的金属物品是(　　)。

A. 废旧防盗网

B. 铁路、油田、供电、电信通讯、矿山、水利、测量和城市公用设施等专用器材

C. 枪支、弹药和爆炸物品

D. 剧毒、放射性物品及其容器

12. 依据《福建省特种行业和公共场所治安管理办法》(修订)的规定,经营按摩场所,应当遵守的规定有(　　)。

A. 设置的包间、按摩操作间应当安装展现室内整体环境的透明门窗

B. 有禁止违法行为的告示和禁止携带违禁物品进入场所的标识

C. 应当聘请保安人员负责保安工作

D. 不得进行淫秽色情表演、卖淫嫖娼、赌博、吸毒、贩毒以及其他违法犯罪活动

13. 依据《福建省特种行业和公共场所治安管理办法》(修订)的规定,治安责任人的治安责任是(　　)。

A. 根据场所规模,配备专(兼)职治安保卫人员或者按照有关规定配备保安人员

B. 组织本单位的经营负责人、保安人员、治安保卫人员接受治安业务培训

C. 做好保安人员、治安保卫人员的教育管理工作

D. 制订治安安全制度和岗位责任制,检查治安隐患并进行整改,组织落实治安安全措施

14. 报废机动车回收企业回收报废机动车应如实登记的项目是(　　)。

A. 报废机动车车主名称或姓名、送车人姓名、居民身份证号码

B. 按照公安交通管理部门出具的机动车报废证明登记报废车车牌号码、车型、发动机号码、车架号码、车身颜色

C. 车主名称或姓名、送修人姓名和居民身份证号码或驾驶证号码

D. 收车人姓名

15. 强制戒毒，是指对吸食、注射毒品成瘾人员，在一定时期内通过行政措施对其进行（　　），使其戒除毒瘾。

A. 强制药物治疗　　B. 心理治疗

C. 法制教育　　D. 道德教育

三、判断改错题

1. 场所行业管理以秘密的行政管理为主，但有时也辅以公开手段。（　　）

2. 当票是典当行与当户之间的借贷契约，是典当行向当户支付当金的付款凭证。（　　）

3. 通过人的感觉器官，如手、眼、鼻、耳、口等进行的直接检查，简便易行，不受时间、条件等因素的限制，是最常用最基本的检查方法。（　　）

4. 除节假日外，歌舞娱乐场所不得接待未成年人。（　　）

5. 集会、游行、示威不得随身携带武器、管制刀具和爆炸物，但可将其运往举行地。（　　）

6. 根据《娱乐场所管理条例》规定，娱乐场所不得在可能干扰学校、医院、机关正常学习、工作秩序约500米范围内设立。（　　）

7. 长期包住的房间内，住宿人员经常变动，旅馆也不必要求其另行办理住宿登记手续。（　　）

8. 废旧金属，包括生产性废旧金属和非生产性废旧金属两大类。（　　）

9. 凡旅客住宿的旅馆、饭店、宾馆、招待所、客货栈、车马店、浴池等，统称旅馆，都必须纳入特种行业管理。（　　）

10. 印章业是使用机械、手工或其他技术对外经营刻制各类印章的行业。(　　)

11. 公众有权查阅娱乐场所监督检查记录,公安机关应当为公众查阅提供便利。(　　)

12. 县级以上地方各级公安机关应当加强对报废汽车回收监督管理工作的领导,组织各有关部门依法采取措施,防止并依法查处违反规定的行为。(　　)

13. 公安部门指定的印刷企业接受委托印刷布告、通告、重大活动工作证、通行证、在社会上流通使用的票证的,必须验证并收存委印单位主管部门的证明。(　　)

14. 对收容教育期满的人员,应当按期解除收容教育,发给解除劳动教养证明书,并通知其家属或者所在单位领回。(　　)

15. 公安民警在对行业场所进行日常治安检查时,对未出示证件检查的,被检查单位有权拒绝,并向上级公安机关举报。(　　)

四、简述题

1. 一些娱乐场所的赢利性陪侍、卖淫行为屡禁不止,有的甚至公开跳艳舞,按号点妓。试问:(1)这是什么原因造成的?(2)可以采取哪些措施进行查禁?

2.“六合彩”活动和“地下赌球”活动在我国十分普遍,请问:(1)“六合彩”活动和“地下赌球”活动有哪些危害性?(2)公安机关应当采取哪些查禁措施?

3. 协警人员能否实施查验、检查等执法行为?为什么?

五、案例题

1. 某市移动公司欲于某年1月22日举行一次大型文艺演出活动,该公司应如何向公安机关申请?

2. 巡警小李、小张在巡逻中遇到一群众报警称:有人抢劫。二人随报案人追上了嫌疑人。此时,二巡警正确的做法是什么?

六、论述题

为了繁荣文化市场，促进闽台经济文化交流，福州市政府决定于某年 2 月 24 日元宵节举办第十一届“两马同春闹元宵”大型元宵灯会暨大型焰火晚会，活动地点设在马尾开发区管委会附近公园。根据以往经验，届时，不但马尾区的群众将会大量参加活动，福州市其他城区的群众也会大量前往。请问，福州市公安局应如何做好晚会的保卫工作？

《场所行业管理》综合模拟试卷 D

一、单项选择题

1. 下列企业中不能在我国经营娱乐场所的是（　　）。

A. 我国集体企业　　B. 我国私人企业

C. 中外合作企业　　D. 外商独资企业

2. 下列年龄的人员中不得在我国担任集会、游行、示威负责人的是（　　）。

A. 18 周岁　B. 65 周岁　C. 16 周岁　D. 24 周岁

3. 开办除应当办理许可证以外的特种行业，应当在取得营业执照后（　　）日内向所在地公安派出所备案。

A. 5　B. 10　C. 15　D. 20

4. 各级公安机关及有关部门（海关除外）收缴的淫秽物品，统一由（　　）管理。

A. 公安机关　　B. 新闻出版部门

C. 广电部门　　D. 工商部门

5. 印刷特种印件时现场必须派人监护，派人监护的单位是（　　）。

A. 印刷单位　B. 委印单位　C. 公安机关　D. 文化部门

6. 典当业的业务主管部门是（　　）。

A. 工商部门　　B. 公安机关

C. 中国人民银行　　D. 商务主管部门

7. 根据《娱乐场所治安管理办法》规定，娱乐场所领取营业执照并向所在城市公安分局治安部门备案后，分局治安部门应当在（　　）日内将备案资料通报娱乐场所所在辖区公安派出所。

A. 5　B. 10　C. 15　D. 20

8. 收容教育决定书副本应当交给被收容教育人员本人，并自决定之日起（　　）内通知其家属、所在单位和户口所在地的公安派出所。

A. 20 日　　B. 15 日　　C. 10 日　　D. 7 日

9.《最高人民法院、最高人民检察院关于办理赌博刑事案件具体应用法律若干问题的解释》颁布的时间是(　　)。

A. 2005 年 5 月 13 日　　B. 2005 年 4 月 13 日

C. 2004 年 1 月 30 日　　D. 2004 年 4 月 30 日

10. 对需要送入强制戒毒所的吸食、注射毒品成瘾人员实施强制戒毒，由(　　)决定。

A. 民政部门　B. 公安机关　C. 医疗部门　D. 吸毒者家属

11. 典当行注册资本最低限额为(　　)。

A. 100 万　　B. 200 万　　C. 300 万　　D. 400 万

12. 负责辖区行业场所的治安管理工作，履行行业场所治安管理的部门是(　　)。

A. 各地市公安分局　　B. 各省公安厅

C. 各辖区派出所　　D. 各级公安机关治安管理部门

13. 依照《刑法》第 363 条第一款的规定，制作、复制、出版、贩卖、传播淫秽音频文件(　　)以上的，以制作、复制、出版、贩卖、传播淫秽物品牟利罪定罪处罚。

A. 30 个　　B. 50 个　　C. 100 个　　D. 200 个

14. 公安机关在接到机动车修理企业和个体工商户对可疑业务的报告后，应在(　　)小时内作出处理决定。

A. 12　　B. 24　　C. 36　　D. 48

15. 依据《福建省特种行业和公共场所治安管理办法》(修订)，开办设置按摩项目的服务场所，应当在取得营业执照后向所在地(　　)备案。

A. 文化监察部门　　B. 工商部门

C. 公安派出所　　D. 消防部门

二、多项选择题

1. 依据《福建省特种行业和公共场所治安管理办法》(修订)，经营旅馆业，应当符合的硬件条件是(　　)。

A. 执行贵重物品保管和值班巡查等制度

B. 50个床位以上以及其他有条件的旅馆应当建立旅馆业治安管理信息系统

C. 旅馆内不得存放易燃易爆、剧毒、放射性等危险物品

D. 三星级或者相当于三星级以上的宾馆，应当在大堂、电梯、楼道、停车场安装安全防范监控系统

2. 收购生产性废旧金属应当坚持查验制度，具体查验内容包括(　　)。

A. 是否是禁止收购的物品

B. 是否是国家机密公文

C. 是否是公安机关通缉协查的赃物

D. 有无其他可疑情况

3. 下列物品属于毒品的是(　　)。

A. 鸦片　　B. 海洛因　　C. 咖啡　　D. 可卡因

4. 按照2006年3月1日实行的《娱乐场所管理条例》，下列场所中属于娱乐场所的是(　　)。

A. 歌厅　　B. 舞厅　　C. 茶艺居　　D. 游戏厅

5. 有下列(　　)情形之一的人员，不得开办娱乐场所或者在娱乐场所内从业。

A. 因注射毒品曾被强制戒毒的

B. 曾犯有洗钱罪的

C. 曾犯有介绍卖淫罪的

D. 因卖淫曾被收容教育的

6. 集会、游行、示威的申请书中应当写明的内容是(　　)。

A. 负责人的姓名、职业、住址　B. 集合地

C. 解散地　　D. 游行口号

7. 依据《福建省特种行业和公共场所治安管理办法》(修订)，下列行业属于特种行业的是(　　)。

A. 旅馆业　　B. 手机维修业

C. 旧货交易业　　　　　　　D. 印章刻制业

8. 下列人员中不得担任集会游行示威负责人的是(　　)。

A. 正被剥夺政治权利的人　B. 被判处死刑尚未执行的人

C. 正在被监视居住的人　　D. 正在被劳动教养的人

9. 依照规定，下列证件中不可以用作住宿旅馆凭证的是(　　)。

A. 军官证　　B. 学生证　　C. 工作证　　D. 护照

10. 下列设有按摩服务项目的场所中应纳入福建省公安机关日常治安管理的是(　　)。

A. 桑拿按摩场所　　　　　B. 医疗机构按摩场所

C. 足底按摩场所　　　　　D. 盲人按摩场所

11. 下列物品不得作为旧货经营的是(　　)。

A. 赃物、走私物品、来历不明物品及抵押中的物品

B. 有赃物、走私嫌疑的物品

C. 严重损坏且无法修复的物品

D. 法律、行政法规明令禁止经营和特许经营的其他物品

12. 报废汽车(包括摩托车、农用运输车，下同)，是指(　　)的机动车。

A. 达到国家报废标准

B. 虽未达到国家报废标准，但发动机或者底盘严重损坏

C. 经检验不符合国家机动车运行安全技术条件

D. 经检验不符合国家机动车污染物排放标准

13. 印刷业经营者从事印刷经营活动，应当建立、健全的管理制度有(　　)。

A. 承印验证制度　　　　　B. 承印登记制度

C. 印刷品保管制度　　　　D. 印刷品交付制度

14. 下列情形中，省级商务主管部门、设区的市(地)级人民政府公安机关应当分别收回典当经营许可证、特种行业许可证，原批准文

件自动撤销的情形是(　　)。

A. 无正当理由未按照规定办理《特种行业许可证》及营业执照的

B. 自核发营业执照之日起无正当理由超过6个月未营业的

C. 营业后自行停业连续达6个月以上的

D. 连续两年亏本的

15. 公安机关检查旅馆业时应重点检查的项目是(　　)。

A. 是否落实住宿验证登记、访客管理、贵重物品保管和值班巡查等制度

B. 是否在旅馆内存放易燃易爆、剧毒、放射性等危险物品

C. 是否按要求建立旅馆业治安管理信息系统,并落实有关制度和措施

D. 三星级以上宾馆是否在大堂、电梯、楼道、停车场等重要部位安装安全防范监控系统,安全防范监控室各项管理措施是否落实,值班人员是否到位

三、判断改错题

1. 依据《福建省特种行业、公共娱乐场所日常治安检查暂行规定》,在日常治安检查时,对扣押、收缴的物品应当依照规定办理相关手续,开具单据,如果未带单据,至少应打张白条。(　　)

2. 根据《娱乐场所治安管理办法》规定,娱乐场所治安管理应当遵循公安机关治安部门归口管理和辖区公安派出所属地管理相结合,归口管理为主的原则。(　　)

3. 公共场所容纳的人数不得超过核定容量,但可根据需要和可能上下浮动少许。(　　)

4. 典当,是指当户将其动产、财产权利作为当物抵押或者将其房地产作为当物质押给典当行,交付一定比例费用,取得当金,并在约定期限内支付当金利息、偿还当金、赎回当物的行为。(　　)

5. 公民不得在其居住地以外的城市发动、组织和参加当地公民的集会、游行、示威,“居住地”是指公民的常住户口所在地。(　　)

6. 旅馆工作人员发现违法犯罪分子、形迹可疑人员和被公安机关通缉的罪犯应当立即向当地公安机关报告，不得知情不报或隐瞒包庇，否则可以依照《福建省特种行业和公共场所治安管理办法》和《治安管理处罚法》进行处罚。（　　）

7. 治理整顿能够及时打击违法犯罪嫌疑人的嚣张气焰，有效遏制刑事案件的上升势头，达到治标又治本的作用。（　　）

8. 按规定不用申领特种行业许可证的场所行业，治安管理部门对其不用管理。（　　）

9. 卖淫是指以金钱、财物为媒介，与不特定异性发生性关系的行为。（　　）

10. 对特种印件印刷过程中所出现的一些残、次、废品，印刷企业可以留作样品，以吸取教训。（　　）

四、简述题

1. 某市公安局于 2005 年 6 月 1 日接到一份举行集会的申请书，申请于 6 月 8 日在市中心广场举行一场集会活动，公安机关未作出答复，8 日上午，集会在广场如期举行，公安机关得知后即赶到现场，以非法举行集会为由拘留了集会的负责人。公安机关的做法正确吗？请说明理由。

2. 城市的公用设施如窨井盖、铁皮垃圾箱等金属器材不断发生丢失，给城市居民带来不便，甚至有些行人掉进窨井而受伤，这是一个一直困扰着城建等相关部门的热点问题。从治安角度分析如何解决这个问题？

3. 民警在巡逻过程中对携带哪些可疑物品的人员，可以当场盘问、检查？

五、案例题

某单位有 200 名下岗工人向公安机关提出申请，要在“五一劳动节”在五一广场举行游行，以引起政府重视，关心下岗工人。请问：(1)他们应当履行哪些手续？(2)公安机关应如何应对？

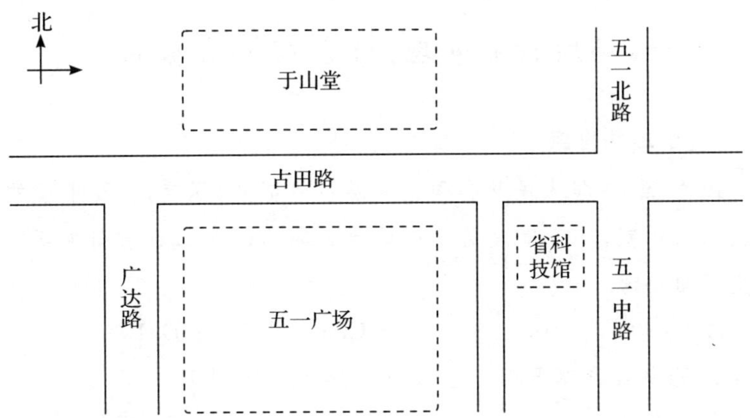

六、方案设计题

某年12月8日晚7时30分，“五月天诺亚方舟”福州演唱会在省体育中心举办，现场有3万观众前往观看。省体育中心位于福州市鼓楼区，呈椭圆形连接，看台为坡形的露天建筑（如下图）。请你为福州市公安局治安处拟一份处置突发性事件的“应急预案”。

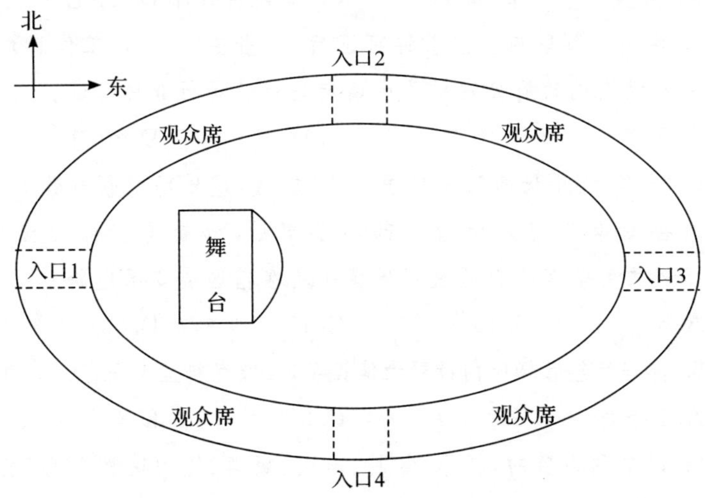

《场所行业管理》综合模拟试卷 E

一、单项选择题

1. 依照《中华人民共和国集会游行示威法》规定，需要申请的集会、游行、示威，其负责人必须在举行日期的（　　）日前向主管机关递交书面申请。

A. 2　　B. 3　　C. 5　　D. 10

2. 强制戒毒期限为（　　），自入所之日起计算。

A. 3 个月　　B. 6 个月　　C. 一年　　D. 两年

3. 印章的印文，使用的字体是（　　）。

A. 楷体　　B. 隶书　　C. 宋体　　D. 仿宋体

4. 根据《娱乐场所管理条例》的规定，下列场所中，应当配备安全检查设备，对进入营业场所的人员进行安全检查的是（　　）。

A. 歌厅　　B. 舞厅　　C. 迪斯科舞厅　　D. 酒吧

5. 申请人领取典当经营许可证后，应当在（　　）（工作日）内向所在地县级人民政府公安机关申请典当行特种行业许可证。

A. 5 日　　B. 10 日　　C. 15 日　　D. 20 日

6. 根据《娱乐场所治安管理办法》规定，娱乐场所领取营业执照并向所在城市公安分局治安部门备案后，分局治安部门应当在（　　）日内将备案资料通报娱乐场所所在辖区公安派出所。

A. 5　　B. 10　　C. 15　　D. 20

7. 典当行经营场所内设置录像设备，录像资料至少保存（　　）。

A. 1 个月　　B. 2 个月　　C. 3 个月　　D. 4 个月

8. 以牟利为目的，制作、复制、出版、贩卖、传播淫秽电影、表演、动画等视频文件 20 个以上的，以制作、复制、出版、贩卖、传播淫秽物品牟利罪定罪处罚。数量或者数额达到规定标准（　　）以上的，应当认定为“情节特别严重”。

A. 5 倍　　B. 15 倍　　C. 20 倍　　D. 25 倍

9. 依据《福建省特种行业、公共娱乐场所日常治安检查暂行规定》,负责辖区内行业场所日常治安检查的是(　　)。

A. 省级公安机关　　B. 地级公安机关

C. 县级公安机关　　D. 派出所

10. 依据《福建省特种行业、公共娱乐场所日常治安检查暂行规定》,公安民警在对行业场所进行日常治安检查时,应主动出示(　　)。

A. 人民警察证件

B. 省厅统一制发的福建省行业场所治安管理检查证

C. 人民警察证件和省厅统一制发的福建省行业场所治安管理检查证

D. 公安部统一制发的行业场所治安管理检查证

二、多项选择题

1. 下列吸食、注射毒品成瘾人员中不得收入强制戒毒所,应当限期在强制戒毒所外戒毒的情形是(　　)。

A. 患有急性传染病或者其他严重疾病的

B. 怀孕

C. 不满 16 周岁的未成年人

D. 正在哺乳自己未满 1 周岁婴儿的

2. 依据《典当管理办法》,典当行应当建立、健全的安全制度包括(　　)。

A. 收当、续当、赎当查验证件(照)制度

B. 当物查验、保管制度

C. 贵重物品保管制度

D. 配备保安人员制度

3. 强制戒毒所对戒毒人员所做的工作包括(　　)。

A. 药物治疗　B. 心理治疗　C. 法制教育　D. 道德教育

4. 收购生产性废旧金属应当坚持查验制度,下列属于查验内容

的是(　　)。

A. 是否是城市公用设施等专用器材

B. 是否是国家机密公文

C. 是否是公安机关通缉协查的赃物

D. 有无其他可疑情况

5. 依照规定,不可以用作住宿旅馆凭证的是(　　)。

A. 军官证　B. 学生证　C. 工作证　D. 护照

6. 依据《福建省特种行业、公共娱乐场所日常治安检查暂行规定》,公安部门日常治安检查工作基本内容包括(　　)。

A. 旅馆业、拍卖业、印章刻制业有无特种行业许可证以及项目变更情况

B. 房屋建筑的出入口、紧急通道畅通情况,安全指示、警示标志设置情况,防火、防盗设施安装情况

C. 安全防范规章制度建立落实情况

D. 根据场所规模,配备专(兼)职治安保卫人员或者按照有关规定配备保安人员情况

7. 下列物品中,收购废旧金属的企业和个体工商户不得收购的是(　　)。

A. 枪支、弹药和爆炸物品

B. 国家机关公文、印章及其管理的财物

C. 铁路、油田、供电、电信通讯、矿山、水利、测量和城市公用设施等专用器材

D. 公安机关通报寻查的赃物或者有赃物嫌疑的物品

8. 娱乐场所应当在营业场所大厅、包厢、包间内的显著位置悬挂含有(　　)等内容的警示标志。

A. 禁止卖淫嫖娼　　B. 禁酒

C. 禁毒　　D. 禁赌

9. 2005 年禁赌专项行动重点打击的涉赌对象为 5 类人,分别是

境外赌场、赌博(博彩)公司和赌博网站在我境内的(　　),赌博网站的开办者、维护者,六合彩、赌球赌马等赌博活动的组织者,开设赌场、聚众赌博的组织者,参与赌博的党员领导干部、国家公务员、企业事业单位负责人。

A. 提供场所的人　　B. 代理人

C. 代理机构　　D. 参赌人

10. 依据《福建省特种行业、公共娱乐场所日常治安检查暂行规定》,公安机关的治安管理职责是(　　)。

A. 监督治安责任人建立治安安全制度、落实治安安全措施

B. 检查治安安全情况,发现治安隐患和其他治安问题,及时提出整改意见,并督促整改

C. 查处刑事、治安案件,对突发性的治安灾害事故采取紧急处置措施

D. 指导、组织治安责任人、经营负责人、保安人员、治安保卫人员的治安业务培训

三、判断改错题

1. 典当行可以自行变卖或者折价处理绝当物品,损益自负。(　　)

2. 娱乐场所可以提供利用电子计算机从事的娱乐活动,并以此为主业。(　　)

3. 家庭成员之间带有输赢性质的活动,虽不以赢利为目的,但如果金额累计超过5万元,应以赌博罪论处。(　　)

4. 举行集会、游行、示威的时间限于早八时至晚八时,经当地人民政府决定或者批准的除外。(　　)

5. 报废汽车拥有单位或者个人应当及时向公安机关办理汽车报废手续。公安机关应当于受理当日,向报废汽车拥有单位或者个人出具《汽车报废证明》,并告知其将报废汽车交售给报废汽车回收企业。(　　)

6. 旅馆对旅客遗留物品，当无人认领时，可以任意处置。（　　）

7. 取得工商营业执照的刻制厂、店均可以承接刻制公章。（　　）

8. 印刷业必须取得特种行业许可证后才能开业。（　　）

9. 收容教育所对入所的被收容教育人员应当进行性病检查和治疗，费用一般由收容教育所负担。（　　）

10. 以国家机关、社会团体、企业事业组织的名义组织或者参加集会、游行、示威，必须经本单位负责人批准。（　　）

四、简述题

1. 公安机关对哪些集会游行示威的申请不予许可？

2.“六合彩”活动和“地下赌球”活动有哪些危害性？公安机关应当采取哪些查禁措施？

3. 有人说：现在火爆的连锁酒店业通常只提供单纯的住宿服务，公安机关对其管理上不必太严格。此话是否正确？为什么？

4. 巡逻中遇有拒绝或阻碍民警依法执行公务时怎么办？

五、案例题

1. 自2002年取消娱乐场所设立应申办《特种行业许可证》的规定以来，娱乐场所在领取营业执照后，只需向所在地公安机关备案。现米乐迪歌舞厅已领取了营业执照，如何向公安机关备案？（包括备案时限，受理部门，应提供的材料等）

六、论述题

我们经常在街上看到“办证”的小广告，我们知道，要办证，印章是必不可少的，印章是文件、合同、协议、证照等是否有效的权威性证明。某省某市制贩假证件现象十分严重，制假者层层设防，非常隐蔽。为了遏制假证件的泛滥，我们从印章管理的角度思考，有哪些应对之策？另在日常社会治安管理中，如何识别假印章？

参考答案

《场所行业管理》综合模拟试卷 A

一、单项选择题

1. C　2. A　3. D　4. C　5. C　6. C　7. B　8. C　9. A　10. D　11. A　12. B　13. A　14. B　15. C

二、多项选择题

1. ABCD　2. ABCD　3. ABCD　4. ABCD　5. ABC　6. BC　7. BC　8. ACD　9. ABC　10. BC

三、判断改错题

1. 错，间歇性精神病人即使在正常情况下也不可以担任集会游行示威的负责人。

2. 正确。

3. 错，不可以提供，只有网吧等互联网上网服务营业场所才被允许。

4. 错，根据情况，可剥夺其人身自由权。

5. 错，除有违法犯罪嫌疑外，不得进行人身检查。

6. 错，不包括按摩场所。

7. 错，根据国务院的规定，印刷业、废旧金属收购业等开业无须取得《特种行业许可证》。

8. 错，不得往上浮动。

9. 正确。

10. 正确。

11. 正确。

12. 错，只要是特种行业，无论是否需要申领特种行业许可证，

治安管理部门平时都要对其依法管理。

13. 错，示威表达的是共同意愿。

14. 正确。

15. 正确。

四、简述题

1. 答：

“钟点房”的推出既方便了旅客，又提高了旅馆业的经济效益，是一个较好的举措，同时，也应当看到随之而来的一些问题，有些旅馆为了追求利润，对旅客没有严格执行验证登记制度，无证亦可住宿，导致违法犯罪活动的滋生，主要是卖淫嫖娼、赌博等，在逃人员也易躲藏其中。另外，由于管理混乱，还易发生贵重物品丢失和火灾等灾害事故。

为了杜绝“钟点房”带来的问题，应从以下几个方面着手：

(1)经常检查，落实住宿登记制度，旅馆登记人员应认真对照旅客本人核查证件并如实记录，且存入旅馆管理信息系统，男女同住一室须有结婚证或其他有效证件；

(2)经常调览旅馆信息系统资料，在多次登记钟点房的人员中，注意发现可疑人员等；

(3)培训旅馆服务人员，注意观察旅客的表现，从中发现蛛丝马迹，及时予以制止和报告。

2. 答：

赌博犯罪中用作赌注的款物、换取筹码的款物和通过赌博赢取的款物属于赌资。通过计算机网络实施赌博犯罪的，交付的押金，应当视为赌资。

赌具，是指用作直接实施赌博的工具，如麻将、扑克、牌九、纸牌、游戏机、桌球，及专门用于赌博的交通工具和通讯工具等。

赌债，在赌博活动中赌博者之间因赌博而产生的债务以及参赌人员与明知其借贷将用于赌博的人员之间因借贷而产生的债务。赌债不受法律保护。

3. 答：

(1)法律依据：由于报案人称是“抢劫”，嫌疑人符合《人民警察法》第9条中“被指控有犯罪嫌疑”的情况；

(2)首先应当对嫌疑人进行人身控制(可以上铐)；

(3)对嫌疑人进行人身检查(搜身)，看是否携带凶器或其他犯罪工具；

(4)将嫌疑人带回公安机关继续盘问；

(5)将报案人也带回公安机关制作笔录。

五、案例题

答：

(1)受理与审批

根据福建省的规定，旅馆客房40间(套)以下的，由公安分(县)局受理并审批；40间(套)以上(含本数)的，由公安分(县)局受理，市公安局审批。由市公安局负责审批的，公安分(县)局受理后应在8日内提出审查意见并上报。

(2)申请开设旅馆应提交的材料

关于申请开设旅馆应提交哪些材料，《旅馆业治安管理办法》没有详细说明，主要根据各地的规定。根据福建省的规定，申请开设旅馆需要提供以下材料：

①申请报告(说明资金来源、股份组成、安防设施建设等情况)和福建省旅馆业特种行业许可证审批表(一式两份)；

②工商部门出具的企业名称预先核准通知书及复印件；

③法定代表人、主要负责人的身份证件及复印件，法人代表无故意犯罪记录证明；

④营业场所产权证明或租赁协议书及复印件；

⑤有关部门出具的房屋建筑质量、消防安全审查合格证明文件及复印件。其中，50个床位以下或者建筑面积在500平方米以下的旅馆，应提交合格的《建筑工程消防验收意见书》或经实地检查符合消防安全条件的证明文件；50个床位以上或者建筑面积在500平方

米以上的旅馆，应提交合格的《消防安全检查意见书》；

⑥50个床位以上的旅馆还应提交旅馆业治安管理信息系统建设合同书及复印件；

⑦经营场所平面图；三星级或者相当于三星级以上的旅馆，还应提交安全防范监控系统安装示意图或系统安装合同书及复印件或承诺书；

⑧联营或承包经营的，应提交联营或承包协议书及复印件；

⑨验证登记、贵重物品寄存、值班巡查等治安安全制度；

⑩建立治安保卫组织，配备治安保卫人员、保安人员情况说明。

六、论述题

答：

(1)目前废旧金属收购业存在的问题(略)

(2)加强废旧金属收购业管理措施

①取缔大型企业周边3000米以内的废品收购站；

②加强对废品收购站的监督检查；

③公安机关对大型企业进行安全防范教育；

④督促大型企业自身采取有效措施搞好自防，亦可联合组建巡逻队，加强巡逻；

⑤公安机关对该区域加大巡逻力度，对违法犯罪分子进行严厉打击。

《场所行业管理》综合模拟试卷 B

一、单项选择题

1. D　2. B　3. C　4. D　5. C　6. C　7. B　8. C　9. D　10. B　11. A　12. B　13. B　14. A　15. D

二、多项选择题

1. ABCD　2. BCD　3. BD　4. ABC　5. ABCD　6. BC　7. ABD　8. ABCD　9. ABCD　10. ABD　11. ABCD　12. ABCD　13. ABC　14. ABCD　15. BC

三、判断改错题

1. 错,娱乐场所不可以提供以营利为目的的陪侍,不论卖淫与否。

2. 错,除有违法犯罪嫌疑外,不得进行人身检查。

3. 错,旅客不得携带枪支、易燃易爆物品进入旅馆。

4. 错,节假日歌舞娱乐场所也不得接待未成年人。

5. 正确。

6. 正确。

7. 错,必须递交书面申请。

8. 错,不包括按摩场所。

9. 正确。

10. 正确。

四、简述题(要点)

1. 答:

(1)经常宣传教育,对旅客进行经常性的防盗教育,特别是对带有贵重物品和大量现金的旅客作为重点教育对象,使他们提高警惕,加强自我防护能力。(2)做好贵重物品的寄存保管。对旅馆的财物保管处要严加看护,加强值班,做好交接班工作,坚持凭证取物,对保存的贵重物品和大量现金应采取谁存谁取和凭证(如凭身份证和工作证)领取的办法。(3)抓好硬件预防,加固客房门窗,窗户要安装窗栏杆或窗网,阳台要装置不能串越的隔离物,一楼阳台尽量采用封闭式。(4)管好客房钥匙,一般的客房钥匙应由服务员统一保管,随身携带,不准委托旅客代管,也不能将钥匙交给旅客自管自用,以防丢失或仿配。电子锁的钥匙可由客人保管。(5)加强值班巡查和访客的登记,值班服务员应加强巡视和查房工作,督促旅客加强财物保管。(6)合理安排住宿,安排旅客住宿时,应注意旅客的职业和工作特点,合理调配,可将工作性质相同或类似的旅客安排在一起。

2. 答:

(1)宣传教育,通过广播、电视、报纸、社区宣传栏、宣传单(册)、短信、微博等媒介,及时将骗术曝光。

(2)提醒群众及时报警,协助公安机关抓获骗子。

3. 答:

(1)建立和健全安全管理制度,落实安全防范措施;

(2)加强对旅客的安全宣传教育,提高治安防范能力;

(3)加强交通公共场所安全巡视,严密场所秩序控制;

(4)集中多种力量,抓住突出问题进行整顿。

五、案例题

答:

1. 村民应推举游行示威的负责人,由其向主管公安机关递交书面申请书,经出示本人的居民身份证或者其他有效证件,如实填写申请登记表。申请书应当载明其目的、方式、标语、口号、人数、车辆数、使用音响设备的种类与数量、起止时间、地点(包括集会地和解散地)、路线和负责人的姓名、职业、住址,在举行日期的五日前递交。

2. 针对与经济相关的游行示威申请,公安机关应调查了解申请人的要求是否合理,合理的,通常在党委和政府的领导下,让群众与有关部门和单位进行磋商,积极帮助解决问题,尽量不要走上街头。如确实是无理取闹的,应依法不许可其举行集会、游行、示威的申请。

六、论述题(要点)

答:

(1)娱乐活动与赌博的区分标准和理解

①从主观方面看,是否以营利为目的,它是构成赌博罪的主观要件;群众娱乐以休闲消遣为目的。

②从主体上看,群众娱乐多是家庭成员、亲朋好友间进行。

③看是否从中抽头获利,构成赌博罪客观上以"聚众赌博"、"开设赌场"或"以赌博为业"三种行为为限。"聚众赌博",是指组织、召集、引诱多人进行赌博,本人从中抽头获利的行为。"以赌博为业",是指经常进行赌博,以赌博获取钱财为其生活或者主要经济来源的行为。"开设赌场",是指提供赌博的场所及用具,供他人在其中进行赌博,本人从中营利的行为;群众娱乐不存在从中抽头获利。

④看彩头量的多少，根据个人、地区经济状况及公众接受的消费水平而定。

2. 意义

赌博和娱乐并没有形式上的区别，某种程度上说，赌博也算得上"娱乐"的一种，只是在下注量变大的情况下引起了质变。但赌博的害处却是有目共睹的，因赌博而亲朋反目、家破人亡的事例经常见诸报端。为此，很多国家都曾尝试通过各种方法根治赌博。然而，由于赌博迎合了人类不劳而获的劣根性心理，使这种"娱乐"活动始终无法从我们的生活中消失。同时，也因为赌博的有禁不止，法律的尊严受到损害。因此，就像抽烟、喝酒等恶习一样，我们不能试图通过法律完全根治包括娱乐在内的"疑似赌博"行为，不然只能像美国的"禁酒法令"一样，以失败而告终。老百姓把小金额当成了娱乐，这是个实际而普遍情况，将赌博行为和群众娱乐活动进行区分，是非常人性化和符合实际的，既可以避免尴尬，又可以明确执法。

《场所行业管理》综合模拟试卷 C

一、单项选择题

1. D 2. B 3. B 4. C 5. C 6. B 7. B 8. C 9. A 10. B

二、多项选择题

1. ABC 2. ABCD 3. ABCD 4. BD 5. ABCD 6. BD 7. ABCD 8. BCD 9. ABCD 10. ABCD 11. BCD 12. ABCD 13. ABCD 14. ABCD 15. ABCD

三、判断改错题

1. 错，场所行业管理以公开的行政管理为主，但有时也辅以秘密手段。

2. 正确。

3. 正确。

4. 错，歌舞娱乐场所节假日也不得接待未成年人。

5. 错，集会、游行、示威不得随身携带武器、管制刀具和爆炸物，也不可将其运往举行地。

6. 错，没有确定的距离范围。

7. 错，不同人住宿，须另行办理住宿登记手续。

8. 正确。

9. 错，凡经营接待旅客住宿的旅馆、饭店、宾馆、招待所、客货栈、车马店、浴池等，统称旅馆，纳入特种行业管理。

10. 正确。

11. 正确。

12. 错，县级以上地方各级人民政府进行领导。

13. 错，还有公安部门核发的准印证明。

14. 错，对收容教育期满的人员，应当按期解除收容教育，发给解除收容教育证明书，而不是解除劳动教养证明书。

15. 正确。

四、简述题

1. 答：

(1)原因

主观原因：色情行业的高额利润的吸引；有一部分人生活非常贫困；有些人好逸恶劳，有虚荣思想。

客观原因：法律宣传不到位；社会对此行为持宽容态度，更有甚者笑贫不笑娼；公安机关、文化部门的执法人员执法不到位。

(2)措施

①对一些偏僻地区加强法律知识的宣传教育；

②对全社会重视道德教育；

③公安机关、文化部门加强检查，执法必严；

④国家应重视群众的最低生活保障机制的建设和完善。

2. 答：

(1)危害

①影响正常的工作生活；

②影响家庭关系和社会稳定；

③极易诱发其他违法犯罪。

(2)措施

①开展法制宣传教育,推动此类赌博活动的查禁工作;

②加强此类赌博多发地区和多发场所的管理,强化社会控制;

③开展健康文明的文娱活动,抵制赌博之风;

④坚决取缔赌博团伙和赌博窝点;

⑤依法打击赌博活动的参与者,适时进行专项治理。

3. 答:

协警人员不具有执法主体资格,不能实施检查、查验等限制人身自由、审查取证等法律法规规定由公安机关和人民警察实施的执法行为。

五、案例题

1. 答:

根据《大型群众性活动安全管理条例》第 11 条的规定,符合条件的大型群众性活动承办者应当在活动举办日的 20 日前向公安机关提出安全许可申请,大型群众性活动的预计参加人数在 1000 人以上 5000 人以下的,由活动所在地县级人民政府公安机关实施安全许可;预计参加人数在 5000 人以上的,由活动所在地设区的市级人民政府公安机关或者直辖市人民政府公安机关实施安全许可;跨省、自治区、直辖市举办大型群众性活动的,由国务院公安部门实施安全许可。

申请时,应当提交下列材料:

(1)承办者合法成立的证明以及安全责任人的身份证明;

(2)大型群众性活动方案及其说明,2 个或者 2 个以上承办者共同承办大型群众性活动的,还应当提交联合承办的协议;

(3)大型群众性活动安全工作方案;

(4)活动场所管理者同意提供活动场所的证明。

依照法律、行政法规的规定,有关主管部门对大型群众性活动的承办者有资质、资格要求的,还应当提交有关资质、资格证明。

2. 答：

(1)法律依据：由于报案人称是“抢劫”，嫌疑人符合《人民警察法》第9条中“被指控有犯罪嫌疑”的情况；

(2)应当对嫌疑人首先进行人身控制(可以上铐)；

(3)对嫌疑人进行人身检查(搜身)，看是否携带凶器或其他犯罪工具；

(4)将嫌疑人带回公安机关继续盘问；

(5)将报案人也带回公安机关制作笔录。

六、论述题

答：

1. 主办方与承办方共同组建安全保卫领导小组并接受公安机关的指导；

2. 制定具体详细的安全保卫工作方案和应急处置预案并加以演练；

3. 保卫工作方案内容包括：对活动现场各项建筑设施进行严格的安全检查；划定警戒范围，确定警戒人员；安装足够的照明设备，配备足够的电力专业人员和抢险设备；控制场内容量，且凭证进入，分类制证来确定不同人员的活动区域，同时加强安检；车辆确定统一的停放位置；准备足够的疏散通道；准备足够的医疗救护人员、设备和车辆；

4. 应急处置预案内容包括：包括领导成员、应急警力、救护人员及所需的一切设备、器械；针对可能发生的不同情况(如挤死、踩伤；落水；爆炸事故)采取的具体方法和步骤。

《场所行业管理》综合模拟试卷 D

一、单项选择题

1. D　2. C　3. C　4. A　5. B　6. D　7. A　8. B　9. A　10. B　11. C　12. D　13. C　14. D　15. C

二、多项选择题

1. BD 2. ABCD 3. ABD 4. ABD 5. ABC 6. ABCD 7. ACD 8. ABCD 9. ABC 10. ACD 11. ABCD 12. ABCD 13. ABCD 14. ABC 15. ABCD

三、判断改错题

1. 错,应当履行法定手续。

2. 错,应是属地管理为主。

3. 错,不得往上浮动。

4. 错,是指当户将其动产、财产权利作为当物质押或者将其房地产作为当物抵押给典当行。

5. 错,“居住地”是指公民的常住户口所在地和进行暂住登记并持续居住半年以上的暂住地。

6. 错,应当依照上位法《治安管理处罚法》处罚。

7. 错,治标不治本。

8. 错,不用申领《特种行业许可证》的场所行业,治安管理部门对其也应依法管理。

9. 错,卖淫是指行为人以金钱、财物或其他利益为媒介,与不特定他人发生性关系的行为。

10. 错,不得留作样品。

四、简述题(参考要点)

1. 答:

公安机关的做法不正确。根据《集会游行示威法的规定》,公安机关对于集会游行示威的申请,必须在举行日期的2日前给予答复并说明理由,否则视为许可。此案中公安机关未作出答复,就应当视为许可。

2. 答:

(1)公安机关在日常行政管理中,加强法律意识、道德观念的宣传教育;

(2)提醒有关部门将窨井盖、垃圾箱改成非金属材料制作,或无法损坏或无法搬动材料制作；

(3)对废旧金属收购业加强管理，落实登记制度并经常检查核对；

(4)对问题较严重的地区，采取如蹲点守候等措施，进行严厉打击。

3. 答：

(1)携带物品与通缉、通报中涉案物品相符的；

(2)违反规定携带枪支、弹药或管制刀具的；

(3)携带爆炸、剧毒、放射性等危险物品的；

(4)携带的物品有可能是作案工具的；

(5)携带的物品有可能是赃物的；

(6)故意遮掩所带物品，害怕被人发现的；

(7)携带其他可疑物品的。

五、案例题(参考要点)

1. 工人们应推举游行示威的负责人，由其向主管公安机关递交申请书，经出示本人的居民身份证后，如实填写申请登记表；申请书应当载明其目的、方式、标语、口号、人数、车辆数、使用音响设备的种类与数量、起止时间、地点(包括集会地和解散地)、路线和负责人的姓名、职业、住址，在举行日期的五日前递交。

2. 针对与经济相关的游行示威申请，公安机关应调查了解申请人的要求是否合理，合理的，通常在党委和政府的领导下，让群众与有关部门和单位进行磋商，积极帮助解决问题，尽量不要走上街头。如确实是无理取闹的，应依法不许可其举行集会、游行、示威的申请。尽量在游行示威前解决问题，避免游行示威的发生，主要是从我国国情出发，避免负面影响，但前提是必须解决问题。

六、设计题(参考)

“橙色风暴”大型文艺晚会应急预案

某年10月20日晚7时30分，福建省移动通信公司在市体育中心举行“橙色风暴”大型文艺晚会，超女等文艺团体到场演出，届时将有3万观众前往观看。为了预防晚会期间发生各种突发性事件和事故,特制订应急救援预案。

一、指导思想

坚持“救人第一”的指导思想和“先控制,后处置”的战术原则,实行统一组织指挥,有关部门密切配合,协同作战,快速反应,有效处置。

二、组织指挥机构及人员组成

活动现场事件和事故的处置工作涉及单位多,情况复杂,必须实行统一领导、统一组织、统一指挥。成立处理突发性事件、事故指挥部,指挥部设在福州市公安局指挥中心。福州市公安局局长×××为总指挥,公安局副局长×××、市公安消防支队支队长×××为副总指挥。

指挥部的任务是:研究确定总体决策和行动方案、下达作战指令,及时掌握现场变化情况,提出相应措施,及时调整作战方案和调配救援力量。

指挥部下设现场指挥组、灭火救援组、排爆安检组、现场警戒组、医疗救护组、交通指挥组、后勤保障组、机动人员组共计790人。各组的组成及任务分工是:

1. 现场指挥组(16人):福州市公安局治安处处长×××任组长,治安处副处长×××、消防大队大队长×××、移动公司×××为副总指挥。治安处5名警员、消防大队2名队员和移动公司5名工作人员为成员。负责向上级汇报现场情况和实施具体的现场指挥。

2. 灭火救援组(20人):由鼓楼区民警4人、区公安消防大队6人和主办方聘请的保安10人组成,在现场指挥部的统一领导下,负责灭火、救人和火场照明等。

3. 排爆救援组(10人):由市公安局治安支队、防爆支队组织专业技术人员组成,携带必要的排爆工具和防护器材,一旦发现未爆炸的爆炸危险物品,应立即进行排除和转移,确保人员安全。

4. 现场警戒组(600人):抽调鼓楼区各派出所民警200人和主办方聘请的保安400人组成。事前分布在现场各点维持秩序,事件和事故发生后,在现场指挥部的统一领导下,负责现场封闭警戒,维护秩序,疏导交通,疏散群众等工作。

5. 医疗救护组(10人):由主办方聘请的医疗单位人员组成。在现场指挥部的统一领导下,负责对烧伤、中毒、打伤人员现场进行抢救和运送医院治疗。

6. 交通指挥组(100人):由交警支队组织一定数量民警,负责交通管制与疏导。根据情况对现场周边路口实行封闭管制,保障指挥、抢救车辆畅通。

7. 后勤保障组(14人):由市公安局3人、市公安消防支队3人、市卫生局3人、省移动公司5人组成。在现场指挥部的统一领导下,负责现场的后勤保障工作,根据现场需要,及时组织灭火、排爆、救援车辆、器材的供应和车辆抢修工作,组织参战人员饮、食供应。

8. 机动人员组(20人):由5名警察和15名保安组成,在现场待命。

三、具体处置措施和方法

(一)发生爆炸事故的处置

1. 迅速打开各个出口和安全通道,疏散观众,抢救伤员;

2. 切断电源、打开应急灯;

3. 同时警戒事故现场,排爆组进行排爆。

(二)发生火灾事故的处置

1. 迅速打开各个出口和安全通道,疏散观众,抢救伤员;

2. 切断电源、打开应急灯;

3. 同时警戒事故现场,灭火组进行灭火。

(三)发生骚乱的处置

1. 星点状分布于各处的负责现场秩序的警察与保安就近稳住观众;

2. 现场指挥组就近调集机动的警察和保安将闹事者强行带离

现场。

附所有人员的联系电话(略)

《场所行业管理》综合模拟试卷 E

一、单项选择题

1. C　2. D　3. C　4. C　5. B　6. A　7. B　8. D　9. D　10. C

二、多项选择题

1. ABC　2. ABCD　3. ABCD　4. ABCD　5. ABC　6. ABCD　7. ABCD　8. ACD　9. BC　10. ABCD

三、判断改错题

1. 错,除约定外,典当行可以自行变卖或者折价处理估价3万元以下的绝当物品,损益自负。

2. 错,只有互联网上网服务营业场所可以提供利用电子计算机从事的娱乐活动,其他场所均不可以。

3. 错,家庭成员之间带有输赢性质的活动,无论输赢多少,都是娱乐活动。

4. 错,早六时至晚十时。

5. 错,机动车报废证明。

6. 错,应分别不同物品采取不同的方法处理,易腐烂的食物等物品可以自行处理,贵重物品应上交公安机关。

7. 错,公安机关批准可以刻制公章的企业才能承接刻制公章。

8. 错,根据国务院的规定,印刷业开业无须取得特种行业许可证。

9. 错,费用一般由本人或者家属承担。

10. 正确

四、简述题(参考要点)

1. 答:

申请举行的集会、游行、示威,有下列情形之一的,不予许可:(1)反对宪法所确定的基本原则的;(2)危害国家统一、主权和领土完整的；(3)煽动民族分裂的；(4)有充分根据认定申请举行的集会、游行、示威将直接危害公共安全或者严重破坏社会秩序的。

2. 答：

(1)危害性(略)

(2)措施

①开展法制宣传教育，推动此类赌博活动的查禁工作；

②加强此类赌博多发地区和多发场所的管理，强化社会控制；

③开展健康文明的文娱活动，抵制赌博之风；

④坚决取缔赌博团伙和赌博窝点；

⑤依法处理赌博活动的参与者，适时进行专项治理。

3. 答：

这种说法是错误的。

(1)连锁酒店属旅馆业，是特种行业中的重要组成部分，依照法律规定必须由公安机关进行治安管理；

(2)从旅馆业的特点进行阐述。(略)

4. 答：

(1)民警首先要以礼相待，告知其拒绝或阻碍民警依法执行公务要负法律责任。

(2)民警要注意自身安全。在警力不足的时候要稳住对方，尽量不要与其发生激烈冲突，立即向上级报告，请求支援。

(3)遇有多人阻碍依法执行职务时，民警要控制住其中挑头闹事的人员，待增援警力到位后，视情况对其采取相应措施。

(4)现场遇有围观群众时，民警要做好群众的工作，利用舆论的力量使对方处于劣势。

(5)注意在群众中选择证人，做好现场的调查取证工作。

五、案例题

答：

(1)备案时限与受理部门

根据 2008 年《娱乐场所治安管理办法》第 4 条规定“娱乐场所领

取营业执照后，应当在15日内向所在地县（市）公安局、城市公安分局治安部门备案；县（市）公安局、城市公安分局治安部门受理备案后，应当在5日内将备案资料通报娱乐场所所在辖区公安派出所。”

(2)应提供的材料

根据公安部《娱乐场所治安管理办法》第5条规定，娱乐场所备案项目包括：

①名称；

②经营地址、面积、范围；

③地理位置图和内部结构平面示意图；

④法定代表人和主要负责人姓名、身份证号码、联系方式；

⑤与保安服务企业签订的保安服务合同及保安人员配备情况；

⑥核定的消费人数；

⑦娱乐经营许可证号、营业执照号及登记日期；

⑧监控、安检设备安装部位平面图及检测验收报告；

⑨娱乐经营许可证、营业执照及消防、卫生、环保等部门批准文件的复印件；

⑩设有电子游戏机的游艺娱乐场所备案时，除符合前款要求外，还应当提供电子游戏机机型及数量情况。

⑪场所管理人员情况登记表，从业人员花名册，所有人员身份证原件及复印件。（福建多此条规定）

六、分析题

答：

(1)应对之策

①加强宣传，提高社会的警惕性；

②公安机关应开发、推广印章信息比对系统，提供有偿查询；

③对制假者加大打击力度；

④对委托制假者加大惩罚力度。

(2)识别真假印章

警察在执法和办案中有时会遇到对证件、印章的甄别问题，在没有使用仪器的情形下，主要从规格、式样和效果入手。

①直径大小与单位级别。国家行政机关、企业事业单位和社会团体印章的规格、式样、名称和文字都有统一规定，不一致的就是假的。

②中央标志与单位性质、级别。根据规定，县级以上各级人民政府、国务院各部委及各直属机构、驻外各使领馆的公章中央刊国徽；其他机关、团体、企事业单位公章中央刊五角星；各级党委及各工作部门的公章中央刊镰刀斧头。

③从字体和印文效果入手。各种公章在字体和印文方面都是一致的，既简化字、宋体，并按需要和规定并印汉文和民族文或汉文和英文。真假印章主要从最后的雕刻效果来分别。

④从公章外圆圈线效果入手。真印章的圈形圆、圈线粗细适当均匀，其印痕显得干滑清晰，粗细一致。假印章有的技术不过关，对有些规定不清楚，有的用橡皮、肥皂、萝卜等材料刻制，或以瓶盖圈圆，用铅字拼凑印文，往往外圆圈线效果不佳。

⑤从专用章的使用范围入手。财务专用印章只用于银钱的往来和财会事务中；户口专用印章只用于办理户口登记和颁发户口证件。用在别处就可能是假的。

随着科学技术的发展，伪造公章的技术越来越高，可以假乱真，识别的难度越来越大。

附 3　主要法律、法规名称

1. 中华人民共和国刑法(1997 年,2011 年第八次修正)

2. 中华人民共和国治安管理处罚法(2006 年)

3. 公安机关执行《中华人民共和国治安管理处罚法》有关问题的解释(一)(2006 年)

4. 公安机关执行《中华人民共和国治安管理处罚法》有关问题的解释(二)(2007 年)

5. 中华人民共和国行政处罚法(1996 年)

6. 中华人民共和国行政诉讼法(1989 年)

7. 中华人民共和国行政复议法(1999 年)

8. 中华人民共和国行政复议法实施条例(2007 年)

9. 公安机关行政许可工作规定(2005 年)

10. 中华人民共和国人民警察使用警械和武器条例(1996 年)

11. 公安机关警戒带使用管理办法(1998 年)

12. 110 接处警工作规则(2003 年)

13. 城市人民警察巡逻规定(1994 年)

14. 公路巡逻民警中队警务规范(2001 年)

15. 公安机关适用继续盘问规定(2004 年)

16. 娱乐场所管理条例(2006 年)

17. 娱乐场所治安管理办法(2008 年)

18. 公安派出所实行公共娱乐服务场所治安管理责任制暂行规定(1998 年)

19. 互联网上网服务营业场所管理条例(2002 年)

20. 废旧金属收购业治安管理办法(1994 年)

21. 再生资源回收管理办法(2007 年)

22. 旅馆业治安管理办法(1987 年)

23. 印铸刻字业暂行管理规则(1951 年)

24. 国务院关于国家行政机关和企业事业单位社会团体印章管理的规定(1999年)

25. 典当管理办法(2005年)

26. 印刷品承印管理规定(2002年)

27. 印刷业管理条例(2001年)

28. 旧货流通管理办法(试行)(1998年)

29. 机动车修理业、报废机动车回收业治安管理办法(1999年)

30. 报废汽车回收管理办法(2001年)

31. 港口治安管理规定(1989年)

32. 沿海船舶边防治安管理规定(2000年)

33. 公安机关海上执法工作规定(2007年)

34. 大型群众性活动安全管理条例(2007年)

35. 中华人民共和国集会游行示威法(1989年)

36. 中华人民共和国集会游行示威法实施条例(1992年)

37. 城市生活无着的流浪乞讨人员救助管理办法(2003年)

38. 城市生活无着的流浪乞讨人员救助管理办法实施细则(2003年)

39. 公共娱乐场所消防安全管理规定(1999年)

40. 人员密集场所消防安全管理(2006年)

41. 消防监督检查规定(2012年)

42. 福建省特种行业和公共场所治安管理办法(修订)(2004年)

43. 福建省特种行业、公共娱乐场所日常治安检查暂行规定(2003年)

44. 卖淫嫖娼人员收容教育办法(1993年)

45. 全国人民代表大会常务委员会关于严禁卖淫嫖娼的决定(1991年)

45. 全国人民代表大会常务委员会关于惩治走私、制作、贩卖、传播淫秽物品的犯罪分子的决定(1990年)

46. 最高人民法院、最高人民检察院关于办理利用互联网、移动

通讯终端、声讯台制作、复制、出版、贩卖、传播淫秽电子信息刑事案件具体应用法律若干问题的解释(2004 年)

47. 全国人民代表大会常务委员会关于禁毒的决定(1990 年)

49. 强制戒毒办法(1995 年)

50. 禁毒法(2008 年)

51. 易制毒化学品购销和运输管理办法(2006 年)

52. 公安部关于办理赌博违法案件适用法律若干问题的通知(2005 年)

53. 最高人民法院、最高人民检察院关于办理赌博刑事案件具体应用法律若干问题的解释(2005 年)

54. 最高人民法院关于审理非法出版物刑事案件具体应用法律若干问题的解释(1998 年)

55. 最高人民法院关于审理倒卖车票刑事案件有关问题的解释(1998 年)

参考书目

1. 王精忠等主编:《治安秩序管理》,中国人民公安大学出版社2011年第2版。

2. 岳光辉、杜红兵主编:《治安秩序管理》,中国人民公安大学出版社2007年版。

3. 熊一新、李健和主编:《治安秩序管理》,中国人民公安大学出版社2002年版。

4. 程链明主编:《治安秩序管理教程》,群众出版社2000年版。

5. 柯良栋、吴明山主编:《娱乐场所管理条例程序与实务指南》,福利出版社2006年版。

6. 公安部治安管理局、法制局编:《娱乐场所管理条例释义与实务指南》,法律出版社2006年版。

7. 彭志源主编:《特种行业管理与执法实务全书》,安徽文化音像出版社2003年版。

8 佟建鸣、廉旭、李怀臻主编:《特种行业治安管理双向实用手册》,警官教育出版社1999年版。

9. 韩小国主编:《新编特种行业治安管理》,北京警官出版社1997年版。

10. 廖志恒主编:《公安勤务教程》,中国人民公安大学出版社2003年版。

11. 汪勇主编:《警察勤务论》,中国人民公安大学出版社2001年版。

12. 公安部政治部编:《巡警业务教程》,中国人民公安大学出版社1999年版。

13. 汪勇主编:《治安勤务教程》,中国人民公安大学出版社2006

年版。

14. 黄明主编:《公安派出所所长手册》,群众出版社 2005 年版。

15.. 刘振华主编:《新编治安管理教程》,中国人民公安大学出版社 2007 年版。

16. 张先福主编:《治安管理实用教程》,中国人民公安大学出版社 2007 年版。

17. 熊一新主编:《治安管理学概论》,中国人民公安大学出版社 2006 年版。

18. 沈志祥主编:《治安管理学教程》,群众出版社 1998 年版。

19. 熊一新、王太元主编:《新世纪警察业务实用大全·治安管理卷》,群众出版社 2001 年版。

20. 郭太生主编:《治安灾害事故社会防范研究》,中国人民公安大学出版社 2002 年版。

21. 谷福生主编:《新编公安派出所工作实用手册》,警官教育出版社 1997 年版。

22. 严军兴、马玉娥主编:《警察业务全书》,科学技术文献出版社 1995 年版。

23. 严励主编:《中国公安业务全书》,中国人民公安大学出版社 1996 年版。

24. 谢川豫主编:《治安行政措施通论》,中国人民公安大学出版 2001 年版。

25. 佟建鸣、詹伟主编:《制度创新与社会治安稳定》,群众出版社 2005 年版。

26. 公安部政治部编:《禁毒教程》,警官教育出版社 1998 年版。

27. 赵秉志主编:《现代世界毒品犯罪及其惩治》,中国人民公安大学出版社 1997 年版。

28. 张辛陶主编:《毒品犯罪的认定与案例分析》,人民法院出版社 2000 年版。

29. 鲍遂献主编:《妨害风化犯罪》,中国人民公安大学出版社

1999 年版。

30. 张晓秦、赵国玲主编:《当代中国的犯罪与治理》,北京大学出版社 2001 年版。

31. 杨和德主编:《群体性事件研究》,中国人民公安大学出版社 2002 年版。

32. 陈晋胜主编:《群体性事件研究报告》,群众出版社 2004 年版。

33. 孙茂勤、高光斗主编:《紧急警务指挥理论与实践》,群众出版社 2004 年版。